シリーズ
現代の福祉国家
⑯

帝国の遺産としての
イギリス福祉国家と移民

脱国民国家化と新しい紐帯

日野原由未 著

ミネルヴァ書房

帝国の遺産としてのイギリス福祉国家と移民
——脱国民国家化と新しい紐帯——

目　次

序　章　福祉国家論と移民 …… 1
1　問題の所在 …… 1
2　先行研究の整理と本書の位置づけ …… 6
3　目　的 …… 8
4　分析の対象：イギリス福祉国家と医師の国際雇用 …… 10
5　分析枠組み …… 13
　（1）歴史的遺制に基づく移民レジーム　13
　（2）福祉レジームが規定する移民の受け入れのパターン　16
　（3）ワークフェアと社会的包摂　18
6　構　成 …… 20

第1章　福祉国家と移民をめぐる歴史と制度 …… 23
1　イギリス型移民レジームの形成 …… 23
　（1）大英帝国の歴史とコモンウェルスの発足　24
　（2）1948年国籍法におけるコモンウェルス市民権の誕生　30
　（3）植民地福祉の歴史と社会権保障の仕組み　38
2　20世紀型福祉国家とイギリス型移民レジームの変容 …… 46
　（1）コモンウェルス移民法の制度化と国籍法の改正　47
　（2）難民・庇護申請者を対象とした管理　55
3　「新たな」移民の受け入れとイギリス型移民レジーム …… 67
　（1）高度技能移民受け入れ政策の制度化　67
　（2）イギリス型移民レジームの持続と変容　74
小　括 …… 77

第2章　福祉レジームが規定する移民の受け入れ …… 87
1　福祉レジーム論とイギリス福祉国家 …… 89
　（1）福祉レジームの指標と類型化　89
　（2）福祉レジーム論のなかのイギリス福祉国家　95

2　福祉国家の政治経済と移民……………………………………………100
　　（1）福祉レジームと移民　101
　　（2）イギリス型移民レジームと福祉レジーム　106
　3　福祉レジームの再編と移民………………………………………………113
　　（1）ポスト20世紀型福祉国家の再編　114
　　（2）自由主義レジームの再編と移民　126
　小　　括……………………………………………………………………132

第3章　ニュー・レイバーのワークフェア改革と移民…………………139
　1　ニュー・レイバーのワークフェア改革………………………………140
　　（1）「現代化」改革と「新たな契約」概念の醸成　141
　　（2）ワークフェア改革の二つの側面　147
　2　ワークフェアと社会的包摂……………………………………………153
　　（1）社会的包摂の論理と承認をめぐる議論　153
　　（2）ニュー・レイバーの社会的包摂政策　158
　3　ワークフェアと移民の社会的包摂……………………………………163
　　（1）ワークフェア・社会的包摂・移民　163
　　（2）高度技能移民の社会的包摂　169
　小　　括……………………………………………………………………179

第4章　医師の国際雇用にみる福祉国家と移民…………………………185
　1　NHS創設の歴史と制度概要……………………………………………186
　　（1）NHS創設の歴史と制度の仕組み　186
　　（2）イギリス福祉国家とNHS　188
　2　20世紀型福祉国家におけるNHSとコモンウェルス…………………191
　　（1）NHSとイギリス型移民レジーム　192
　　（2）コモンウェルス出身医師の受け入れ　194
　3　ポスト20世紀型福祉国家におけるNHSとコモンウェルス…………201

（1）ニュー・レイバーによるNHSの人的資源政策　202
　　（2）ポスト20世紀型福祉国家と医師の国際雇用　210
　小　　括………………………………………………………………219

終　章　福祉国家の脱国民国家化と新しい紐帯………………227
1　20世紀型福祉国家の揺らぎと移民………………………………227
2　結　　論……………………………………………………………228
3　本書の学問的含意…………………………………………………230
　　（1）福祉国家の脱国民国家化の視座　231
　　（2）移民レジームにみる制度変化　232
4　イギリスの独自性と比較の視座…………………………………234
　　（1）移民レジームの多様性　235
　　（2）三つの福祉レジームと移民　237
5　今後の課題…………………………………………………………239

参考文献一覧　245
あとがき　265
索　　引　270

略語一覧

BAPIO：British Association of Physicians of Indian Origin（イギリスインド出身医師会）
BFU：British Fascist Union（イギリスファシスト連合）
BIDA：British International Doctors Association（イギリス外国人医師会）
BIS：Department for Business, Innovation and Skills（ビジネス・イノベーション・職業技能省）
BMA：British Medical Association（イギリス医師会）
BNP：British National Party（イギリス国民党）
CBI：Confederation of British Industry（イギリス産業連盟）
CCST：Certificate of Completion of Specialist Training（専門医養成修了証）
DH：Department of Health（保健省）
EC：European Community（欧州共同体）
EDL：England Defence League（イングランド防衛同盟）
EEA：European Economic Area（欧州経済領域）
EEC：European Economic Community（欧州経済共同体）
EPA：Economic Partnership Agreement（経済連携協定）
EU：European Union（欧州連合）
EVW：European Voluntary Worker（ヨーロッパ自由労働者（雇用計画））
GMC：General Medical Council（一般医療委員会）
GP：General Practitioner（家庭医）
HSMP：Highly Skilled Migrant Programme（高度技能移民プログラム）
ILR：Indefinite Leave to Remain（無期限滞在ビザ）
IOM：International Organization for Migration（国際移住機関）
MUD：Moral Underclass Discourse（道徳的アンダークラス言説）
NF：National Front（国民戦線）
NHS：National Health Service（国営医療サービス）
OECD：Organization for Economic Co-operation and Development（経済協力開発機構）
ONS：Office for National Statistics（国立統計局）
PBS：Point-Based System（ポイント制）
PCT：Primary Care Trusts（プライマリ・ケア・トラスト）
RED：Redistributionist Discourse（再分配主義者言説）
SETF：Social Exclusion Task Force（社会的排除タスクフォース）
SEU：Social Exclusion Unit（社会的排除対策室）
SID：Social Integrationist Discourse（社会統合主義者言説）
SNAP：Supplemental Nutrition Assistance Programe（補助的栄養補給プログラム）

TUC:Trade Union Congress(イギリス労働組合会議)
WFTC:Working Family Tax Credit(勤労世帯税額控除)
WTC:Working Tax Credit(勤労税額控除)

序　章
福祉国家論と移民

1　問題の所在

　福祉国家研究ではこれまで，移民というアクターの存在は中心的なテーマとして扱われてはこなかった。人の国際移動自体，何ら新しい現象ではないことから，現実としては，福祉国家も絶えず移民の存在に直面してきたことになる。しかしながら，建前として，福祉国家は国民国家を前提とした制度であり，福祉国家論の理論上も，産業主義理論や権力資源動員論，福祉レジーム論をはじめとした理論系譜において，移民というアクターの存在に注視した議論が活発に展開されることはなかった。

　第二次世界大戦以降発展したケインズ＝ベヴァリッジ体制の20世紀型福祉国家は，国民国家を前提としており，国民を対象に国境で区切った閉じられた制度として位置づけられてきた（ミュルダール 1960 = 1970：205：232；Freeman 1986：52-54：2004：955；伊藤 1997：72-74；Halfmann 2000：40-42；武川 2000：136；2007：230-232；藤村 2002：138-139；144-145；堀江 2002：291；Clarke 2005：408；Dwyer 2005：623）。所得の再分配が一義的な役割であった20世紀型福祉国家は，国民をメンバーとして発展を遂げてきた。福祉国家論上は，福祉国家はあくまでも国民国家を前提とした制度であり，移民というアクターの存在は想定されてこなかったのである。

　このように，福祉国家が国民国家を前提としてきたことは，社会政策がアイデンティティ形成（identity building）のための装置としての役割を果たしてきたことと関係している。ある国における社会政策のあり方はその国の国家建設

における重要な要素として位置づけられ，社会政策に関する選好にはその国の基本的な特性が表れるとみなされてきた（Béland and Lecours 2008：5-6）。こうした背景から福祉国家論では，国民国家を前提とした社会政策の実施と福祉国家の建設が，ナショナル・アイデンティティを高めることにつながると考えられた。しかしながら，移民の増加によりこうした福祉国家はもはや維持できていない（Clarke 2005：407；Dwyer 2005：623）。

このような状況に早くから関心を寄せてきた，アメリカの政治学者フリーマンは，グローバル化に伴う人の国際移動の活発化が国民国家を前提とした福祉国家の存続を困難にすることを指摘してきた（Freeman 1986）。こうしたなかで，福祉国家のメンバーシップに直結する概念として理解される市民権（Citizenship）概念についても，国民国家を前提とした位置づけに再考が迫られ，国民国家の国籍概念とは異なる規範に基づく市民権概念に関する議論も進められてきた（ハンマー 1990＝1999；Soysal 1994；堀江 2002；Geddes 2003；Lahav 2004；Clarke 2005；Dwyer 2005；2010；Crepaz 2008；Shachar 2009）。たとえば，スウェーデンの政治学者ハンマーは，デニズンシップ（denizenship）という概念によって永住外国人の地位を説明し，市民権をもつ国民と市民権をもたない外国人という二分法に基づくメンバーシップ概念に一石を投じている（ハンマー 1990＝1999）。これらの研究のなかで，福祉国家の衰退や変化も含め，少なくとも，従来の福祉国家論が前提としてきた，国民国家を基盤とした福祉国家の揺らぎが論じられてきた。

上記の議論に加え，1993年発効のマーストリヒト条約第8条の下で創設されたEU市民権（Citizenship of the European Union）が，新たな規範に基づく市民権概念を生み出すとともに，社会保障や福祉国家のあり方にも変化をもたらした。EU市民権は，EU加盟国の国籍を有する者に加盟国内での居住・移転の自由，居住国における欧州議会選挙および地方選挙の選挙権と被選挙権を認める。EU市民にはすべてEU加盟国での共通で平等な権利が与えられ，また，EU加盟国の国籍をもたない第三国出身の居住者も含めて，欧州議会への請願権およびオンブズマンに訴える権利が認められる（European Commission 1999：

29-30)。アムステルダム条約は，EU市民権を各加盟国内の市民権の補完的なものとし，それにとって代わるものではないとしていることから，EU加盟国の国籍を有することがEU市民権取得の条件となっており，加盟国に所属していることがEU政治へ参加するための条件になる。EU市民権の創設により，経済共同体に端を発する欧州統合が，政治的，社会的領域での統合へと踏み込んだといえる。加盟国内部における，市民的，政治的，社会的権利の保障を実行に移したEU市民権の創出も，国民国家を前提とした福祉国家に一石を投じている。

ここまで，従来の20世紀型福祉国家が移民と正面から向き合ってこなかった背景として，福祉国家と国民国家との関係から論じた。そのうえで，EUの創設によって従来のメンバーシップ概念が直面している新たな局面について言及した。次に，現代の福祉国家研究において移民という存在に関心を置くことの意義について述べる。以下の三つの理由から，福祉国家論は移民というアクターの存在を抜きにして今後の持続や再編に関する議論を詰めることができない状況にある。

第一に，各国における移民の位置づけの違いを理解することが，福祉国家の多様性を知るうえで有意義であることが挙げられる。移民の受け入れは，移民の入国の可否を決定づける出入国管理政策と，入国後の移民の雇用や福祉に関する社会生活上の統合政策とが連続的に連関しており，こうした政策を取り巻く制度によってその方向づけがなされる。詳細は第1章で論じるが，本書では，このような移民の受け入れを決定づける制度の複合的な結びつきを，移民レジームという概念で理解する。

本書が用いる移民レジームの概念は，第一段階として，移民の出入国管理に関する制度と，第二段階として，社会生活上不可欠な，福祉国家における社会保障の受給権に関する制度の仕組みという，二段階の仕組みによって形成される。出入国管理の段階において，受け入れ後の移民が置かれる社会環境や，社会保障上の受給資格はある程度決定づけられていることから，双方には密接な関係がある。移民レジームの形成は，ホスト国がどのような経路で移民を受け

入れてきたのか，移動する人びとの社会権をいかに保障してきたのかという歴史によって左右される。詳細は後述するが，本書が対象とするイギリスでは，旧植民地出身者に対する自由な出入国を保障してきた開放的な移民レジームが，移動の自由のみならず移動する人びとの社会権をも保障してきた。したがって，出入国の仕組みは，絶えず移動する人びとの社会生活上の権利保障や包摂の仕組みと切り離すことはできない関係にある。

　上記から，移民レジームは福祉国家の仕組みと密接に関係しているといえよう。移民レジームは，出入国管理と入国後の移民の社会権の保障に関する仕組みによって形成されることから，各国における移民レジームの違いは，その国の福祉国家の仕組みと深く関係しているのである。福祉国家論は，移民というアクターに関心を置いてこなかったことで，こうした移民レジームの違いが生み出す福祉国家の多様性を考察してこなかった。

　移民レジームに加え，各福祉国家の政治経済の仕組みを示す概念である福祉レジーム（welfare regime）が，各福祉国家と移民との関係を規定する。詳細は第2章で論じるが，この福祉レジームが規定する移民の受け入れと，移民レジームとの関係が，福祉国家と移民との関係の多様性を明らかにするうえで重要である。

　福祉国家の多様性について検討する際に，その国が移民に対してどのような社会保障の政策パッケージを備えているのかという視座が重要になる。誰にどの程度の社会保障を整備しているのか，という点を知ることがその国の福祉国家のあり様を理解するために有益である。このように，福祉国家の仕組みを理解するうえで，福祉国家における移民の位置づけの多様性をみることが有益であるなかで，移民というアクターの存在を抜きにこんにちの福祉国家のあり方や再編に関する議論を進めることは適切とはいえない。

　第二に，国際的な移民人口の増大とそれに伴う移民をめぐる福祉問題の噴出である。国際移住機関（International Organization for Migration，以下 IOM と略す）の調べによると，2000年の国際的な移民人口の規模は，世界中でおよそ1億5000万人であったが，2010年にはこの数はおよそ2億1400万人にまで上昇して

いる。人の国際移動が新しい現象でないにしても、その動きは活発さを増していることは否定できない。

　一国レベルの国際的な移民人口の割合としては、たとえば、本書の分析対象国であるイギリスでは、国立統計局（Office for National Statistics、以下ONSと略す）の調べによると、2013年時点でイギリス以外の国で出生した居住者の割合は12.4%、イギリス国籍をもたない居住者の割合は7.8%を占めており、前者は2004年には8.9%、後者は5.0%であったことから、10年間でイギリス社会を構成するメンバーの多様化が進んでいることが指摘できる（ONS 2014：1）。母国以外の国で暮らす人口の増加は、移住する当事者の生活習慣に変更を迫るばかりか、彼らを受け入れるホスト国の制度にもさまざまな影響を及ぼすこととなる。

　2013年5月8日に行われたイギリス議会開会式では、不法移民の国外退去手続きの簡素化をはじめ、移民の社会・福祉サービス受給権の削減に関する言及が施政方針演説に盛り込まれたことが関心を集めたほか、2014年5月14日に成立した2014年移民法には、移民による各種サービスへのアクセスの制限が盛り込まれた。イギリス国内における移民の増加と、それに伴う福祉制度への影響を問う議論が政治的に重要なイシューとなっていることがみてとれる。こうした現状に照らせば、移民というアクターの存在を抜きに、福祉国家の現状と今後に関する議論を進めるのは適当とはいえない。福祉国家論が想定してきた、国民国家を基盤とした福祉国家に揺らぎが生じつつあるなか、今後の福祉国家のあり方を問ううえで、移民というアクターの存在を踏まえた議論が求められる。

　第三に、福祉国家の機能の変化に伴う理由が挙げられる。福祉国家が、依然として国民国家を前提に所得再分配と社会サービス供給に徹していれば、移民人口が増大しても福祉国家が果たすべき役割は一貫している。しかしながら、福祉国家の役割の主軸は、従来の20世紀型福祉国家における所得再分配を目的とした現金給付から、ライフ・コースの多様化にあわせたサービス供給、就労支援、社会参画する機会の保障と社会に帰属する一員としての承認を通じた社

会的包摂を実現する役割など多岐に及んでいる。こうして福祉国家の役割が多元化するなか，画一的な役割を担ってきた福祉国家では表出してこなかった，移民をめぐる福祉国家のあり方にも関心が高まる。福祉国家の役割が多様化するなかで，「移民への対応」も福祉国家が向き合うべき課題の一つとなる。単に移民が数のうえで増大したことに限らず，福祉国家の機能が多元化したことで，福祉国家論は移民というアクターの存在を無視できない状況にある。

　上記三つの理由を背景として，こんにちの福祉国家論が移民に着眼する意義が生じる。移民の受け入れや社会生活上の統合の仕組みである移民レジームは，ホスト国がもつ独自の歴史によって生み出される移民を受け入れる経路や社会権の保障に対する立場によって異なる。したがって，移民と福祉国家との関係は一元的なものではないことから，移民を受け入れるホスト国の福祉国家の違いを理解するうえでも，移民に光をあてる必要が生じる。これに加え，さまざまなニーズへの対応を求められる福祉国家を考察するうえでも，移民の存在に光をあてる意義が生じている。移民は，いわばニーズの多元化を象徴する存在であり，ライフ・コースやアクターの多様化への対応を迫られるこんにちの福祉国家のあり方を検討するうえでも避けられない存在となっている。

2　先行研究の整理と本書の位置づけ

　福祉国家論が移民に関心を置いてこなかったとはいえ，以下で説明するように双方の研究領域を横断する研究蓄積も確認できる。しかしながら，移民と福祉国家との関係から福祉国家が直面する問題を提起する多くの先行研究の関心は，現実との間で齟齬を生じさせている。福祉国家と移民を対象とした先行研究では，文化的，宗教的，人種的差異をもつ存在としての移民を，福祉国家という，従来，国民国家を前提に発展を遂げてきた制度の下でいかに統合するのか，あるいはその可否を問うことに関心の主軸が置かれてきた。すなわち，そこでは，移民とは差異をもつ人びとであることから，従来は同質的な人びとの紐帯の下で維持されてきた福祉国家が，移民によってもち込まれる差異性の下

でいかなる影響を受けるのかを考察することに関心を置く。この関心を敷衍すると，従来の福祉国家と移民との関係を問う研究は，福祉国家の再分配機能と移民の差異性の承認の可否をめぐるジレンマを中心的に扱ってきたといえよう。

上記の議論は以下の二つのカテゴリーの研究蓄積へと整理できる。第一に，国民国家を前提とした福祉国家と人種や文化的多様性との間のジレンマを問う議論であり，第二に，移民の存在を，政治経済的に福祉国家の新たな危機としてとらえる議論である。前者は，福祉国家と多文化主義あるいは同化主義に関する議論や人種的多様性と福祉国家との関係を問う研究であり（Alesina et al. 2001；フレイザー 1997＝2003；Alesina and Glaeser 2004；Banting and Kymlicka eds. 2006；Kymlicka and Banting 2006；Schierup et al. 2006；Sales 2007），後者は，福祉国家ナショナリズムの台頭とともに生じる福祉ショービニズム（welfare chauvinism）に関する議論や，福祉国家が移民を排除する論理を福祉国家の政治経済の観点から指摘する研究である（Freeman 1986；Jordan 1998；宮本 2004c；水島 2006；2012）。

上記二つのカテゴリーに移民と福祉国家との関係を問う研究蓄積を整理したが，それぞれについて現実との間でいかなる齟齬があるのかを指摘することとしたい。まず，第一のカテゴリーについてであるが，文化的，人種的な差異性だけが福祉国家と移民との間の問題ではないことが指摘できよう。たとえば，ヨーロッパの先進各国では，人種や文化的差異と福祉国家の再分配機能との間のジレンマよりも，むしろこうした差異が小さいものの，EU域内の新興国出身の移民の社会保障や雇用をめぐる問題が噴出している。さらに，国民間における格差の拡大や再分配をめぐる問題も福祉国家の縮減期を経て高まっていることから，人種的，文化的差異だけがこうした問題の根幹にあるとは考えにくい。すなわち，人種的，文化的多様性が福祉国家の持続を阻むというよりも，問題の根幹はむしろ福祉国家という制度自体にある。既述のとおり，ケインズ＝ベヴァリッジの20世紀型福祉国家に揺らぎが生じるなか，環境の変化に適応しつつ再編する福祉国家が求められており，こうした再編のなかに移民というアクターも含めた福祉国家のあり方を見出すことができるのではないか。した

がって，移民がもつ差異性によって生じる問題だけでなく，岐路に立たされた福祉国家のサービス供給や再分配政策のあり方を問う政治経済的な問題として，福祉国家と移民に関する議論を進めることが求められる。

　第二のカテゴリーの研究蓄積に含まれる，福祉ショービニズムや移民の存在を福祉国家の危機として位置づける研究では，その前提として，移民を「福祉国家のたかり屋（welfare scrounger）」とみなす。しかしながら，実態上は，移民は必ずしも福祉国家のたかり屋とはいえない存在となっている。先進各国の移民政策では，高度な技能を有する移民を選別的に受け入れる政策が主流化しており，福祉国家財政上，あるいはサービスの直接的な担い手として福祉国家を支える移民労働力の動員が進展している。技能を有する移民を受け入れることで福祉国家の持続と繁栄を目指す戦略では，福祉国家の再分配政策や社会サービスの受給者として，とりわけ福祉国家のたかり屋として批判の対象となる移民ではなく，福祉国家の制度を支える移民の存在が浮上する。ゆえに，現実に照らせば，福祉国家が移民を排除する仕組みだけでなく，福祉国家の制度的持続に貢献する移民の受け入れを進める，包摂の仕組みについても明らかにする必要があるといえよう。

　上記の先行研究に対する見解に基づき，本書では，以下の立場から福祉国家と移民に関する議論を進める。第一に，現代の福祉国家における移民のメンバーシップの獲得の可否を決定づける要因は，人種や宗教，文化という移民の集団的属性だけではなく，移民個人の就労や社会参加による福祉国家制度や財政への貢献度合いが重要になっている。第二に，従来の福祉国家と移民の政治経済的研究で行われてきた，福祉国家のたかり屋としての移民の位置づけは，現代の福祉国家と移民との関係をみると十分ではなく，技能水準や移住のルートによって異なる移民の位置づけを区別してとらえる必要がある。

3　目　　的

　本書の目的は，イギリスを分析対象に，移民の受け入れや彼らに対する社会

保障の仕組みをホスト国の福祉国家の構造から解き明かすことである。移民の受け入れと受け入れ後の社会権保障に，ホスト国の福祉国家の仕組みがどのように影響しているのかを考察する。福祉国家と移民との関係を決定づける要因について明らかにするとともに，こんにちのイギリス福祉国家における移民の位置づけの変化に関しても言及する。移民は，グローバル化をはじめ，産業構造や福祉国家のレゾンデートルの変容など，こんにちの福祉国家に降りかかるさまざまな環境の変化と密接に関わる存在であることから，福祉国家における彼らの位置づけに目を配ることは，福祉国家の現状とその課題を明らかにするうえでも有意義である。現代の福祉国家が直面する諸問題とそれに対する福祉国家の対応を，移民というアクターの存在に着眼して検討する。

イギリスでは，2002年に高度技能移民プログラム（Highly Skilled Migrant Programme, 以下 HSMP と略す）が制度化して以降，専門性の高い技能を有する移民を選別して受け入れる移民政策を採用してきた。移民を技能水準によって峻別し，いわゆる高度技能移民にあたる移民を選別して受け入れるのが，現在のイギリスが採用する移民政策となっている。

本書では，高度技能移民の受け入れとそこに至るまでのイギリスの移民政策がどのような要因に基づいて決定づけられてきたのかを，福祉国家との関係から明らかにする。イギリスにおける移民の受け入れについて，①その移住の仕組みがいかに生み出されてきたのか，②労働市場における動員が何によって決定づけられているのか，③技能水準の高い移民の受け入れが福祉国家にいかなる変容を生み出しているのか，という問いに答える。イギリスの歴史が生み出すイギリス型移民レジームの独自性と，ポスト20世紀型福祉国家が共通して直面している政治経済のあり方の双方から，福祉国家と移民との関係を考察する。福祉国家における移民の位置づけを決定づける要因として，移民送り出し国とホスト国との歴史的な結びつきの重要性を提示するとともに，ホスト国の福祉国家を形成する諸制度や福祉国家という制度のあり方がいかに重要な要因となるのかを明らかにする。

4　分析の対象：イギリス福祉国家と医師の国際雇用

　福祉国家と移民との関係を分析するうえで，本書では既述のとおりイギリスを対象とした分析を行う。イギリスにおける移民をめぐる議論は，とりわけ旧植民地からのカラード（coloured）移民とその二世，三世に関するものに集中しており，人種の差異から生じるレイシズム（racism）が深刻な社会問題として取り上げられてきた（Solomos 1993；Small and Solomos 2006）。福祉国家と移民に関しても，こうした人種問題を端緒とした視角から考察され，移民は人種的な差異を有する人びとであり，そうした差異が福祉国家ナショナリズムを扇動し，多様性のなかでの国家としての統合の困難を生み出していることが論じられてきた。

　他方で，先行研究を提示するなかで述べたように，福祉国家と移民との関係を政治経済的な観点から考察するとこうした差異だけが重要なのではなく，現代の福祉国家のあり方に鑑みれば，福祉国家と移民との関係にも変化が生じていることは看過できない。移民問題の大部分が人種問題としてとらえられてきたイギリスもその例外ではない。本書では，従来，イギリスの移民問題が人種の差異を問題の根幹として論じられてきた一方で，福祉国家の政治経済をめぐって，福祉国家と移民との関係にどのような変化がみられるのかを明らかにする。

　本書が，イギリスを分析対象に位置づける理由は以下のとおりである。

　第一に，大英帝国の下での帝国主義の歴史を背景として，イギリス福祉国家には，歴史的な国の成り立ちの経緯に基づく独自性があるという点が挙げられる。旧植民地出身者に市民権を付与し，外国人労働者としてではなく市民権を有する者として受け入れてきた歴史があり，福祉国家も連合王国の国境を越えた制度として機能してきたことから，第1章で詳述されるイギリス独自の移民受け入れの仕組みが形成されている。その一方では，イングランド，ウェールズ，スコットランド，北アイルランドという四つの地域（country）からなる連

合王国であるイギリスは，集権的な福祉国家制度が各地域を横断して機能することで，連合王国レベルでのナショナリズムを高める手段として位置づけられてきた（Béland and Lecours 2008：94-144）。したがって，福祉国家が連合王国を越えた拡がりをみせつつも，国内においては，連合王国レベルでの普遍的な福祉国家の仕組みが自律的な地域間の統合の手段としても機能してきた。旧植民地との独自の関係の形成をはじめ，イギリスで歴史的に福祉国家という制度やそのメンバーシップの概念がいかに規定されてきたのかを考察し，イギリス独自の福祉国家と移民との関係を明らかにする。

　第二に，福祉国家と移民の政治経済的分析の対象としての普遍性がある。イギリスにおける福祉国家と移民との関係は，上記のような歴史的経緯に基づく独自性をもちつつも，福祉国家の政治経済と移民の受け入れとの関係をめぐっては，一般的な理論的潮流を受容する普遍性をもちあわせている。第2章では，福祉レジーム論に依拠して各福祉国家が生み出す移民を受け入れるパターンを提示するが，自由主義レジームのイギリスでは，他の自由主義レジームの福祉国家と同様の論理によって，移民の受け入れや彼らに対する社会権保障の程度が決定する。

　第三に，イギリスは先駆的な社会保障制度の創設によって模範的な福祉国家を樹立してきたことから，福祉国家としても普遍的な議論に適応可能である。いわば，福祉国家の先駆的な代表国ともいうべきイギリスにおける，福祉国家と移民との関係を政治経済的観点から考察することで，福祉レジーム類型にかかわらず，わが国をはじめとしたそのほかの福祉国家と移民をめぐる議論に対するインプリケーションが期待できよう。

　上記三点から，イギリスを対象とすることで固有性と普遍性の双方を射程とした考察を行うことが可能である。本書は，イギリスを分析対象としており，福祉国家と移民との関係について各国の移民レジームの類型を網羅的に提示することや，他国における移民レジームと福祉レジームの関係を分析することを主眼としてはいない。しかしながら，イギリスを対象に移民レジームと福祉レジームの交差から移民の受け入れに関するダイナミズムをとらえることは，他

国の状況に関するインプリケーションの提示にもつながる。

たとえば,イギリス型移民レジームの独自性を提示することは,同じく旧植民地から移民を受け入れてきたフランスの移民レジームとの違いを指摘することにもつながる。旧植民地からの移民を,市民権を有する者として受け入れてきたイギリスに着目して検討することは,出稼ぎ労働者という位置づけで旧植民地出身者を受け入れてきた国との違いを浮き彫りにすることになる。このほかにも,イギリスを取り上げることで,福祉レジーム論において同じ類型にあてはまる国との差異と共通点を指摘することにもつながる。イギリス同様,自由主義レジームの福祉国家アメリカの移民の受け入れとの共通点と違いは,福祉レジームが生み出す共通の移民の動員の仕組みと,両国がもつ歴史の違いによるものであることが推察される。イギリスを分析対象とすることで,上記のような固有性と普遍性の双方を視野に入れることができよう。

本書では,イギリス福祉国家と移民との関係を歴史的にたどりつつ,とりわけ現代のポスト20世紀型福祉国家が移民というアクターをいかに位置づけているのかを論じる。ポスト20世紀型福祉国家における新たな福祉国家と移民との関係をとらえるうえで,福祉国家の脱国民国家化という視点を提示し,その分析のための事例として,イギリスの国営医療サービス(National Health Service, 以下 NHS と略す)における医師の国際雇用を取り上げる。

イギリス福祉国家の中心的制度に位置づけられる NHS では,外国人医師が医師全体のおよそ3割を占めており,制度の維持に不可欠な存在となっている。公的医療の供給という,福祉国家の重要な役割を多数の移民労働力が支えていることになる。外国人医師の多くは旧植民地の連合体であるコモンウェルス地域出身者で占められており,NHS における医師の国際雇用は,イギリス本国とコモンウェルスとの歴史的なつながりを前提に,福祉国家の政治経済的要因に基づくニーズに対応することで進められてきた。

福祉国家サービスにおける移民労働力の活用は,ポスト20世紀型福祉国家の新たな動向である福祉国家の脱国民国家化とも結びつく。詳細は第2章で提示されるが,福祉国家の脱国民国家化とは,従来,政府,市場,家族を中心的な

社会セクターとしてきた福祉国家において，こんにちでは，グローバルな市場の下で福祉国家サービス供給の担い手となる人材の確保が進められることを意味する。NHS における医師の国際雇用に限らず，こんにちの福祉国家論では，たとえば保守主義レジームにおける移民家庭内ケアワーカーの導入から，福祉国家の脱国民国家化に関する指摘が行われている（稗田 2010；伊藤 2011a；2011b）。既述のとおり，福祉国家論では，移民というアクターが福祉国家の受給者として想定されてこなかっただけでなく，福祉国家の供給面を担う存在としても，想定されてこなかったことが指摘されている（伊藤 2011a：301）。本書では，NHS における医師の国際雇用から脱国民国家化という福祉国家の新たな動向についても考察する。

上記により本書では，移民の受け入れが歴史的な経路によって規定されつつも，現代の福祉国家が直面する環境変容のなかで移民と福祉国家との新しい関係が生じていることを明らかにし，ポスト20世紀型福祉国家において生じつつある，福祉国家の新しい紐帯の形成を考察する。

5　分析枠組み

本書では，移民の受け入れにイギリス福祉国家の構造がいかに関わっているのかを明らかにするにあたり，以下の視角から検討を行う。第一に，イギリス独自の移民レジームの形成に関わる福祉国家と移民をめぐる歴史と制度に基づくアプローチ，第二に，イギリス福祉国家の政治経済的な構造である福祉レジームが規定する移民受け入れのパターン，第三に，移民の社会的包摂とワークフェアとの関係である。以下にそれぞれの詳細を提示する。

（1）歴史的遺制に基づく移民レジーム

第一に，ホスト国の歴史的遺制に基づく福祉国家と移民との関係である。ホスト国イギリスに独自の歴史や制度が移民の受け入れに及ぼす影響を精査するとともに，イギリスにおける出入国管理政策の変遷をたどる。出入国管理政策

と移民に対する社会保障制度からなる移民レジームが，イギリスではどのように形成されたのかを明らかにし，こんにちまでのその持続と変化をとらえる。

イギリスの歴史が生み出す独自の移民レジームの存在を指摘するとともに，それが時間軸のなかでいかに変容してきたのかを，移民レジームが果たす役割や目的の変化から考察する。コモンウェルス出身者に市民権を付与することで保障されたコモンウェルスからイギリス本国への移動の経路は，当初は労働力の確保を目的としたものではなく，大英帝国が凋落へと向かうなかでコモンウェルスの下でイギリスの求心力を高めるために制度化した仕組みであった。しかしながら，結果的には1948年国籍法の下で保障されたイギリス型移民レジームの下での移動の自由が，その後のイギリス本国における労働力需要に応える制度として機能し，さらにこんにちでは，技能移民を選別して受け入れる出入国管理政策の下でも，その受け入れの経路として機能している。

ホスト国イギリスがもつ歴史の観点から移民レジームの独自性を指摘するとともに，それが時間軸のなかでいかに変容してきたのかを，出入国管理に関する立法の変遷から考察する。コモンウェルスからの移民の受け入れが，イギリスとコモンウェルス地域との歴史的な関係から始まっており，さらに，イギリスにとっては現在も移民を受け入れる際にコモンウェルス地域から受け入れること，すなわち同一の経路を選択することが，コストを抑えた正のフィードバックを生み出す手段となる。本書では，イギリスの移民政策における経路依存性を，コモンウェルスからの移民の受け入れに伴う正のフィードバックの存在から明らかにする。これによって制度の粘着性（stickiness）を指摘するとともに，その漸進的変化（gradual institutional change）にも光をあて，イギリス型移民レジームを持続と変化の両面からとらえる。

このように本書では，イギリスにおける移民の受け入れについて歴史的な蓄積に基づく制度の持続と変容の観点から分析するが，制度分析における時間と歴史の重要性は，歴史的新制度論の泰斗であるピアソンによる研究のなかで明らかにされてきた（Pierson 1994；1996；2004）。時間の経過のなかで生み出されるロックイン効果が，制度の経路依存性を生じさせることから，ピアソンをは

じめとした歴史的新制度論者の主張は，制度の持続を支える理論として位置づけられてきた。他方で，歴史的新制度論をはじめ，合理的選択新制度論や社会学的新制度論のいずれの新制度論も，制度変化を説明するための理論としては疑問が投げかけられてきた。新制度論は，変化よりも持続の説明に関心を置いた理論として発展し，制度変化の説明は制度が置かれる外的環境の劇的な変化によって生じる外生的なものとみなされ，区切られた均衡（punctuated equilibrium）や重大局面（critical junctures）の概念に頼ってきた。しかしながら，近年の歴史的新制度論の理論展開のなかでは，このような外生的要因によって生じるドラスティックな変化ではなく，漸進的な制度変化への関心が高まり（Streeck and Thelen 2005），内生的要因に基づく漸進的な制度変化を説明するための理論のモデル化が進められてきた（Mahoney and Thelen eds. 2010）[2]。

　本書では，上記のような新制度論の理論系譜に鑑みて，イギリス型移民レジームを歴史的な経路依存性と漸進的変化の双方から分析する。イギリスにおいて，移民の受け入れはコモンウェルス地域との関係を抜きに論じることはできず，イギリス型移民レジームの形成において，コモンウェルスとの関係を築いた歴史が重要な要素である。第二次世界大戦以降，これらの地域からは継続的な渡英が行われており，こんにちのイギリスの移民政策も，こうしたコモンウェルスの存在を前提に行われている。社会保障や社会政策という福祉国家の仕組みについても，イギリス本国の制度を植民地でも採用するなど，イギリス本国と植民地との間で多くの制度が共有されてきた。そのため，ホスト国イギリスにとってコモンウェルス地域からの移民の受け入れには正のフィードバックが働く。その意味では，イギリス型移民レジームは，まさに経路依存的な制度によって支えられてきた。

　他方で，コモンウェルス地域からの移動の経路が絶えず開かれながらも，時間の経過とともに，移民レジームが果たす役割やその目的には変化が確認できる。本書では，コモンウェルスからの継続的な移民の受け入れからイギリス型移民レジームがもつ経路依存性を明らかにしつつ，コモンウェルスに開かれた経路が果たす意味や目的の変化について言及することで[3]，イギリス型移民レ

ジームの変化についても指摘する。これにより，イギリスとコモンウェルスとの間で築かれた人の移動の経路の制度的な強度を指摘するとともに，その役割や意義に生じた変化についても検討する。

（2）福祉レジームが規定する移民の受け入れのパターン

　第二に，福祉国家の政治経済的な構造と移民の受け入れとの関係である。このアプローチ自体は新しいものではなく，多くの研究蓄積を確認することができる (Castles and Kosack 1973；Lahav 2004；Sainsbury 2006；2012；伊藤 2011a；2011b；Razin et al. 2011；Carmel et al. 2012)。ある国で一定期間居住するうえで，その国の社会サービスや福祉プログラムとまったく接点をもたずに生活することはほとんど不可能であることから，ホスト国の福祉国家の仕組みに移民の受け入れは左右されるのである。福祉国家の仕組みを理解するうえで有効なのが，福祉レジームの概念である。詳細は第2章に委ねるが，福祉レジームは福祉国家の政治経済に関する制度やそのあり方が複合した概念である。したがって，福祉レジームによって各国の福祉国家の特徴を理解することが可能である。イギリス型移民レジームが，イギリスにおける移民の受け入れに重大な影響を及ぼす一方，必ずしもイギリス固有の歴史がすべてを決定づけるのではないことが，この視角によって明らかにされる。

　なお，本書で福祉レジームとは，社会保障や社会福祉サービスに関する制度からなる福祉レジームと，雇用政策や雇用保障制度からなる雇用レジームの双方を射程とした広義の概念として位置づけ，社会保障と雇用に関わる諸制度を包括的に対象としている。したがって福祉レジームは，脱商品化の程度，すなわち社会保障の厚さと，これと表裏一体的な商品化の概念，すなわち雇用の仕組みを表している。

　社会保障と雇用の双方を福祉国家の射程とする考え方は，20世紀型福祉国家の礎を築いたケインズ＝ベヴァリッジ体制にもみられる。周知のとおり，完全雇用の実現を目指したケインズ主義的福祉国家と，所得保障の実現としての社会保障を提言したベヴァリッジ報告からなるケインズ＝ベヴァリッジ体制の福

祉国家は，まさに社会保障と雇用からなる福祉国家のあり方を示していた。このほか，こんにちの福祉国家研究において，社会保障と雇用をあわせた「生活保障」という概念の重要性が指摘されることにも，福祉国家の機能として社会保障と雇用の連携が重視されていることが表れている。移民も日々の生活を送るうえではホスト国の福祉システムと関わらざるを得ず，福祉レジームは，その国における移民の位置づけや受け入れの仕組みを理解するうえでも有効な概念であることから，たとえば久保山（2000），Schierup et al.（2006），Sainsbury（2006；2012），岩崎（2008），日野原（2012a）など，福祉レジーム論に依拠した移民の受け入れに関する分析がこれまでも行われてきた。

　福祉レジームは，福祉国家における移民の受け入れを検討するうえでも重要な含意をもつ概念である。さらに，福祉レジームと，本書における第一の視角であるホスト国独自の歴史の下で形成される移民レジームにも，以下のように密接な関係がある。移民レジームはホスト国が歴史的にどのような経路の下でいかなる仕組みで移民を受け入れてきたのかということと，ホスト国における社会権保障の仕組みに基づき，入国後の移民の社会保障の受給の仕組みがいかに位置づけられてきたのかという二つの基準によって形成される。社会保障の受給資格という社会権概念のあり方に対する考え方は，福祉レジームによって規定される脱商品化の程度とも関係している。さらに，福祉レジームが規定する移民の商品化の仕組み，すなわち移民の雇用条件の形成については，移民レジームの第一段階をなす出入国管理の仕組みと関係している。これは，たとえばゲスト・ワーカー制度のように，出入国管理の仕組みが直接的に入国後の移民の雇用条件と結びつくケースから指摘できる。

　したがって，ホスト国の独自の歴史的背景によって形成される移民レジームだけでなく，福祉レジームがこれと影響し合うなかで福祉国家と移民との関係が築かれることから，本書では，移民レジームと福祉レジームが規定する移民の受け入れとがどのように関係するのかを分析する。

(3) ワークフェアと社会的包摂

ホスト国の歴史的遺制に基づいて形成される移民レジームと，福祉レジームによって規定される移民の受け入れのパターンとの関係とともに本書が提示するのが，ワークフェア改革に伴う社会的包摂と移民との関係である。イギリスでは，福祉国家における社会的包摂の概念が，ワークフェアを通じてどのように位置づけられているのかを考察し，福祉国家における移民の社会的包摂の可能性を検討する。これにより，ワークフェアの理念が福祉国家における帰属の概念に生み出す変化をとらえる。

福祉国家研究は，こうしたワークフェアの理念については従来から関心を寄せてきた。ワークフェアは，アクティベーションやベーシック・インカム，あるいは第三の道などとならんで，1990年代後半以降の先進各国における福祉国家改革の方向性を指し示す理念やアイデアを反映した言説として国を越えて浸透したことから，こうした理念やアイデアが福祉国家改革に及ぼす影響については，言説政治やアイデアの政治として考察されてきた（Weaver 2000；Schmidt 2002；2003；Taylor-Gooby ed. 2005；宮本 2006b；2012；小林 2012）。

本書では，イギリス福祉国家における移民の位置づけを変化させた背景を，ワークフェア改革の下で承認や社会的包摂の規範が再編した点に着眼して考察する。上記の，ワークフェアがもつ理念に関心を置く先行研究の下で研究されてきたように，福祉国家研究ではこれまで，ワークフェアのアイデアがどのように福祉国家改革のなかにもち込まれ，福祉国家の再編に影響を及ぼしてきたのかが考察されてきた。これに対し本書では，ワークフェアのアイデアが，国民国家を前提とした従来の福祉国家のあり方にいかに変化を生み出しているのかを検討する。それによって，ワークフェアが福祉国家のメンバーシップに変容を生み出し，国境を越えた新たな社会的包摂の仕組みが築かれていることを明らかにする。

ワークフェア改革の下で，福祉国家への帰属を問う承認や社会的包摂をめぐる規範に生じた変容を提示することで，移民の市民としての包摂の可能性を検討し福祉国家の新たなメンバーシップの醸成について考察する。

従来の20世紀型福祉国家は，国民国家を前提に発展を遂げてきたが，現代の福祉国家は実態としてはこの前提に沿ったかたちを維持できてはいない。こうしたなかで，ワークフェア改革によって，「国民であるということ」が福祉国家への帰属を保障してきた従来の福祉国家の規範にも変化が生じている。ワークフェア改革を契機として，福祉国家への帰属を画定する条件としての「義務（obligation）」の重要性が高まっているのである。詳細は第3章に委ねるが，ワークフェアは現実の政策としては社会保障の受給に就労や求職を条件づけるものであり，これは社会権の保障に対して義務の概念を付与することを意味する。

　このような福祉国家への帰属の条件としての義務の重視は，20世紀型福祉国家が依拠してきた国民国家を前提とした福祉国家のあり方に風穴をあける可能性を生み出す。現代の福祉国家では，責任や義務を果たしたうえでの権利であるか否かという，モラルの視点が帰属や資格の重要な基準となっていることが指摘される（Jordan 1998：206）。すなわち，ワークフェアのアイデアの受容は，義務を果たす人びとの間での「国境を越えた信頼（trust beyond borders）」に基づく福祉国家を正当化する可能性をもつのである。(6)

　こうしたワークフェアのアイデアは，能動的市民性（active citizenship）の重視というかたちで，現実の社会にも反映されている。イギリスにおいて，能動的市民性はコミュニティへの積極的参加と結びつく概念であり，文化的多様性が進む現代社会で人びとの間に紐帯をつくり差異を尊重する社会となるための概念として取り上げられてきた（Home Office 2003b：8）。能動的市民性を提示する具体的な手段としては，たとえば，ボランティア活動への参加などが挙げられる。能動的（active）とは，社会とのつながりを自発的にもつことを意味しており，こうした行動は，コミュニティに対する義務や責任という概念と結びついている。能動的市民性には，義務を強調する効果があることが指摘される（Orton 2006：253）。

　詳細は第3章で取り上げるが，近年のイギリスの帰化行政では，能動的市民性の提示が移民の帰化の迅速化につながる手段として採り入れられている。

ワークフェアによって支えられる能動的市民性が移民の市民としての承認と包摂の過程で重視されているのである。まさに，国内的な意味合いで用いられてきた，ワークフェアのアイデアが生み出した義務や社会的な貢献度合いの重視が，移民レジームと福祉レジームとが影響し合うなかで，国境を越えたアイデアとして機能していることを示唆している。本書では，ワークフェアが新たな福祉国家のメンバーシップを生み出すアイデアを浸透させた過程を考察し，ワークフェアのアイデアの受容と，歴史的な脈絡のなかで形成したイギリス型移民レジームの再編との関係を分析する。

　上記三つの視角はそれぞれが独立した視角ではなく，これらが相互に影響し合うなかで現代のイギリス福祉国家における移民の処遇が決定づけられる。ホスト国独自の移民レジームの下で，福祉国家の政治経済が規定する移民の受け入れが進められる。こうしたなかで，移民レジームにおける帝国の論理を前提とした包摂の仕組みから，ワークフェアの下での契約の論理を前提としたものへの変化が，新たな移民として技能を有する移民の包摂において重要な役割を果たした。能動的市民性の移民の帰化要件への組み込みにも見られるように，ワークフェアの下で受容された義務や責任の重視というアイデアが，外国人をイギリス人として承認する場においても導入されているのである。
　本書では以上の，イギリスという国がもつ独自の移民レジーム，福祉レジーム論における自由主義レジーム，ニュー・レイバーのワークフェア改革の観点からイギリス福祉国家と移民との関係を分析し，こんにちの福祉国家において，移民というアクターがどのような存在として位置づけられているのかを明らかにする。

6　構　　成

　本書は，4章からなる。第1章から第3章では，前掲の三つの視角に沿ってイギリス福祉国家における移民の位置づけとその変容について論じる。

第1章では，イギリスにおける移民の受け入れの歴史的経緯と移民受け入れに関する制度の変遷をたどる。これによって，帝国主義の歴史が現在のイギリスにおける移民政策にいかに影響しているのかを提示する。移民の受け入れに関するイギリスの独自性を歴史的遺制から考察していく。

第2章では，福祉レジーム論に依拠することで，移民の受け入れをホスト国イギリス福祉国家の政治経済的要因から探る。イギリスにおける移民の受け入れを，福祉レジーム論における自由主義レジームの福祉国家の仕組みから考察する。福祉国家の政治経済構造が移民の受け入れをどのように規定するのかを分析し，イギリスをはじめ各福祉国家の制度体系と移民の受け入れとの接点を提示し，労働力として移民を受け入れることにニーズが生み出される福祉国家の仕組みを明らかにする。

第3章では，福祉国家における移民の社会的包摂を促すアイデアの受容を，ワークフェア改革下の福祉国家の規範の転換から論じる。福祉国家改革の下で，福祉国家の規範や機能の再編が進むなか，移民の定住化を見据えた福祉国家における社会的包摂や承認のあり方が醸成されつつあることを明らかにする。労働力の補填としての存在を越えた移民と彼らを包摂する福祉国家で生じる変容を読み解き，こんにちの福祉国家が直面する包摂と排除をめぐる課題を検討する。

第1章から第3章では，イギリスにおける福祉国家と移民との関係がどのように生み出され，変容してきたのかを明らかにする。イギリスの歴史がもつ独自性に目を配りつつも，福祉国家の政治経済とそのダイナミズム，福祉国家の規範の変容から，移民と福祉国家をめぐる普遍的な議論も射程としつつ，イギリス福祉国家と移民との関係を分析する。

第4章では，イギリス福祉国家と移民との新たな関係を分析するための事例の提示とその分析を行う。事例として取り上げるのは，NHSにおける医師の国際雇用である。福祉国家の制度としてのNHSの位置づけを確認し，NHSにおける大規模な外国人医師の雇用に至るプロセスを考察したうえで，受け入れ政策の仕組みを提示する。NHSの創設当時から行われてきた医師の国際雇用

がこんにちのイギリスで拡大した背景を,自由主義レジーム福祉国家の再編とニュー・レイバーの下での福祉国家改革から考察する。これにより,福祉国家の脱国民国家化の可能性を検討するとともに貢献する移民の包摂をいとわない福祉国家の形成を検討する。

NHS の下で就業する外国人医師は,その多くがイギリスとコモンウェルス加盟国との歴史的な結びつきを背景としたイギリス型移民レジームの影響を受けるなかで受け入れられてきた。高度技能移民に位置づけられる外国人医師は,イギリス福祉国家の政治経済的な構造と,それがポスト20世紀型福祉国家への移行のなかで直面した再編への圧力のなかで高まる需要に応じるかたちで,受け入れの規模が拡大された。

したがって,NHS における外国人医師の受け入れは,イギリス型移民レジームを前提に,政治経済的要因によって生み出される移民の労働力需要の仕組みと,こうして受け入れられる移民の社会的な定着の可能性を考察するうえで適した事例である。この事例から,こんにちの福祉国家において移民の可視化に伴い国民国家によるバックラッシュが顕在化しつつも,その一方で生じる国境を越えた信頼の形成に基づく新しい福祉国家の紐帯の可能性を問う。

注
(1) IOM ウェブサイト(閲覧日2013年6月25日)を参照。
(2) 制度変化をめぐる新制度論の理論系譜については,新川(2011:24-33),早川(2011:78-80)に詳しい。
(3) ピアソンも,制度変化そのものについては否定していない(Pierson 2004)。ただし,長期にわたって存在する制度の場合には,その変容のほとんどは漸進的なものになると言及している(Pierson 2004:153)。
(4) 社会保障と雇用を両輪とした生活保障に関する議論については,宮本(2008;2009),大沢(2013)を参照されたい。また,同じく福祉国家が社会保障と雇用保障の双方を射程に発展してきたことについて,脱商品化による社会保障と商品化による雇用の観点から論じた先行研究としては,田中(2011)が挙げられる。
(5) これについては,第2章で図2-1を提示する際に詳述する。
(6) 国境を越えた信頼の形成については,Crepaz(2008)に詳しい。

第1章
福祉国家と移民をめぐる歴史と制度

　本章では，イギリス型移民レジームが，どのような歴史的経緯から形成されたのかを考察する。イギリス型移民レジームの独自性を，その形成の背景にある歴史から明らかにする。大英帝国の歴史が，現在のイギリスの移民政策にも依然として影響を及ぼしている点を指摘しつつも，そこに生じる変化にも光をあて，移民を受け入れる制度の形成におけるホスト国の歴史の重要性を指摘するとともに，その変化をとらえることの意義についても検討する。

1　イギリス型移民レジームの形成

　本節では，イギリスにおける福祉国家と移民との関係を考察するうえで，その主軸となるイギリス型移民レジームが生み出された背景を，コモンウェルスの創設とコモンウェルス市民権の制度化から考察する。序章でも述べたように，移民の出入国管理や社会保障上の権利の付与に関する仕組みは，それらを取り巻く制度と，ホスト国の移民受け入れに関する歴史的遺制の複合的な結びつきによって方向づけられる。歴史的に形成された移民を受け入れる経路や，社会権保障に対するホスト国の考え方，あるいは移民政策と関係する政策領域となる雇用政策や経済政策，社会政策に関わる制度の複合と，こうした制度の政治的な方向づけによって移民レジームが形成される。したがって，各国の移民受け入れに関する方針やその特徴は，上記のような複合的な政策や制度の連結から生み出される移民レジームから窺い知ることができよう。
　本節では，移民レジームの概念を明らかにしたうえで，イギリス帝国主義とコモンウェルスの発足を背景に形成されたイギリス型移民レジームの独自性を，

他国の移民レジームとの比較も踏まえて明らかにする。

（1）大英帝国の歴史とコモンウェルスの発足

　ここでは，イギリス型移民レジーム形成の基礎となったコモンウェルスの発足までの歴史を概観する。はじめに，出入国管理や移民の社会権への対応を規定する概念である移民レジームについて，本書におけるその位置づけを提示する。そのうえで，イギリス型移民レジーム形成の端緒となった，イギリス本国と旧植民地の連合体であるコモンウェルスがいかにして創設されたのかを論じる。

　移民レジームとは何か　各国における移民の出入国管理や社会権保障の仕組みをレジームの概念で説明することでそのパターンを指摘した先行研究としては，「出入国管理レジーム（immigration (policy) regime）」（Baldwin-Edwards 1991；Faist 1995）や「編入レジーム（incorporation regime）」（Soysal 1994；Sainsbury 2006；2012）という概念に依拠した研究が挙げられる（Sainsbury 2012：16-17）。前者は，移民政策のなかでも出入国管理政策（immigration policy）に重点を置くことから出入国に関する管理のメカニズムに関心をもち，後者は，入国後の移民の居住や就労に関する仕組み，社会保障の受給資格，市民権取得や社会生活における人種差別の是正などの，移民統合政策（immigrant policy）に重点を置く傾向がある。

　これは，移民政策が射程とする二つの政策領域の区分とも結びつく。小井土によれば，移民政策には，「新たに入国し居住・就労することの管理に関わる側面」と，「国内的存在となった移民の処遇をめぐってその権利の厚さやその定着・適応の深さに関わる側面」がある（小井土 2003：376）。すなわち，移民政策は，入国および居住に関する出入国管理政策と，ホスト国における移民統合政策という二つの政策領域を包含する。前者は，国籍法と移民法による国民と外国人の線引きを行う政策であり，後者は，移民を社会に統合する際の権利付与や文化とアイデンティティの承認などに関する政策を意味しており，前述の出入国管理レジームと編入レジームはこうした移民政策に含まれる二つの政

策領域のいずれに着眼するかによって区別されている。

　このように，移民政策は二つの政策領域にわけられるが，この二つの政策領域は切り離された政策領域ではなく，密接にかかわる。なぜなら，出入国管理政策には，どのような移民を受け入れるべきであるか，あるいは受け入れるべきではないのか，というホスト国の利害が反映されるが，こうした利害には，入国後の移民に社会保障の受給をはじめ，どの程度権利を保障するのかということも含まれている。ホスト国は，常に受け入れたあとの移民の統合を見据えて出入国管理政策を設けているのである。

　上記から，移民政策に含まれる二つの政策領域は，別々のメカニズムに基づいて実施される政策であるが，両者は必ずしも切り離されてはいない。このことから本書では，移民の出入国管理と入国後の処遇という二段階の要素からなる概念として「出入国管理政策（immigration policy）」と「移民統合政策（immigrant policy）」の双方を包含する概念として移民レジームという言葉を用いる。なお，本書では福祉国家との関係から移民の受け入れを考察するため，二段階目の要素である入国後の移民の処遇については，とりわけ社会保障の受給権などの移民の社会権の保障を中心に扱う。移民の入国可否を所管する出入国管理政策ならびにその制度（immigration policy）と，入国後の移民のホスト国社会における統合をめぐる政策ならびにその制度（immigrant policy）の双方を射程に，雇用政策，経済政策，社会政策との関係から，イギリス型移民レジームの仕組みをとらえる。

　序章でも述べたように，イギリス型移民レジームの独自性を提示することは，同じく旧植民地から移民を受け入れてきた経験をもつ他国の移民レジームとの違いを指摘することにもつながる。旧植民地からの移民を，市民権を有する者として受け入れてきたイギリスの移民レジーム形成の歴史をたどることで，植民地出身者をゲスト・ワーカーとして受け入れてきた国や，帝国主義体制を採らなかった国の移民レジームとの違いをみることができよう。

　まずは，イギリス型移民レジーム形成の背景にある，大英帝国の帝国主義について論じる。イギリスでは元来，移民問題が人種問題として理解されるほど，

人種をめぐる対立が移民問題の中核をなしてきた。これは，イギリスがかつて，大英帝国として七つの海を支配し，世界中に植民地を有してきたという史実と関係している。大英帝国の連綿たる歴史の叙述は本書の主眼とするところではないが，大英帝国がどのようにコモンウェルスへとその形態を転換したのかを理解するうえでも，まずは大英帝国の帝国主義論に関する若干の考察を行うこととしたい。

大英帝国と非公式帝国の拡大

伝統的な帝国主義論では，イギリス帝国主義に関する議論は，19世紀中期を自由貿易主義の反帝国主義の時代，19世紀後期を自由貿易から脱却し帝国主義へと向かう時代と区別し，双方の時期の連続性を否定する議論が一般的であった。こうした定説に対し，帝国史家のギャラハーとロビンソンは，「非公式帝国（Informal Empire）」という概念を用いることで，上記の二分法を否定し，自由貿易主義と帝国主義のジレンマ関係を批判した[1]。

ギャラハーとロビンソンが，上記の非公式帝国の概念によって主張したのが，自由貿易帝国主義（Free Trade Imperialism）である（Gallagher and Robinson 1953）。ギャラハーとロビンソンは，非公式帝国の概念を用いることで，ホブソンやレーニンによる伝統的な帝国主義論に対する批判的考察を行った。非公式帝国の概念によって説明される自由貿易帝国主義は，大英帝国独自の連帯の仕組みを理解するうえで有益であると考えられる。以下では，ギャラハーとロビンソンの主張に沿って，大英帝国の自由貿易主義への移行過程と帝国の拡大との連続性を考察する。

周知のように，イギリス資本主義の初期段階においては，重商主義政策の下，一貫して保護貿易体制が採られてきた。保護貿易によって資本蓄積を進めてきたイギリスでは，穀物の輸入を禁止する穀物法が制定されたが，同法が物価の高止まりを生じさせ，労働者の賃金の上昇を余儀なくすることで国益の低下が招かれたことが，マンチェスター学派の自由貿易主義者らにより指摘されてきた。結果的に，1846年に穀物法が廃止されるとともに，イギリス経済は保護貿易主義から自由貿易主義へとその方針を転じることとなる。

自由貿易主義の下，イギリスでは，すでに名実ともにその帝国主義体制の統治下にあったインドをはじめとした植民地と，19世紀後半以降の中国をはじめとした資本輸出上の拠点として支配下に置く地域という，手段の異なる二つの支配体制を敷いた。前者は，政治行政上も大英帝国の支配下に置かれるいわば公式の帝国であり，後者は，前述のギャラハーとロビンソンの自由貿易帝国主義論の中核概念でもある非公式帝国となる。非公式帝国に関しては，政治行政上，あるいは軍備上の管理コストを削減することが可能である一方で，自由貿易を推し進めるうえで不可欠な貿易拠点として帝国の拡大が可能となる。非公式帝国の拡大により，イギリス本国を中心とした帝国内部におけるモノや人を含む資源の国際移動の環境が整えられていたことになる。

このように，いわば，経済植民地として非公式帝国の拡大が行われたことから，大英帝国が自由貿易主義と帝国主義を両立させてきたことが指摘できよう。大英帝国は，植民地の内政などをすべて支配下に置く公式帝国に限らず，非公式帝国の形式でもその支配の拡大を進めることで，世界中にイギリスの新たな市場を切り開いてきた。とりわけ非公式帝国の拡大は，管理コストを省ける一方で，自由貿易拡大のための拠点として支配することが可能であることから，イギリス本国の経済的利益と結びついた。「公式の帝国」の場合であれ「非公式の帝国」の場合であれ，「中心」の支配力は「周辺」の内部にまで及び，「周辺」の内外政策全般を左右することから（木畑 2008：11），公式と非公式という二つの次元での帝国の膨張が，大英帝国の影響力の拡大を支えたのである。自由貿易を行うための市場の維持に努めることが，帝国のさらなる膨張を可能にした。したがって，大英帝国は自由貿易を推し進めるなかでも帝国の拡大を行うことが可能であった。

ドミニオンの創設とコモンウェルスの発足　公式にも非公式にも大英帝国の拡大は続いたが，19世紀後半から20世紀初頭にかけて，大英帝国の植民地のうち，カナダ，ニュージーランド，オーストラリア，南アフリカの四つの州（ケープ州，ナタール州，トランスヴァール州，オレンジ自由州），ニューファンドランド，アイルランドという，いずれも白人が居住する植民地が相次いで内政に

おける自治権を有する自治領へと移行していく。最初に自治領化が行われたのは1867年のカナダで，以後1901年にオーストラリアがオーストラリア連邦として，1907年にニュージーランドとニューファンドランド，1910年に南アフリカの四つの州が南アフリカ連邦として，1922年にアイルランドがアイルランド自由国として自治領となった。自治領には内政自治権が認められており，半独立国家として従来の植民地とは異なる地位に置かれた。これらの自治領は，1887年以降行われてきた植民地会議が，1907年に帝国会議へと改称されたことを受けて，従属的な植民地から正式に自治権を有するドミニオン（dominion）として位置づけられた。

これらの自治を認められたドミニオンが独立を志向しはじめるなか，1926年のバルフォア報告（Balfour Report）は，イギリス本国とドミニオンの地位ならびにその相互関係について「それらは大英帝国内部の独立した共同体であり，王冠に対する共通の忠誠で結ばれ，コモンウェルスの一員として自由に結びついているが，その地位は対等であり，いかなる内政および対外関係についても一方が他方の従属下に置かれることは決してない」と定義づけした（Inter-Imperial Relations Committee 1926：1）。同報告の下で，ドミニオンの自律性が公的に認められる一方で，植民地支配のうえに成り立つ大英帝国の姿には変化が生じはじめた。

バルフォア報告の下で，ドミニオンは事実上，独立国として認められたことになる。その地位を法的に承認するべく，1931年にウェストミンスター憲章（Statute of Westminster）が制定され，コモンウェルス（Commonwealth）が発足した（小川 2012：74）。後述するように，1931年のコモンウェルス発足時からの加盟国を旧コモンウェルス（Old Commonwealth）と呼び，第二次世界大戦後の脱植民地化を終えて加盟したアジアやアフリカの加盟国を新コモンウェルス（New Commonwealth）と呼ぶ。本書で旧コモンウェルス，新コモンウェルスと記す際は，上記の区別を想定している。コモンウェルスは，1949年にはコモンウェルス（Commonwealth of Nations）となり，2018年現在，53ヵ国が加盟する連合体となっている。

コモンウェルスを構成する各国は，対外的には各々完全な外交権を有する主権国家としての地位を与えられ，一方，対内的には，イギリス国王を共通の元首として仰ぐ。1931年にコモンウェルスが発足した当時の加盟国間の紐帯となったのは，「王冠への共通の忠誠」すなわち，「イギリス国王に対する共通の忠誠」一点に集約されていた。こうした紐帯概念に基づき，コモンウェルス諸国の国民にはイギリス臣民（British subjects）としての地位が与えられ，イギリス本国への自由な出入国が許可された。これは，1914年イギリス国籍および外国人地位法（British Nationality and Status of Aliens Act 1914）の下での，王冠への共通の忠誠に基づく臣民概念の導入に基づいている。コモンウェルスの紐帯概念の創出過程においても，同法における紐帯の形式が踏襲された。こうして，コモンウェルスという連合体においても，人びとを結びつける概念は1914年法同様に，「イギリス国王に対する共通の忠誠」という点に集約されることとなり，いわば，イギリス国王の存在がコモンウェルスのシンボルであった。

コモンウェルスでは，各加盟国は内政と外交における自治権を有し，独立国家としての主権を認められている。その意味でコモンウェルスは「自由な連合」でありつつも，「イギリス国王に対する共通の忠誠」が各加盟国の人びとに共通の国民意識を醸成するアンビバレントな連帯のかたちを生み出してきた。

当初，六つのドミニオンならびにイギリス本国の法的地位を承認することで発足したコモンウェルスは，その後，大英帝国の植民地の相次ぐ独立のなかで，新たな連合体組織としての役割を担っていく。これは，第二次世界大戦後，1947年に独立したインドとパキスタン，1948年に独立したセイロン（現在のスリランカ）がコモンウェルスへの加盟を選択したことにも表れている。公式帝国の植民地であったこれらの地域の相次ぐ独立は，大英帝国解体へのプロセスとなりうるが，他方で，これらのかつての公式帝国たる旧植民地がコモンウェルスへと加盟することで，いわば非公式帝国のかたちでの帝国の持続が模索された。(2)

以上のように，大英帝国は，内政を掌握し名実ともに植民地を従属下に置く帝国主義体制とともに，経済植民地たる非公式帝国の拡大によってその繁栄を

図ってきた。植民地の自治領化を契機として，大英帝国はコモンウェルスへと変容したが，いずれの内部においても人やモノをはじめとした資源の自由な移動が行われてきた。その意味では，現代の国際社会が直面しているグローバルな次元での人やモノの移動が，イギリスを中心とした帝国の下で展開されていたといえよう。

コモンウェルスへの帝国の再編と旧植民地の加盟は，公式帝国の解体とともに進められた非公式帝国の維持と拡大につながる手段であった。相次ぐ植民地の独立により，公式帝国の衰退に直面したイギリス本国は，コモンウェルスの膨張によって非公式帝国の拡大を図り，「自由な連合」でありながら「イギリス国王に対する共通の忠誠」を有する，独自の形態の帝国主義が継続された。大英帝国の衰退の一方で，コモンウェルスを拠り所とした，イギリスの覇権の維持が模索されたのである。[3]

（2）1948年国籍法におけるコモンウェルス市民権の誕生

1914年イギリス国籍および外国人地位法における国民の定義は，国王への忠誠を誓ったすべての者であり，植民地を含む国王の領土内での出生者をイギリス臣民として位置づけ，そのほかはすべて外国人としてとらえられていた。すなわち，同法は，帝国内で出生した者にイギリス国籍を付与することから，出生地主義（jus soli）に基づいて国籍概念をとらえていた。出生地主義に基づく国籍概念は，コモンウェルスとイギリス本国との密接な関係を反映しており，イギリス本国がコモンンウェルスの中心であることを強調していた。第二次世界大戦後に制定された1948年国籍法では，国籍概念のさらなる包括化が進められ，結果的にこの立法が1950年代以降の大量移民を誘発させることとなった。

1948年国籍法の制定 大英帝国と，そのコモンウェルスへの再編過程において，イギリスは包括的な市民権概念を選択した。これは，1948年国籍法におけるコモンウェルス加盟国市民の位置づけから示される。1949年から施行された1948年イギリス国籍法が目的としたのは，コモンウェルスの一体性の維持である。

第1章　福祉国家と移民をめぐる歴史と制度

　1948年国籍法の制度化のもっとも重要な契機となったのが，1946年にカナダで独自の市民権（Canadian Citizenship Act 1946）が成立したことであった。カナダが独自の市民権概念を導入することは，カナダの国民国家化を意味しており，イギリス国王の権威の低下を招くという危惧があった。こうしたなかでイギリスが選択したのは，連合王国としての独自の市民権概念の創出ではなく，コモンウェルスの結びつきを支える市民権概念の創出であった（柄谷 2000：8；Karatani 2003：116）。公式帝国の衰退の一方で非公式帝国のかたちでの帝国の維持と拡大が目され，その手段としてコモンウェルスの膨張という道が選択された。こうした状況下で制度化した1948年国籍法は，時のアトリー労働党政権にとって，帝国の紐帯概念を改めて醸成するうえで不可欠な立法であった。

　1948年国籍法では，1914年法の下での「イギリス国王への共通の忠誠」という要件を撤廃したうえで，イギリス本国および植民地の住民をはじめ，すでに独立を果たしたかつての植民地であるコモンウェルス諸国の者にはすべて，イギリス本国への自由な出入国を認めるコモンウェルス市民権（Commonwealth citizenship）の概念を設けた。コモンウェルス市民権を保障された者に含まれるのは，イギリス連合王国および植民地市民（Citizens of the United Kingdom and colonies），独立したコモンウェルス諸国市民（Citizens of independent commonwealth countries），市民権をもたないイギリス臣民（British subjects without citizenship），イギリス保護民（British protected persons）という四つのカテゴリーであり，これらの人びとに等しく権利を付与することで，連合体としての紐帯概念の構築が進められたのである。これらのコモンウェルス市民権の保持者には，イギリス本国へ入国する権利や，参政権，入隊の権利が認められており，共通の権利が保障された（Spencer 1997：53）。

　こうして，イギリスでは1948年国籍法の下で，植民地をはじめ，コモンウェルス地域の人びとにも国民同等の市民権を付与することで，イギリス連合王国の国土を越えたコモンウェルスという連合体を範囲とした市民権概念が選択されたのである。後述するように，この国籍法がコモンウェルス地域からイギリス本国への大規模な移民を生むイギリス型移民レジーム形成の契機となった。

31

表1-1 植民地・旧植民地住民の権利をめぐる帝国比較

	大英帝国	フランス植民地帝国	大日本帝国
植民地住民の法的地位	英国臣民 (British subjects)	臣民（sujet） ＝原住民（indigène） 一部住民を市民（citoyen）に位置づけ	帝国臣民
植民地住民の市民権の有無（参政権含む）	あり	あり： 市民（citoyen）のみ	あり
帝国衰退後の連合体の有無	あり： コモンウェルス（1931年）	あり： フランス連合（1946年） →フランス共同体（1958年）	なし
帝国衰退後の旧植民地住民の法的地位	コモンウェルス市民を含め、イギリス国籍法上の市民として位置づけ（1948年国籍法）	海外県、海外領土となった地域の市民をフランス国民として位置づけ	外地出身者の日本国籍からの離脱
連合体市民の市民権の有無（参政権含む）	あり： 選挙権・被選挙権の付与 ＝ Commonwealth citizenship ※アイルランド共和国民を含む	なし	該当なし

出典：筆者作成。

帝国比較からみるコモンウェルス市民権の独自性　1948年国籍法の下での、イギリス本国と植民地、あるいはコモンウェルスとの密接な結びつきを理解するうえでは、ほかの帝国主義体制との比較を行うことが有効である。表1-1は、大英帝国、フランス植民地帝国、大日本帝国という三つの帝国主義体制とそれぞれにおける植民地住民の権利と独立後の旧植民地住民の権利を示している。

いずれも、帝国主義体制において植民地住民を臣民と位置づけていた点には違いがなく、彼らに対する市民権の付与と権利保障も、ある程度同様に進められていた。ただし、フランス植民地帝国では、市民（citoyen）であるか否かが重要であり、市民とみなされない限り参政権を含めた完全な市民権の保障には至らなかった（松沼 2012：14-15）。実際には、植民地出身者の多くは臣民であ

るものの市民とはみなされなかったことから，完全な市民権の付与には至らなかった。一方，大英帝国と大日本帝国では，植民地出身者でかつ本国に居住するものには参政権を含めた市民権の付与がなされた。

　帝国主義体制下での，三つの帝国における植民地住民の法的地位や市民権保障の仕組みには，上記のような違いはあるものの，大きな違いはみられない。しかし，帝国の衰退とともに，かつての植民地地域と旧宗主国との間で，連合体の形成が進められる過程では，帝国主義と植民地支配の遺制に対する各国の違いが如実に表れる。

　まず，大日本帝国から論じていく。大日本帝国は，第二次世界大戦での敗戦によって植民地統治の終焉を迎え，国家主権の喪失を経験した。その後は，1952年サンフランシスコ平和条約の下で主権を回復したものの，かつての植民地との関係は断たれ，かつて帝国臣民に位置づけられた旧植民地出身者についても，平和条約発効日を境に日本国籍からの離脱が行われ，外国人登録法の下に登録され，治安管理の対象となった（遠藤 2010：18-19）。

　日本における，こうした戦後の国籍概念の整理を行ううえで重要な役割を果たしたのが戸籍法であった。表にもあるように，大日本帝国の時代には，植民地住民にも帝国臣民として，日本人としての対外的な法的地位が保障されていた。しかしながら，彼らを管理する戸籍については，家の所在地（本籍）を不動の基準（地域籍）とする内地人のみの戸籍，朝鮮人のみの戸籍，台湾人のみの戸籍が別個に実施されており，これによって本籍に基づいて「内地人」「朝鮮人」「台湾人」といった「民族籍」ができあがったという（遠藤 2013：300）。上記の，戦後日本の国籍概念の画定では，家制度と結びつく戸籍の概念に沿い，事実上の血統主義に基づいて国籍概念が整理されたのである。したがって，帝国崩壊後の日本では，戸籍法の下で旧植民地出身者を排除し，彼らの外国人としての法的地位を決定することで，国籍概念の整理が進められた（遠藤 2010：18；2013：238）。

　つぎに，フランス植民地帝国について論じる。フランスでは，市民（citoyen）と臣民（sujet）あるいは原住民（indigène）を明確に区別することで，植民

地出身者を国民として認めつつも、実際に政治的権利を含めたさまざまな権利保障の対象とされるのは、市民に限定された（松沼 2012：17-21）。共和主義の国フランスでは、植民地独立を受けた帝国の衰退後には、市民という地位内部における平等化が優先された。いわば政治的権利なき国民である臣民は市民ではないことから、帝国衰退後は、国民の範囲は市民の範囲に沿うかたちで縮小し、「国民＝市民」の国籍、国民概念を醸成した。帝国衰退後には、植民地や旧植民地との間で連合体が形成されたが、いずれもその結びつきは弱く、植民地出身者に関しては、フランス国民でない限り各種権利は保障されない。

　1962年の独立までフランスの植民地であったアルジェリアの出身者については、1947年9月20日法の下でフランス本国との自由な往来が認められていたが（渡辺 2009：40）、これはあくまでも植民地住民に対する措置であった。このほか、上記のアルジェリアとチュニジア、モロッコというかつてのフランスの植民地であったマグレブ諸国からの移民は、独立後には出稼ぎ労働者として、いわゆるゲスト・ワーカーのかたちでスペインやポルトガルからの移民とともにフランスに入国したが、彼らは外国籍の移民労働力であり、後述するように、1973年のオイルショックを契機としたゲスト・ワーカー制度廃止によってその受け入れも停止した。

　三つ目に、大英帝国である。すでにみたように、大英帝国は、植民地が相次いで独立するなか、1931年発足のコモンウェルスが、旧帝国の残滓を継承した新たな連合体として機能した。これによって、イギリス本国を中心とした紐帯の維持が試みられた。さらに、1948年国籍法により、すでに独立を果たした旧植民地であるコモンウェルス加盟国の国民にもコモンウェルス市民権として市民権を保障した。日本やフランスが帝国の凋落のなかで旧植民地との関係を制度的に整理してきたのに対し、イギリスでは、大英帝国の衰退後も帝国の遺構を維持し、国籍、国民概念を画定する作業は先送りにされ、むしろ旧植民地出身者の自由移動を保障する市民権概念を導入した。既述のように、こうした市民権概念の選択はカナダでの独自の市民権の制度化を背景としており、その意味では、1948年国籍法の制度化は、帝国主義の遺制によって、コモンウェルス

の中心国としてのイギリスの覇権の維持を目的としていた。

　上記の比較から，イギリスの帝国主義の独自性は以下のように指摘することが可能である。すなわち，ほかの帝国主義体制の下でも行われた植民地の臣民も含めた包括的な市民権の保障が，イギリスの場合は戦後も継続されたことである。日本やフランスが，帝国主義衰退に伴い国籍や国民概念を画定してきたのに対し，イギリスでは戦後も継続してイギリス本国の国土を越えた市民権概念を維持し，1948年国籍法がこれを保障した。イングランド，ウェールズ，スコットランド，北アイルランドからなるイギリス連合王国としてのまとまりよりも，コモンウェルスという大英帝国の遺構を継承した連合体の一体性を重視した市民権が選択されたのである。いわば，「帝国市民権（Imperial citizenship）」を保障する国籍概念が継承されたのである。

　イギリスにとって，大英帝国からコモンウェルスへの移行は，帝国主義体制の終焉ではなく，公式帝国から非公式帝国への，帝国主義のあり方の再編として説明することができよう。コモンウェルスは大英帝国の「残像」であり，事実上「帝国」であると認識されたのである（樽本 2012：7）。

1948年国籍法の余波　帝国比較からもわかるように，1948年国籍法は，帝国の中心国としてのイギリスの地位の維持を目的とした，コモンウェルス加盟国の国籍を有する者に対する規制はないに等しい，きわめて緩やかな国籍法であった。こうした緩やかな国籍法の制度化を可能にした背景としては，以下の二点の環境が関係している。第一に，1948年当時のイギリスでは，旧植民地からの移民の規模が小さかったという背景がある。新コモンウェルスから将来的に大量の移民が流入してくるという危惧を抱かなかったために，このような緩やかな国籍法が制定されたのである（高佐 2000：207）。第二に，コモンウェルスからの移民への規制に関する議論を行うことで，イギリス本国とコモンウェルス諸国との関係が悪化することが憂慮され，保守党と労働党の両党が，移民問題を政治的イシューとして掲げることを避ける傾向にあったことで，移民に関する議論は敬遠されるとともに緩やかな国籍法の制定へと至ったのである。

しかし，1948年国籍法制定の直後に，西インド諸島やインド，パキスタンからの移民流入が顕在化することとなる(10)。すでに論じたように，これらの国は，第二次世界大戦以降相次いだ植民地独立の趨勢のなかで独立した地域である。当初，白人自治領であるドミニオンを中心に形成されたコモンウェルスであるが，これらの旧コモンウェルスに加え，新コモンウェルスが加盟することで質的な変化を迎えることになる。第二次世界大戦以降にコモンウェルスに加盟した新コモンウェルスは，イギリス本国との間で人種の差異のみならず，社会制度や経済構造の差異を有しており，それまでのコモンウェルスの同質性は失われた。なかでもコモンウェルスにおける同質性を喪失させたもっとも大きな要因は，1950年にインドが共和制に移行したあともコモンウェルスへの加盟を認められたことが挙げられる(11)。これにより，1931年の発足当時からコモンウェルス加盟国の紐帯を形成してきた，「イギリス国王に対する共通の忠誠」というコモンウェルスに加盟するための条件が形骸化したことが自明となった。この時期のコモンウェルスの質的な変化が，その後のイギリス社会における，レイシズムをはじめとした移民問題の火種となる。

　1950年代以降，イギリスでは新コモンウェルスからの大量移民を迎えることとなる。非公式帝国としてのコモンウェルスにおけるイギリスの権威を強化することを目的に制定された1948年国籍法が，コモンウェルスからイギリス本国への移動の自由と市民権を保障するイギリス型移民レジームとして作用した結果である。1955年頃には，カリブ海沿岸の西インド諸島やインド，パキスタン，東西アフリカおよび地中海沿岸のキプロスやマルタからのコモンウェルス移民が急増した（石田 1975：47；富岡 1988：21-27）。なかでも，もっとも大規模な流入となったジャマイカをはじめとする西インド諸島からの移民の急増には，富岡によれば以下の三つの理由があるという。第一に，西インド諸島における人口の増加であり，第二に，同諸島における高失業率と低雇用率であり，第三に，アメリカをはじめ多くの国が第二次世界大戦中から西インド諸島の人びとに対する受け入れの門戸を閉じたことである（富岡 1988：23）(12)。人口急増のなか，雇用率が低く自国で就業先を見つけることが困難である西インド諸島の人

表 1 - 2　新コモンウェルスからイギリス本国への移民の純流入数の推移

単位（人）

	ジャマイカ	その他の西インド諸島	西インド諸島合計	インド	パキスタン	キプロス	西アフリカ	東アフリカ	香港	その他	合計
1955年			27,550	5,800	1,850	3,450	1,510	690	300	1,550	42,700
1956年	17,600	12,200		5,600	2,050	2,770	1,980	680	550	3,420	46,850
1957年	11,320	11,700		6,620	5,170	1,450	2,200	630	890	2,420	42,400
1958年	8,010	7,010		6,200	4,600	2,720	960	420	200	-310	29,900
1959年	10,290	6,100		2,930	860	400	760	120	450	-310	21,600
1960年	31,410	18,260		5,920	2,500	3,200	-490	250	510	-3,860	57,700
1961年	40,680	25,610		23,750	25,080	6,860	5,450	2,660	2,150	4,160	136,400
1962年	21,770	10,030		19,050	25,090	3,160	6,960	1,980	2,150	4,700	94,890

出典：石田（1975：42）をもとに筆者作成。

びとにとって，アメリカが彼らを受け入れる門戸を閉ざしたことで，その受け皿として期待される国がイギリスであった。

　以上の背景から，西インド諸島からイギリスへの移民は，第二次世界大戦以降増え続けることとなる。表 1 - 2 は，1955～62年までの新コモンウェルスをはじめとした地域からイギリスへの移民の純流入数，すなわち入国数から出国数をひいた数を表したものである。この表からも，西インド諸島だけでなく，新コモンウェルス各国からイギリス本国への大規模な移民の波を確認できよう。

　1948年国籍法下での，コモンウェルス市民権の保障は，公式帝国の解体のなかで，非公式帝国のかたちでの大英帝国の存続を模索した結果であった。非公式帝国の維持が，イギリス本国に経済的利益を生み出してきたなかで，コモンウェルス市民権は，コモンウェルス市民にとってはイギリス本国への移動の自由を保障するイギリス型移民レジームを生み出し，イギリスにとっては非公式帝国における求心力を高め，利益を補強する仕組みとなった。したがって，この段階では，コモンウェルスからの移民に対してもその管理に関して明確な目標をもつ政策は採用されていなかった。

　コモンウェルスの一体性を重視するなかで生み出されたイギリス型移民レジームは，公式帝国の解体と非公式帝国の存続のなかで揺れ動く大英帝国の独自の連帯概念を基盤に，コモンウェルス内部での人の移動の自由を保障する仕組みとして醸成されたのである。本来，国籍概念は，内部には包摂的で外部に

は排他的であり，そこにはイデオロギーを帯びた区別が存在し，国家は一定の境界づけられた国民のための制度になろうとすると考えられてきた（ブルーベイカー 1992＝2005：44）。こうした前提に対し，イギリスで1948年国籍法の下で制度化したコモンウェルス市民権の概念は，国家の境界線を越えた市民権を，実態上の権利として保障するものであった。

　第二次世界大戦以降，公式帝国衰退のなかでもコモンウェルスの中心国としての地位を保ち，コモンウェルスの一体性の維持を図ることで，コモンウェルス市民の移動の自由を保障する移民レジームを醸成したイギリスであるが，これは単にコモンウェルス市民の帝国内部における移動の自由を保障したことに限らなかった。序章でも述べたように，人の国際移動には，ホスト国の社会サービスや福祉プログラムという，社会保障制度の下での社会権の保障が不可欠である。イギリスでは，公式帝国を主軸に植民地支配を行っていた帝国主義の時代から，植民地の福祉政策に対する介入を行うとともに，国内においても，イギリス本国の国籍保有者だけでなく住民全般を対象とした社会保障のあり方を構築してきた。次項では，こうしたイギリス本国と植民地地域の福祉政策発展の歴史を考察することで，イギリス型移民レジームのもうひとつの要素である，移民の社会権保障の仕組みが歴史的にどのように形成されたのかを考察する。

（3）植民地福祉の歴史と社会権保障の仕組み

　本項では，イギリス本国と植民地における福祉国家制度の発展を論じる。1948年国籍法の下，コモンウェルス市民権を生み出したことで，イギリス本国における社会保障のあり方がどのように形成されたのかを考察する。コモンウェルス市民にイギリスへの入国の自由を保障する移民レジームが形成されたことで，イギリス国内において，彼らの社会権を保障する仕組みがどのように築かれたのかを明らかにする。社会権との関係から，イギリス型移民レジームの独自性をとらえる。

表1-3 植民地福祉に関わる政策と立法

	植民地福祉に関わる主な政策・立法	主な内容
1923年	植民地の教育に関する諮問委員会（Advisory Committee on Education in the Colonies）	教育への介入
1929年	植民地開発法（Colonial Development Act）	大恐慌への対応
1934年	植民地医療サービス（Colonial Medical Service）	公衆衛生向上への介入
1940年	植民地開発および福祉法（Colonial Development and Welfare Act）	開発と福祉の拡充のための投資拡大
1942年	ベヴァリッジ報告（Beveridge report）	英本国における社会保障制度確立
1944年	アダーカー報告（Adarkar report）	ベヴァリッジ報告の影響を受け、労働者の社会保険制度を提言（インド）
1945年	モイン報告（Moyne Report（＝Report of West India Royal Commission））	西インド諸島における社会サービスと社会発展プログラムの拡充を提言
1947年	ジェニングス報告（Jennings report）	ベヴァリッジ報告の影響を受け、労働者の社会保険制度を提言（セイロン）
1949年	1949年植民地開発および福祉法（Colonial Development and Welfare Act 1949）	1940年法をさらに拡充
1950年	1950年植民地開発および福祉法（Colonial Development and Welfare Act 1950）	
1955年	1955年植民地開発および福祉法（Colonial Development and Welfare Act 1955）	

出典：Midgley（2011：38-48）をもとに筆者作成。

植民地福祉への取り組み　まずは、大英帝国の下での植民地福祉への取り組みが歴史的にどのように行われてきたのかを確認する。植民地の福祉に対するイギリス本国政府からの補助は、戦間期には開始されていた。福祉政策のなかでも、教育と医療に関しては早くから重点課題として認識されており、イギリス本国の介入も、これらを中心に進められた。以下では、表1-3に沿って、イギリス本国による植民地の福祉関連の政策に対する介入の過程を考察する。

1923年には、植民地の教育に関する諮問委員会が置かれ、1934年にはとりわけ伝染病への取り組みを中心に、植民地の公衆衛生を向上させることを目的とした、植民地医療サービスが置かれた（Midgley 2011：39）。さらに、この間に

起きた大恐慌が，イギリス本国による植民地の福祉政策を含む開発への取り組みをより熱心にするきっかけとなった。大恐慌による危機に対応するかたちで，イギリス本国政府では，まず1929年に植民地開発法を制定した。同法は，植民地の経済活動を支える目的で制定したものであり，これによって，大恐慌に直面した植民地経済を支援する仕組みが構築された。

　1940年には，植民地開発および福祉法が成立し，1929年植民地開発法における経済活動への補助に加え，教育や医療，社会サービスという社会政策分野にも資金が配分された（Midgley 2011：48）。大恐慌以降の西インド諸島では，社会不安やスト，暴動が広がり，これを鎮静化するためにイギリス本国政府は西インド諸島に王立委員会を派遣し，1945年のモイン報告を作成した。同報告書では，西インド諸島における社会サービスと社会発展プログラムの拡充を提言した。

　植民地開発および福祉法は，その後1949年，1950年，1955年に改正され，植民地の福祉政策のさらなる拡充が図られた。上記のような，植民地の福祉政策の向上に向けたイギリス本国の取り組みが確認されるが，イギリス本国の福祉国家建設の基盤ともいうべきベヴァリッジ報告も，植民地福祉に多大な影響を及ぼしている。表1－3にあるように，1942年にベヴァリッジ報告が出されると，1944年にインドでアダーカー報告，1947年にセイロンでジェニングス報告が出された。いずれも，拠出を前提とした社会保険制度を提言したベヴァリッジ報告の影響を受けた報告であり，労働者の社会保険制度の確立を提言したものである。このほかにも，モイン報告が関心を置いた，劣悪な住宅環境の改善への取り組みの必要性を受け，ジャマイカ，トリニダード，バルバドス，リーワード諸島，ウィンドワード諸島では，イギリス本国同様の公営住宅の建設が進められた（Harrison 2011：67）。

　上記の一連の立法の制定によって，イギリス本国が，植民地福祉の拡充に努めてきたことがみてとれる。植民地開発および福祉法は，開発とともに，植民地でもイギリス本国同等の社会政策の充実を図ろうとするものである。帝国主義体制下のイギリスでは，本国に暮らす者だけでなく，世界中の植民地で暮ら

す臣民に対しても，福祉の拡充に関する支援が行われてきた。

　上記からわかることは，イギリス本国の国土を越えた社会権の保障が大英帝国の下ですでに行われていたことである。1948年国籍法の下でコモンウェルス市民権を保障された人びとには，連合王国の国土を越えた権利の保障が行われたが，それ以前に，イギリスの植民地支配の下でも連合王国の国土を越えた社会政策上の支援が行われていたのである。植民地福祉や経済開発へのイギリスによる一連の介入は，結果的にイギリス本国の利益につながる選択であった。植民地における社会経済的危機は，宗主国であるイギリスにも少なからず影響を及ぼすことから，本国政府は大恐慌や公衆衛生問題への対応に積極的な介入をせざるを得なかったのである。

　帝国主義の下で築かれた，こうした国民国家を前提としない福祉国家のあり方は，イギリス本国における社会政策給付の受給資格にも反映されている。しかしながらその受給資格は，イギリス本国の国土や国民国家という概念を越えて無秩序に包括的な資格となっているわけではない。以下では，イギリス国内における社会保障の受給資格を画定する制度の仕組みについて論じる。移民レジームの第一段階をなす出入国管理の仕組みにおいて，コモンウェルス市民にイギリスへの移動の自由を保障したイギリスで，社会権保障のあり方という，移民レジームの第二段階をなす要素にこうした帝国主義の遺構がどのように反映されているのかを考察する。

国内における社会政策給付対象の画定要件　イギリスでは，通常居住地（ordinary residence）と公共基金（public funds）という概念に基づき，社会保障や社会福祉サービスを含めた社会政策の受給資格が階層化している。以下では，これらがそれぞれどのような概念であるのかを提示することで，イギリス福祉国家における社会権保障の仕組みを明らかにする。

　まず，通常居住地とは何を指すのかを確認する。通常居住地に関する単一の明確な定義は存在していないが，「一時的な不在はあっても，通常日常的生活を営む特定の場所」であるととらえることができる。したがって，イギリス国籍をもたない者でも，イギリス国内に通常居住しているとみなされる者は，社

会政策給付の受給権を得るとともに納税の義務を負うことになる[13]。より具体的に理解するためには，定住地（domicile）とは異なる概念としてとらえることが有効であるという（Chapeltown Citizens Advice Bureau, Tribunal Assistance Unit and Harehills and Chapeltown Law Centre 1983：55)[14]。たとえイギリスの市民権をもっていたとしても，イギリスを通常居住地としていない場合には，イギリス国内に通常居住地をもつ市民と同じ受給資格を得ることはできない。したがって，まず，この通常居住地要件が，イギリス国内における通常居住の有無によって受給資格をわける役割を果たしている。1948年国籍法が保障したコモンウェルス市民権の下で，世界中のコモンウェルス市民にイギリス本国に居住する国民と同様の市民権を保障したイギリスでは，社会権の保障対象の画定要件の一部に通常居住の有無という概念を組み込むことが，社会政策の対象となる者を明確にするうえで現実的な手段であったのである。

つぎに，公共基金とは，低所得者を対象とした所得関連の給付の総称である。公共基金に関する厳格な法律上の定義は存在しておらず，このため同じ給付でも，受給者の身分によって受給資格が認められる場合と認められない場合がある（武川 1991：192）。公共基金とみなされる給付は，後述する1971年移民法の下で設けられた居住権（right of abode）をもたない者による受給が不可であり，公共基金としてみなされない給付は居住権をもたない者による受給が可能である。何が公共基金にあたる給付となるのかについては，詳しくは表1－6（後述）を提示する際に述べるが，基本的には，該当する給付が無拠出制給付や資力調査つき給付の場合には，公共基金にあたる給付とみなされ，拠出制給付である場合には，公共基金にあたらない給付とみなされる。

イギリスは，アイルランド人やユダヤ人移民の流入を受けて，1905年外国人法（The Aliens Act 1905）によって，はじめて外国人の出入国に関する管理を導入したが（カースルズ・ミラー 2009＝2011：113-114），こうした立法の制度化は，治安管理という目的だけでなく，常に，公的な財源に基づく社会政策給付から外国人を排除することがその目的の一部に含まれていた。公共基金は，こうした，福祉国家の再分配機能を国民や居住権をもつ者を対象とした機能に位

置づけるという理念に立ったものであり、これによってイギリス福祉国家の対象が画定されてきた。

したがって、以上の通常居住地と公共基金という二つの要件からイギリス福祉国家における社会権保障の仕組みについて検討すると、以下の点を指摘することができよう。すなわち、イギリスでは、通常居住地要件が、国民であるか否かという国籍法上の区分ではなく、イギリス本国における居住実態を受給資格の基準に位置づけ、他方において、公共基金要件が、国籍法上の完全な市民権を保障された者にのみ、社会権を保障する仕組みとして機能している。[15]

社会政策給付対象の画定における帝国比較 イギリスにおける社会政策給付の対象が、通常居住地と公共基金という、国籍概念とは異なる基準によって画定される背景には、イギリスにおいて、国籍概念が植民地支配の遺産として非常に広範囲にまで及んでいるという事情がある（武川 1991：211）。先に論じたように、1948年国籍法下のコモンウェルス市民権の創設によって、コモンウェルス市民のイギリス本国への自由な出入国を保障するイギリス型移民レジームが形成された。こうした背景から、国籍概念に基づき給付対象を画定する福祉国家を選択した場合には、イギリス本国の国土を越え、あまりにも大規模に及ぶ対象者の社会権に対する保障が求められる。そのためこのような国籍概念の下で、社会政策給付の対象者を判断するための現実的な手段としては、通常居住の有無という基準が重要な役割を果たしてきたのである。通常居住地要件は、コモンウェルスという連合体の存在を念頭に置くと、社会政策給付の対象者をイギリス国籍法上の市民権をもつ者の範囲よりも狭める効果をもち、他方で、一般外国人の存在を念頭に置くと社会政策給付の対象者を市民権概念よりも広く保障する効果をもたらしてきた。

公共基金要件によって、居住権の有無で受給資格がわけられている。通常居住地要件が、居住実態に基づいて受給資格を画定する要件であるのに対し、公共基金要件は、居住権の有無によって受給資格を区別することから、ここには国民概念に近い社会権保障の仕組みをみることができる。

こうしたイギリス型移民レジームの下での移民の社会権保障の仕組みに対し、

たとえば、フランスでは、移民に国民同等の社会政策給付の受給を認めている。イギリスでは、公共基金にあたることから居住権をもたない者の受給が制限されている無拠出制給付についても、フランスでは現在、移民もその受給が認められている（清水 2004：441）。フランスでは従来、無拠出制給付については、国籍要件の下で外国人による受給は制限されてきたが、1990年にフランス憲法院が外国人による受給を認める判決を下し、1998年には法改正によって無拠出制給付受給のための国籍要件が撤廃され、憲法上の平等原則を国民に限らずフランスに住むすべての人に適用することとなった（清水 2005：230-236；260-265）。

フランスは、第二次世界大戦後に市民と国民の範囲を一致させることで国籍概念の画定を進めた。これにより、出入国管理において、フランス型移民レジームは、旧植民地出身者を外国人と位置づけ、コモンウェルスのような広範囲にわたる人びとを国民として受け入れる移民レジームは形成されてこなかった。したがって、フランス型移民レジームの下で形成された出入国管理の仕組みは、イギリスのように旧植民地からの移民に対し開放的ではなかったことから、移民レジームの第一段階をなす出入国管理については、イギリス型よりフランス型の方が厳格な仕組みを形成した。

こうした一方で、こんにちのフランスが、入国後の移民に対する社会政策給付、すなわち移民レジームの第二段階である移民の社会権保障を国民同等の権利として据える背景には、フランス共和主義の影響があると考えられる。共和主義に立脚した国民統合のモデルである共和国モデルは、個人の平等を前提とした社会秩序に基づき、出自、人種、宗教などを理由とした抑圧や差別を想定しない（中野 2009：16-17）。すなわち、外国籍の移民に、国民同等の社会政策給付を保障する仕組みも、こうした共和国における平等概念に立脚した措置である。植民地帝国崩壊後に、マグレブ諸国の国民はいわゆるゲスト・ワーカーのかたちで単純労働移民としてフランスへと入国したが、フランス型移民レジームにおける彼らの社会権の保障は、イギリスのように植民地支配の歴史に基づいて形成された移民レジームではなく、フランス共和主義の伝統と密接に

第 1 章　福祉国家と移民をめぐる歴史と制度

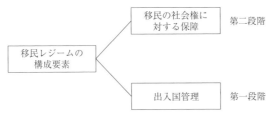

図 1 - 1　移民レジームの構成要素とその関係
出典：筆者作成。

関係するかたちで形成された。両国における，出入国管理と入国後の社会権の保障の仕組みとの関係から，移民レジームの構成要素は，図 1 - 1 のように，第一段階と第二段階とが密接に関係していることがわかる。

イギリスでは，コモンウェルスを念頭に置いた場合に広範囲に及ぶ国籍概念の下で，社会政策給付対象者を国籍概念に基づく範囲より狭く画定する手段として，通常居住地要件が機能してきた。また一方で，公共基金要件が，居住権をもつ者と居住権をもたない者との間で受給可能な給付に区別を生み出してきた。

フランスでは，出入国管理において旧植民地出身者を国民同等の地位で受け入れる移民レジームは形成されず，移民の社会権に対する保障も外国人一般に対する保障として移民レジームが形成された。共和主義の平等原則の下，外国籍の移民も含め，合法的に居住する人びとに対して国民同等の社会政策給付の権利を認めている。イギリスでは，大英帝国の歴史とコモンウェルスの発展が移民レジームに大きく関係し，フランスでは，こうした植民地支配の歴史というよりも，共和主義の伝統が移民レジームに重要な影響を及ぼしている。

なお，日本もフランス同様に，移民の社会権に対する保障は，植民地支配の歴史とは異なる経路で画定されている。わが国では，1982年に国民年金法，1986年に国民健康保険法の国籍要件が撤廃されたことで（清水 2004：438），外国人に対してもこうした社会保障制度を適用する仕組みが整備された。これは，イギリスのように植民地支配の歴史によるものではなく，1981年の「難民の地位に関する条約（難民条約）」の批准によるものであり（高藤 1991：11；清水

45

2004：438）。わが国における外国人の社会権をめぐる移民レジームは大日本帝国の歴史とは基本的に関わりなく形成された。こうしてフランスや日本と比較しても，イギリス型移民レジームにおける移民の社会権は，大英帝国の遺構によって，コモンウェルスの連帯と密接に関係しながら規定されていることが窺われる。

　このように，イギリスでは，大英帝国の下での植民地支配の歴史が福祉国家の形成とその対象者の画定作業において重要な影響を及ぼしている。植民地福祉の拡充は，イギリス本国における福祉国家の形成と発展による影響を強く受けていた。また，イギリス国内における社会政策給付の対象者の画定において，包括的なコモンウェルス市民権の下で，現実的な基準として採用されたのが，通常居住の有無と公共基金の可否という基準であった。こうしたコモンウェルスとの関係が影響を及ぼす移民レジームは，帝国比較の対象として取り上げた，フランスや日本における移民レジームとは異なるものであった。

2　20世紀型福祉国家とイギリス型移民レジームの変容

　前節では，イギリス型移民レジームの形成を，大英帝国の歴史に基づくコモンウェルス市民権の制度化の観点から考察した。1948年国籍法の下でコモンウェルス市民権が誕生したことで，イギリス連合王国ではなく，コモンウェルスという連合体を範囲とした国民概念が醸成された。

　他方で，こうした包括的な市民権が，1950年代以降新コモンウェルスからの大量の移住者を引き寄せるイギリス型移民レジームとして作用したことで，イギリス連合王国内部における人種問題の顕在化という，社会問題が噴出することとなる。新コモンウェルスからの移住者が増大するなか，1958年のノッティンガムでの黒人による白人の刺殺事件を契機に，ロンドンの黒人移民が集住する地域であったノッティング・ヒルでは白人による黒人移民への襲撃が起き，人種問題は人種暴動へと発展し（Small and Solomos 2006：242），新コモンウェルスからの移民規制の議論はもはや避けられない状況へと至った。

第1章　福祉国家と移民をめぐる歴史と制度

　本節では，こうした人種問題の顕在化以降，コモンウェルス市民に対する移民法による管理が導入され，市民権概念が縮小するかたちで画定されてきた過程を論じる。あわせて，難民や庇護申請者を対象に社会保障受給の厳格化が移民法の下で進められ，イギリスにおいて，福祉国家の下で社会権が保障される対象の縮小が促された過程を確認する。コモンウェルスの下でのイギリスの求心力の維持を目的に，1948年国籍法の下でのコモンウェルス市民権の制度化を起点として形成されたイギリス型移民レジームが，移民法や国籍法の変遷のなかでいかなる変化に直面してきたのかを考察する。

(1) コモンウェルス移民法の制度化と国籍法の改正

　1948年国籍法の下で，コモンウェルス市民権が制度化して以降，イギリスはコモンウェルス諸国からの大量移民時代に突入した（表1-2）。こうした状況において，イギリスでは，1948年国籍法の包括性を維持した状態で，移民法によってコモンウェルス市民に対する出入国管理が導入されることとなった。これにより，コモンウェルス市民を外国人と同様の出入国管理の下に置く措置が，段階的に進められていく。

　コモンウェルス市民に対する最初の出入国管理は，1962年コモンウェルス移民法によって導入された。表1-4は，こうしたコモンウェルス市民を対象とした移民法をはじめ，一般の外国人を対象とした移民法も含めた主な移民法の変遷と，1948年国籍法以降の国籍法の変遷を表している。以下では，表1-4に沿って，移民法と国籍法の改正がどのように進められたのかを論じる。

1962年コモンウェルス移民法の導入　1962年コモンウェルス移民法の導入をめぐっては，制度化に踏み切ったマクミラン保守党政権と従前のチャーチル，イーデン両保守党政権においても成熟した議論が行われてきた[17]。表1-2で確認したように，1950年代以降，カラードの新コモンウェルス市民のイギリス本国への移住が増加の一途をたどったためである。イギリス国立公文書館（The National Archives）が2007年に公表した，チャーチル政権下の閣議の記録帳（cabinet secretarys' notebooks）によれば，ジャマイカから492名のコモ

表 1-4　イギリスの主な国籍法および移民法の変遷（第二次世界大戦後）

在任期間	政権	国籍法	移民法
1945～51年	アトリー労働党	1948年イギリス国籍法（British Nationality Act 1948）	
1951～55年	チャーチル保守党		
1955～57年	イーデン保守党		
1957～63年	マクミラン保守党		
1963～64年	ダグラス＝ヒューム保守党		1962年コモンウェルス移民法（Commonwealth Immigration Act 1962）
1964～70年	ウィルソン労働党		1968年コモンウェルス移民法（Commonwealth Immigration Act 1968）
1970～74年	ヒース保守党		1971年移民法（Immigration Act 1971）
1974～76年	ウィルソン労働党		
1976～79年	キャラハン労働党		
1979～90年	サッチャー保守党	1981年イギリス国籍法（British Nationality Act 1981）	
1990～97年	メージャー保守党		1993年庇護および移民控訴法（Asylum and Immigration Appeals Act 1993）
			1996年庇護および移民法（Asylum and Immigration Act 1996）
1997～2007年	ブレア労働党	2002年国籍，移民および庇護法（Nationality, Immigration and Asylum Act 2002）	1999年移民および庇護法（Immigration and Asylum Act 1999）
			2004年庇護および移民法（Asylum and Immigration Act 2004）
2007～10年	ブラウン労働党	2006年移民，庇護および国籍法（Immigration, Asylum and Nationality Act 2006）	2009年国境，シティズンシップおよび移民法（Borders, Citizenship and Immigration Act 2009）
2010～15年	キャメロン保守党・自由民主党連立		2014年移民法（Immigration Act 2014）

出典：筆者作成。

第1章　福祉国家と移民をめぐる歴史と制度

ンウェルス市民が最初の大規模な移住者としてイギリス本国へとやってきた1948年から6年後の1954年2月に，チャーチルはすでにコモンウェルスからの移住者数の管理の必要性に言及していた（CAB195/11）。チャーチルは，カラード移民の増加が生み出す社会問題への懸念を示し，コモンウェルス市民の渡英は，イギリスの豊かな福祉国家が誘因となっている点にも言及していたという（CAB195/11）。1950年代半ばには，すでにイギリス政府はコモンウェルス市民の受け入れに関する管理の必要性を認識し，それに関する議論が重ねられていたことになる。

　このようにイギリス本国政府は，1950年代にはすでにコモンウェルスからの移民の急増に対する危惧を抱いていたが，コモンウェルス市民の受け入れに規制の概念をもち込むことは，コモンウェルス地域との関係悪化という政治的リスクを伴うものであった。こうした経緯から，実際の規制の導入へと至らないなか，高齢の首相チャーチルが辞任し，後継のイーデンがコモンウェルス市民の規制に対する積極的な議論を避けてきたことから立法の制度化は先送りにされた。続くマクミラン政権の下で，ようやくコモンウェルスを対象とした出入国管理を担うコモンウェルス移民法の導入へと至る。なお，この時期の野党労働党党首を務めたゲイツケルは，保守党政権によるコモンウェルス移民法を「非情で残酷な人種主義的立法」として批判したほか（Bulpitt 1986：31；Layton-Henry 1992：76），後述するように，国内における人種問題の是正に取り組むなど，この段階では，労働党はコモンウェルスからの移民に対し比較的寛容な姿勢を示していた。

　上記の経緯から導入された1962年コモンウェルス移民法は，移民規制という目的で，1948年国籍法の下でコモンウェルス市民権を付与された人びとを二種類のカテゴリーに分類し，1948年国籍法が保障したコモンウェルス市民権保有者のイギリス本国入国の自由に対して管理の概念を導入した。[18]二種類のカテゴリーとは以下のとおりである。すなわち，第一のカテゴリーは，イギリスで出生した者，イギリスもしくはアイルランド共和国発行のパスポートを保有する者とその扶養家族などの，イギリスに密接に関係する者である。第二のカテゴ

リーは、上記以外のイギリス連合王国および植民地市民であり、なおかつイギリスに通常居住している者、その者に伴われたか、もしくは呼び寄せられた妻および16歳以下の子ども、労働大臣発行の雇用バウチャー（employment voucher）を保有する者、学生およびイギリス国内で就業しなくても生計を立てられるだけの独立した収入源をもつ者として入国管理官に判断された者である。雇用バウチャーは、A、B、Cの三つにわけられており、Aは入国前に就労先が決定している者、Bはイギリスで不足している技能を有する者、CはAとBの基準を満たせない低技能者を対象としている。第一のカテゴリーに属する者は、1948年国籍法が定める入国の自由を引き続き享受することが可能であったが、第二のカテゴリーに関しては、出入国管理が適用されることになった。このように1962年コモンウェルス移民法が定める条件によって、新コモンウェルス市民のイギリスへの入国には管理の概念が加えられ、1948年国籍法が生み出したイギリス型移民レジームは最初の変化に直面したといえよう。

　1962年コモンウェルス移民法に続く、1968年コモンウェルス移民法での改正点は以下のとおりである。1962年法では規制の対象外とされた、イギリスおよびアイルランドのパスポートを保有する者のうち、本人または少なくとも両親・祖父母のいずれかがイギリスで生まれたか養子になった場合、あるいは市民登録をしたか、帰化した場合を除いて、入国管理の対象とする条項が加えられた。コモンウェルス出身者に対する出入国管理の導入とその厳格化が進められた時期と時を同じくして、保守党議員で影の内務大臣であったパウエルが、1968年にバーミンガムで移民排斥を訴える「血の川演説（Rivers of Blood Speech）」を行うなど、イギリスでは、次第にコモンウェルスをめぐる問題が政治的イシューへと浮上していく。

　イギリス国内において、上記のようにカラード移民に対する規制の導入とその機運が高まる一方で、1960年代初頭には、東アフリカのイギリス植民地が相次いで独立を獲得したが、そこに居住してきた南アジア系住民は、ケニア、ウガンダ、タンザニアの国籍の代わりにイギリスのパスポートを取得することが認められた。彼らは、イギリスのパスポート保有者としての権利を行使してイ

ギリスに入国し，そこで定住することを選択した。さらに，1967年からケニア政府が開始した，ケニア人でない者に対して労働許可証の発行を拒否し，取引資格の停止などを行う「アフリカ化政策」により，イギリスのパスポートを保有する南アジア系住民のイギリス本国への入国はより一層加速した（中村1985：143-144）[19]。

1971年移民法における**パトリアル概念の導入**　上記の背景からイギリスに南アジア系移民が流れ込んだため，パトリアル（patrial）という概念を盛り込んだ1971年移民法が制定された。パトリアルとは，イギリス本国との何らかの血縁関係を有している者を示す[20]。これによってイギリス本国での居住権に関して，実質的に白人コモンウェルス市民（パトリアル）の優遇とカラードのコモンウェルス市民（ノン・パトリアル）の差別化が図られた[21]。イギリスの出入国管理関係法規では，連合王国への入国と滞在が無条件に認められている権利のことを「居住権（right of abode）」という（若松 2001：162）。居住権をもっていることは，イギリスでは基本的に入国や滞在をはじめ，市民権によって保障されるそのほかの諸権利を享受できることを意味する（樽本 2012：86）。居住権の保有が公共基金にあたる給付の受給要件として機能していることはすでに述べたとおりである。本書で居住権と表記した場合も，入国と滞在の権利をはじめ，市民権が保障する諸権利が保障されていることを表す。つまり，非白人移民である新コモンウェルスからの移民の大半はノン・パトリアルとみなされることで定住資格を剥奪され，移民法上，外国人（alien）と同じ位置に置かれた。その一方で，白人である旧コモンウェルスに居住する者は，パトリアルであることからイギリス本国に帰国することが可能であった。

　したがって同法は，移民規制を掲げつつも旧コモンウェルスに住む白人移民のイギリス本国への入国に関しては保障した制度であり，血統あるいは人種に基づく規制を図ったものであった。同法は，1948年国籍法の下での出生地主義を基盤としつつも血統主義（jus sanguinis）も導入したきわめて複雑な制度である。旧コモンウェルス出身者のイギリス本国での居住権を保障しつつも，血統主義を組み込むことで，新コモンウェルス出身者のイギリス本国への入国の権

利を一般外国人のそれと近づけたことになる。さらに同法では，1962年コモンウェルス移民法で導入された，コモンウェルス市民を対象とした雇用バウチャー制度が廃止され，コモンウェルス市民と一般外国人の労働許可証制度の一本化へと移行した。

　もはや，1948年国籍法が定めたコモンウェルス市民権は形骸化しており，移民法上，カラードの新コモンウェルス市民は一般外国人と同じ位置に置かれ，イギリス型移民レジームは人種に基づく概念へと再編された。1971年移民法の下でのパトリアル概念の導入は，イギリス型移民レジームにとって大きな変化をもたらす契機であった。この段階において，形骸化した国籍概念と現実の移民法との間の齟齬を埋めるために残された手段は，もはや国籍法の改正だけであった。

1981年国籍法の下での国籍概念の階層化

　1981年国籍法制定の目的は，イギリス国民という地位の再定義化を念頭に置いたうえでの，ポストコロニアル的な移民受け入れの廃止，すなわち1948年国籍法の下での，コモンウェルスという連合体を対象とした包括的な市民権概念の放棄であった。これは，1948年イギリス国籍法が基礎を置いてきた出生地主義に対して，血統主義概念を組み込むことを意味した。つまり，事実上，1971年移民法によってもたらされた血統主義概念が，国籍概念に加えられたのである。1962年コモンウェルス移民法制定以降，包括的な市民権概念からの脱却を図ってきたイギリスは，この1981年国籍法制定を重要な転換点として位置づけた。なぜなら，1981年国籍法制定によって，1948年国籍法の下でコモンウェルス市民権を保障されたイギリス連合王国および植民地市民は，イギリス市民（British citizens），イギリス属領市民（British dependent territories citizens），イギリス海外市民（British overseas citizens）という地位にわけられ，それぞれの地位に該当する者に対し，権利が異なる，イギリス市民権（British citizenship），イギリス属領市民権（British dependent territories citizenship），イギリス海外市民権（British overseas citizenship）という市民権が付与されたためである。

　すなわち，国籍法上，イギリス国籍を有するとみなされる国民の地位内部を

階層化する作業が行われたのである。1981年国籍法が上記の新しいカテゴリーの市民権を生み出したことで，イギリス国籍法では権利が異なる国民概念が生み出された。上記のイギリス市民，イギリス属領市民，イギリス海外市民に加え，1948年国籍法の下での，独立したコモンウェルス諸国市民，イギリス臣民，イギリス保護民とアイルランド共和国市民である。これらのうち，入国の権利を含めた居住権，および参政権といった完全な市民権を認められたのは，イギリス市民のみとなった。こうして国籍法の下で国民の地位が階層化されることで，イギリス国籍をもちながらも完全な権利を保障されない二級市民ともとれる存在が生み出された。1981年国籍法は，イギリスで生まれた子どものみが自動的にイギリス市民としての地位を得ることができると規定しつつも，両親の少なくとも一人が，イギリスに定住する合法的な住民でなければならないという制約も設けている。したがって，出生地主義と血統主義の双方を包含した国籍概念といえる。なお，同法において完全なイギリスの市民権を付与されたイギリス市民は，1971年移民法でパトリアルとして居住権を保障された人びとと一致している。

　これまで述べてきたように，イギリスは，大英帝国の遺構を継承した1948年国籍法によって，包括的な国籍概念を採用してきた。その結果，その後の移民法が実質的には市民権の階層化を図ってきたものの，一方では1948年国籍法の下での国籍概念が継続されていたため，国籍法上のイギリス国民と同じ地位にあるコモンウェルス市民を，本来外国人を管理する法である移民法で管理するという複雑な形式が採られてきた。このような国籍法と移民法の間の複雑性は，1981年国籍法の制定によって解消された。しかし，同法の下で，イギリス市民以外のカテゴリーに含まれた者は，国籍法上イギリス国民とされながらも，完全な市民権は付与されなかった。つまり，同法の成立により，移民法と国籍法の間の齟齬は解消されたものの，それまで移民法により行われてきた階層化が，国籍概念の内部に及ぶことで，国籍法の下での二級市民化が生じた。

　上記のように，1981年国籍法の制定によりイギリスの国籍概念は，包括的な仕組みから，内部に階層性を伴う仕組みへと転換した。当時の政権与党である

保守党は，ほかの政策領域同様，サッチャーの下で移民政策に関してもドラスティックな転換を進めていた。
　サッチャーは，1979年総選挙の前年に，いわゆる「水浸し演説（Swamping Speech）」を行い，移民がイギリス固有の文化に与える衝撃を批判的に展開し，彼女の政権では移民による権利の要求には強硬路線を敷くことを宣言した（Small and Solomos 2006：45）。このように移民規制路線を掲げたサッチャーが政権を握った結果，イギリスの移民政策は大きな転換期を迎え，1981年国籍法の制定へと至った。この国籍法は，1979年総選挙の際に，保守党が掲げた公約をもとに制定された。前述の1971年移民法による移民規制の強化が，この国籍法の制定によって国籍の枠組みとして追認されたことになる。
　以後の，2002年と2006年法は，1981年国籍法の下での階層性を伴った国籍概念を維持したうえで，帰化要件に関する転換が加えられている。2002年国籍，移民および庇護法では，帰化した者をイギリス国民として，内面から同質化する傾向がみられる。具体的には，帰化要件として，英語能力試験およびイギリス生活に関する試験（"Life in the UK"test）の合格が加えられ，さらに，合格後に地方自治体が主催する新市民式（Citizenship Ceremony）への参加が義務づけられた。新市民式では，イギリスと女王に対する忠誠の宣誓と誓約（oath and pledge）が求められる。移民の帰化の際に行われるこのような誓約を伴う儀式は，アメリカやカナダではすでに導入されていたが，イギリスにおいてはそれまでにない試みであった。
　2006年移民，庇護および国籍法では，2002年国籍，移民および庇護法における帰化に伴う要件を引き継いでいる。また，内面における同質化を重視する点も継続され，善良な人格（good character）を市民権取得の条件とする規定を組み込むことが検討された。以上の点から，1981年国籍法以降の国籍法の改正においては，帰化によって新たにイギリスの国民になる者に対し，イギリス市民としての素養を涵養する傾向が窺われる。
　イギリスにおける市民権概念は，当初の包括的かつ普遍的なものから，パトリアル概念を基盤とした人種による階層化へと至った。この時期の移民法と国

籍法の改正からは，1948年国籍法下のコモンウェルス市民権に基づく，コモンウェルス市民を対象とした包括的な市民権概念の転換を読みとることができる。しかしながら，他方で，ほかのヨーロッパ各国のように，旧植民地を中心とした地域からの移民の受け入れを完全に停止するという措置が採られてこなかったことにも留意すべきであろう。イギリス型移民レジームは，その形成の当初の目的がコモンウェルスで共通の市民権を採用することによる，コモンウェルスにおけるイギリスの求心力の強化であった。イギリス型移民レジームには，国籍法の仕組みやコモンウェルスとの関係が大きく関係していたことから，労働移民に対する門戸を閉ざすというように，移民レジームをドラスティックに転換することは現実には難しい選択であった。第1節で提示したように，大英帝国の歴史とコモンウェルスの紐帯が醸成したイギリス型移民レジームは，1962年コモンウェルス移民法の制定以降，その後の移民法と国籍法の改正のなかで，人種や市民性という要素による制約を受けることで転換を迫られつつも，コモンウェルスからイギリス本国への移民の流れは絶えず継続していた。

（2）難民・庇護申請者を対象とした管理

　前項でも論じたように，人種問題を中心とした移民問題に対する保守党と労働党の政策は，公式にはその方針に違いがみられた。1968年コモンウェルス移民法が，1962年コモンウェルス移民法を踏襲して労働党政権下で導入されたものの，1962年コモンウェルス移民法の制定によってコモンウェルス市民に対する出入国管理をはじめて導入した保守党は，その後もパトリアル概念に基づき，事実上，人種に基づく出入国管理を容認する1971年移民法ならびに1981年国籍法を制定した。前述のとおり，保守党は，1950年代前半のチャーチル政権下においてすでにカラードの新コモンウェルス市民の規制に関する議論を重ねており，彼らがイギリス本国の豊かな福祉国家制度に引き寄せられていることや，人種の多様化がイギリス社会にもたらすであろう社会問題に関する懸念を示していた。

　一方，労働党はイギリス国内における人種差別の是正を重要課題とし，人種

関係法 (Race Relations Act) の制定と改正を行ってきた。1965年にはじめて導入された人種関係法では，飲食店や公共の娯楽施設，公共交通などの公共の場における人種差別が禁止され，以後，人種関係法は，1968年，1976年，2000年と，いずれも労働党政権下において改正されており，改正のたびに国内における人種差別の是正が図られてきた。人種関係法の制定とならんで，労働党政権では，エスニック・マイノリティに教育・職業訓練・その他社会サービスで特別な施策を行うためのスタッフを自治体が雇用するための人件費を政府が助成する仕組みとして，1966年に「セクション・イレブン・グラント」を導入した（若松 1995：29）。労働党による人種関係法の制定や，エスニック・マイノリティに対する助成金の導入からは，人種の差異をめぐる移民問題に関しての保守党と労働党の方針の違いを見出すことができよう。一方で，保守党による上記のような，とりわけカラードの新コモンウェルス市民を対象とした規制の導入は，こうした人種問題に限らず，彼らがイギリス本国の豊かな福祉国家に引き寄せられることを懸念したうえでの措置でもあった。したがって，コモンウェルス市民を対象とした規制の導入は，単に人種の差異をめぐる社会問題への対応から行われたのではなく，彼らの社会保障受給をめぐるイギリス本国の福祉国家の危惧から行われたものでもあった。

国際的な難民・庇護申請者の波の背景　イギリス型移民レジームでは，上記の移民と福祉国家をめぐる問題が，1980年代後半以降，コモンウェルス地域との関係から，国際的な難民・庇護申請者の急増への対処へとその主軸が移行していくこととなる。難民・庇護申請者の急増は，1970年代半ばから西ヨーロッパ先進各国で大きな社会問題へと浮上していく（Boswell 2003：53）。これには以下にみる三つの背景が関係する。[23]

第一に，この時期に，一部を除く西ヨーロッパ各国でアフリカおよびアジアからの「新たな難民」の波が生じたことである。「新たな難民」とは，この時期の前後に相次いで脱植民地化し独立したアフリカおよびアジア諸国からの難民を指す。独立後間もない国は，国としての基盤が脆弱であり国民を包括的に保護し保障していくだけの制度に乏しい。こうした背景から，先進国へと庇護

第1章　福祉国家と移民をめぐる歴史と制度

を求める大規模な移動が生じた。

　第二に，1970年代から，就労を目的とした合法的な移住の経路が次第に閉ざされたことで，就労を目的として移住しようとする移民が，庇護申請の経路によって西ヨーロッパ各国に移住しようとしたためである。1970年代には，西ヨーロッパ各国で移民政策の厳格化が図られた。たとえば，ドイツでは，1960年代にゲスト・ワーカー制度の下で多数の移民が単純労働に従事する労働者として入国したが，1973年の第一次オイルショックを受けて，翌1974年に同制度は停止している。これは，第一次オイルショックを契機として生じた大量失業，仕事や福祉に対する不安が引き金となって，ゲスト・ワーカー制度停止への要求が世論のなかで高まったためである（Boswell 2003：15）。ゲスト・ワーカー制度のような合法的制度に基づく労働移民の入国が規制されることによって，非合法的手段による入国が増加するとともに，難民・庇護申請の制度によって入国しようとする移民が増加した。したがって，就労希望者を対象とした正規の移民政策の停止，あるいは厳格化により，庇護申請にしわ寄せが生じるというパラドキシカルな状況となったのである。当時，多くのEC加盟国では，難民・庇護申請者に対し住宅保障や福祉関連の給付，社会サービスへのアクセス権を承認していた。なかでもドイツは，基本法の下で政治的迫害を受けた人に庇護権を認めており，寛容な庇護申請制度を有していたため（Spencer 2008：23），多くの申請者を抱えることとなった。

　第三に，経済情勢の変化である。1970年代以降，第一次オイルショックを契機として世界的規模で拡大した経済不況と失業によってホスト国の財政状況にも庇護申請者を救済することの限界が訪れていた。すなわち，難民・庇護申請者のホスト国となる西ヨーロッパ先進各国において，これらの人びとを受け入れる財政的基盤が確保されなかったのである。以上の背景を受け，難民・庇護申請者の受け入れはホスト国にとって大きな負担となった。

イギリスにおける難民・庇護申請者の波　イギリスでは，1970年代後半の難民・庇護申請者数は他国に比べると小規模で，実際に急激に増加したのは1980年代後半以降のことであった。既述のとおり，1970年代のイギリス型移民

57

レジームは,1971年移民法におけるパトリアル概念の導入によってカラードのコモンウェルス市民をめぐる変容の最中にあり,難民や庇護申請者をめぐる移民問題の先鋭化はみられなかった。イギリス以外の西ヨーロッパ各国では,1970年代半ばだけでなく,イギリス同様に1980年代後半にも庇護申請数増加を経験した。この時期にイギリスを含め各国で難民・庇護申請者が急増した背景にあるのは,第一に,冷戦終結に伴う東欧圏の崩壊であり,第二に,1970年代同様,労働移民を対象とした移民政策の規制が強化されたことで,庇護申請という手段のみが多くの移民にとって移住の術となったことである(Sales 2007:144)。以上の背景による難民・庇護申請者の急増を受け,イギリスの移民問題は,人種の差異から庇護申請者の増加に伴う福祉をめぐる議論の重要性が高まり,この流れのなかで,保守党と労働党の移民政策の方針にも従来とは異なる傾向がみえはじめる。

表1-5は,イギリスにおける庇護申請に関わる立法の変遷を示している。イギリスでは,1980年代後半以降庇護申請数が急増しており,これを受けて,1993年庇護および移民控訴法が導入された。同法は,1951年の「難民の地位に関する条約(難民条約)」をイギリスの移民法に組み込んだものである。難民条約の下では,帰国した場合に切迫した危険に直面する人を除いて,庇護申請者に対し申請者の特定の所属や地位,あるいは身分に基づく迫害のおそれの正当な根拠を証明することを課している(Sales 2007:213)。

すなわち,申請者が難民認定を受けるためには,たとえば,ある人種やある宗教などの一員であるということに基づく迫害のおそれを証明することが求められる。イギリスは1954年に難民条約を批准したものの,国内法では同条約に対応する立法が組まれてこなかった。したがって,1993年庇護および移民控訴法の下で,はじめて国内法に難民条約における難民認定の基準が導入されたことになる。同法は,庇護申請手続きの簡素化を目的として,明らかに申請の根拠のない庇護申請者に対する早急な手続きと,一部のケースにおいては申請する権利の剥奪を許可した(Boswell 2003:57)。加えて,それまで庇護申請者に恒久的に与えられてきた,地方自治体管轄の公営住宅での居住の権利を停止し

第1章 福祉国家と移民をめぐる歴史と制度

表1-5 イギリスの庇護申請に関する立法

政権	庇護申請に関する立法	主な内容
メージャー保守党	1993年庇護および移民控訴法（Asylum and Immigration Appeals Act 1993）	・難民条約をイギリス国内の移民法に組み込む ・公営住宅で居住する資格の停止
	1996年庇護および移民法（Asylum and Immigration Act 1996）	・イギリス国内での庇護申請者への福祉給付の取り消し
ブレア労働党	1999年移民および庇護法（Immigration and Asylum Act 1999）	・すべての庇護申請者にクーポン制度の導入 ・現金給付とクーポン制度の置き換え ・公共基金の見直し
	2002年国籍，移民および庇護法（Nationality, Immigration and Asylum Act 2002）	・クーポンを次第に削減
	2004年庇護および移民法（Asylum and Immigration Act 2004）	・庇護申請の権利を限定
ブラウン労働党	2006年移民，庇護および国籍法（Immigration, Asylum and Nationality Act 2006）	・申請者の国籍による手続きの区別 ・庇護申請者への規制の強化

出典：Sales（2007：145-146）ならびにBoswell（2003：57-59）をもとに筆者作成。

た（Sales 2007：145）。

　続く1996年庇護および移民法では以下の二点が加えられた。第一に，申請に対する決定を待つ庇護申請者への福祉給付を制限すること，第二に，イギリス入国時点での庇護申請とイギリス入国後の庇護申請を区別したうえでの，後者への給付取り止めである（Boswell 2003：58）。イギリスでは，庇護申請者は，難民認定が下りるまでは就労が原則的に認められないため，認定までの期間が長いほど福祉国家財政にかかる負担は増えることになる。したがって，認定を待つ庇護申請者が増加するなかで，国内で新たに庇護申請を行う者への給付を停止するという選択が採られたのである。

　さらに，続く1999年法，2002年法および2004年法でも，庇護申請者に対する福祉給付の厳格化は加速した。なかでも，労働党政権への政権交代を経たうえで導入された1999年移民および庇護法では，庇護申請者に対する福祉給付の仕

表1-6 公共基金とその判断基準

	公共基金にあたらない給付 ＝居住権のない者による受給が可能	公共基金にあたる給付 ＝居住権のない者による受給が不可
拠出制給付 (社会保険)	拠出制求職者手当，就労不能手当，拠出制雇用及び支援手当，出産給付，出産休暇給付，退職年金，寡婦手当，遺族手当	
無拠出制給付 (社会手当)	後見人手当	個人自立手当，児童税額控除，年金クレジット，介護手当，介護者手当，勤労税額控除，児童手当，障害者生活手当，重度障害者手当，カウンシル税額控除
資力調査つき給付 (公的扶助)		住宅・ホームレス扶助，所得関連雇用及び支援手当，所得補助，住宅給付，所得関連求職者手当
公的社会サービス	NHS，公教育	

出典：UK Border Agency（2013：7-8；10）をもとに筆者作成。
注：網掛けの給付項目は，1999年移民および庇護法の下で公共基金に加えられた給付。

組みに重大な改革が行われた。

　1999年移民および庇護法では，庇護申請数が増加するなか，申請数自体を抑制することを目的として，庇護申請者に対する福祉政策の見直しが進められた。これは，表1-5にあるように，すべての庇護申請者に対する現金給付を廃止し，それに代わるクーポン制度（voucher system）を導入することで行われたものであり，これにより庇護申請者に対する福祉給付は，一般の社会保障体系から切り離された（柄谷 2003：193-194；Sales 2007：148）。同法にはこれに加え，移民法上の管理の対象者の「給付からの排除」に関する節が設けられており，居住権をもたない者が受給できない社会保障上の給付である公共基金の範囲を拡大することで，移民の社会保障の受給資格の縮小を図った。

　表1-6は，公共基金に該当する給付と該当しない給付の区別を，保険料拠出を要件とする給付か否かという基準と，資力調査つき給付の基準に基づいて示した。これによると，移民による受給が認められているのは，保険料拠出を伴う拠出制給付に加え，無拠出制給付のうち孤児を扶養する者が受給できる後

見人手当のみである。このほか，拠出を伴わないものとしては，租税を財源とする公的社会サービスであるNHSと公教育のみ認められている。

1999年移民および庇護法では，表1－6で網掛け表記になっている，介護手当，介護者手当，勤労税額控除の前身である勤労世帯税額控除，児童手当，障害者生活手当，重度障害者手当，カウンシル税額控除，所得補助，住宅給付，所得関連求職者手当を公共基金に加えることで，移民法上の管理の対象となる外国人によるこれらの給付の受給を違法とした（Sales 2007：146；Cohen 2001：187-188）。したがって，イギリス型移民レジームにおける，二段階目の要素である移民の社会権の保障の仕組みは，1993年庇護および移民控訴法の導入以降，次第に厳格な基準へと移行した。とりわけ，労働党政権下の1999年移民および庇護法の制度化以降，庇護申請者の福祉受給を一般の社会保障体系から切り離すとともに，公共基金にあたる給付を拡大することで，移民によるイギリス福祉国家への依存を厳格に管理している。

2002年法ならびに2004年法でもこうした移民による福祉受給権の削減が進められ，2006年移民，庇護および国籍法では，労働党政権が2005年選挙キャンペーン中に打ち出したコマンド・ペーパー『我われの国境を管理する：イギリスに役立つ移住（Controlling our Borders：Making Migration Work for Britain）（Cm6472）』に含まれる移民政策に関する「5ヵ年計画（Five year strategy）」を反映した内容が盛り込まれた（Sales 2007：161）。

5ヵ年計画では，「新たな庇護モデル（New asylum model）」が提示されている（Sales 2007：151）。新たな庇護モデルは，より迅速でより厳格に管理されたプロセス（faster and tighter managed processes）を踏むことを念頭に置いて構成されており，2000年代以降も依然として難民・庇護申請者に対する厳格な立法が維持されている。

厳格性について，コマンド・ペーパーによれば，庇護申請者数ピークの2002年10月には，1ヵ月間の庇護申請者数は9000件にも及んでいたが，2005年2月の時点では，ひと月の庇護申請者数は3000件以下に抑えられている（Home Office 2005：17；36）。これは，1999年移民および庇護法の下で行われた，庇護申

請者に対する社会保障上の受給権の縮小が，庇護を求める先としてイギリスを選択するインセンティブを低下させたためである。したがって，移民レジームの二段階目の要素である社会権保障の仕組みを国民と区別し厳格化することが，移民レジームの一段階目の出入国管理にも影響している。図1－1で指摘したように，移民レジームの構成要素である出入国管理の仕組みと社会権の保障の仕組みが，相互に影響し合う関係にあることがここにも表れている。また，迅速性についても，2005年のコマンド・ペーパーによれば，1997年に申請に対する認定の可否の決定が下されるまでの期間が平均して22ヵ月であったのに対し，2005年2月の時点では82％のケースで2ヵ月以内に短縮されている（Home Office 2005：36）。新たな庇護モデルに基づき，庇護政策の効率性が向上したことが表れている。

　庇護申請者と不法移民は，失業，福祉国家システムの過剰拡大，犯罪の増加，国内の不安定化と関連づけられ，しばしば納税の義務を果たしている合法移民やエスニック・マイノリティとは対極に置かれるのであった（Boswell 2003：52）。庇護申請に関する立法が保守党政権下で1993年に制度化されて以降，1997年の労働党政権成立を経ても，庇護申請者の出入国管理を強化し，彼らの社会権保障を厳格化する移民レジームが維持され，むしろ労働党政権下でその強化が確認された。したがって，難民・庇護申請者に対する移民政策については，政党間での政策に差異は見出されない。この時期のイギリスでは，福祉と庇護申請システムの乱用を制限する観点から，政党を問わずより厳格な基準を正当化する傾向がみられたという（Boswell 2003：58）。すなわち，難民・庇護申請者に対する厳格な規制は，主要政党間で合意のとれた超党派的な政策となっており，そこには党派性はみられなかった。無計画な難民・庇護申請者の受け入れはホスト国の福祉国家の利益とは結びつかないばかりか，福祉国家財政を蝕む危険性をはらんでいたために，こうした観点からこの時期のイギリスの移民レジームは，保守党と労働党の両党合意の下で機能していた。

　前述のように，イギリスの移民問題の中核が人種問題に置かれていた時期の両党の移民政策に対する公式の立場には一定の距離が保たれていた。人種の差

第1章　福祉国家と移民をめぐる歴史と制度

異を政治的喧伝に用いてきた保守党と，人種関係法の制定によって国内の人種差別の是正に取り組んだ労働党には，人種という観点で移民問題をとらえるうえで，その方針の違いを見出すことが可能であった。他方で，難民や庇護申請者が急増し，移民をめぐる問題の中核が人種の差異から福祉をめぐる問題へと転換するなか，「福祉国家のたかり屋」となる移民を福祉国家から締め出すという点において両党の政策は一致したのである。

福祉ショービニズムとポピュリズム　上記のように，福祉国家の下で供給される政策の対象を国民のみに限定し，福祉国家ナショナリズムを強めるロジックは，福祉ショービニズム（welfare chauvinism）によって説明される。宮本によれば，福祉ショービニズムの主張は「基本的には福祉国家的な再分配政策を堅持すると同時に，移民や外国人労働者など，福祉国家に貢献しないままその恩恵を受ける層を批判し，再分配政策の対象を民族主義的に制限していくこと」である（宮本 2004c：71）。既述のように，第一次オイルショックを契機とした世界的な経済不況は，大量失業といった雇用の不安定化や，社会保障費を含む財源の不安定化を生んだ。危機の時代のなかで難民・庇護申請者を受け入れてきた西ヨーロッパ各国の国民にとって，難民・庇護申請者は「福祉国家のたかり屋」であった。経済不況のなかでの難民・庇護申請者の増加が，彼らを受け入れるホスト国となった西ヨーロッパ各国における福祉国家ナショナリズムの強化へとつながった。こうした国民感情を汲み取ったのが，福祉ショービニズムであった。

福祉ショービニズムの展開において，世論を扇動する装置となるのがポピュリズムである。ポピュリズムとは，大衆の感情や情緒に訴えかける政治手法であり，「大衆迎合主義」とも訳されるように，民主主義の脅威としてとらえられる。他方で，ポピュリズムは社会から排除されてきたサイレント・マジョリティの声を拾い，彼らの民意を政治に反映するという意味においては民主主義の発展につながる政治手法ともいわれる。

オーストリアでハイダー率いるオーストリア自由党が1999年総選挙で躍進したことをはじめとして，2000年代初頭以降，ヨーロッパ各国では相次いで極右

政党のプレゼンスが高まり、昨今の欧米各国の政治変動の原動力にもなっている。こうした新右翼ともいうべき勢力が躍進するなかで、福祉国家ナショナリズムの強化を引き起こす福祉ショービニズムの展開が確認される。福祉ショービニズムは、移民を福祉国家に貢献しない存在として訴え、排外主義を促す。序章でも提示したが、こうした観点は、まさに移民を「福祉国家のたかり屋」とするものである。福祉ショービニズムの下で、移民は社会保障や雇用をめぐって国民と競合する存在として位置づけられた。福祉政治に対する関心の高まりとともに、改めて、誰に受給の権利があるのかという福祉国家のメンバーシップが問われるなか、上記のような新右翼勢力は、ポピュリズムの手法を用いながら、国民国家を前提とした福祉国家への転換を進めるべく、福祉ショービニズムを扇動する。

イギリスにおける福祉ショービニズムの展開

イギリスでは、上記のような福祉ショービニズムを扇動する反移民政党の勢力は、ほかのヨーロッパ諸国に比べ脆弱であったことが指摘される（Goodwin 2011：5）。これは、イギリスにおいて、極右勢力が歴史的に安定した発展を遂げてこなかったこととも関係している。ほかのヨーロッパ各国では、2000年前後に限らず、伝統的に極右勢力の台頭がみられたのに対し、イギリスの極右勢力はまさに「失敗のケース」であった（Ignazi 2003）。イギリスでは、第二次世界大戦以降、新コモンウェルスからの移民をめぐって人種問題が深刻化していたにもかかわらず、1967年の国民戦線（National Front、以下NFと略す）の結成までは小集団間でのイニシアティブをめぐる抗争のなかで、極右勢力による組織化された影響力は生み出されてこなかった（力久 2011：28）。戦間期には、イギリスファシスト連合（British Fascist Union、以下BFUと略す）が結成されたが、BFUが選挙で躍進したことはなく、結果的にNFもイギリスの政治において重要なプレゼンスを示すには至らなかった。

こうしたなかで、NFの党首を務めたティンダールをはじめ、中心的なメンバーはNFを離党し、彼らを中心に1982年にイギリス国民党（British National Party、以下BNPと略す）が結党された。BNPの結党後しばらくは、NFと

BNPの間で極右政党間の覇権争いが続いたものの，現在のイギリスでは，BNPが移民排斥を掲げる主要政党としての地位を確立している。

　イギリス政治におけるBNPのプレゼンスの高まりは，1999～2014年まで党首を務めたグリフィンへの党首交代を契機とした，党の現代化によるところが大きい。グリフィンへの党首交代以降，党の現代化として，急進的な極右政党からの回帰による支持の拡大が見られた。党の現代化のなかでグリフィンが進めたのは，ティンダールの時代の生物学的なレイシズムを標榜するBNPから，「文化的な」レイシズムへの転換であった（Carvalho 2014：63）。すなわち，移民によってもたらされる人種的多様性を批判の対象とするのではなく，彼らがもつ文化やアイデンティティによってイギリスの固有の文化やアイデンティティが危機にさらされることを批判の対象としたのである。生物学的な差異に基づき移民排斥を主張するのではなく，イギリス国民の民族性や文化的アイデンティティの維持という主張によって，BNPの急進性を和らげ，党の現代化を進めた。こうした党の現代化の一環として，2010年には，それまで白人に限定していた党員資格規約の人種要件を撤廃するなど，かつてティンダールが1997年総選挙のマニフェストに「再び白人の国へ」を掲げ，厳格なレイシズムを特徴づけてきたBNPからの変革が進められた。

イギリス型移民レジームが直面した変化　20世紀型福祉国家は，政府による社会サービスの供給や所得の再分配機能を中心に成立しており，イギリスでも第二次世界大戦以降こうした役割を中心に福祉国家は発展を遂げてきた。しかしながら，オイルショック以降のいわゆる福祉国家の危機の時代に入り，福祉国家は，次第にその対象の画定化を進めるに至った。前節で論じたように，イギリスでは植民地との関係から社会保障の受給資格は国民国家を前提とした概念としては機能してこなかった。このように，コモンウェルスや旧植民地とのつながりは断絶されてこなかったわけであるが，20世紀型福祉国家が従来のままでは維持できない状況のなか，難民や庇護申請者の受け入れは抑制され，コモンウェルスや旧植民地からの移民にも管理の概念が加えられた。ここには，福祉国家ナショナリズムの隆盛がみてとれるのである。

以上から，コモンウェルス市民権の形成を背景としたイギリス型移民レジームには，この段階において，二つの変化の兆しを確認することができる。第一に，1962年コモンウェルス移民法の制度化から1981年国籍法の改正に至るまでの，移民法と国籍法による，カラードのコモンウェルス市民を対象とした出入国管理の導入によるものである。こうしたコモンウェルス市民に対する出入国管理の適用は，結果として移民レジームの第二段階をなす移民の社会権概念にも影響を及ぼすものであった。彼らの出入国に管理の概念を加えたことは，人種的な多様化に対する危惧だけでなく，チャーチルによる言及にもあるように，イギリス福祉国家への負担に対する危惧も多分に影響していた。

　第二に挙げられる変化の兆しは，1990年代以降の，庇護申請者を対象とした社会政策給付の受給資格の厳格化にみることができる。ほかのヨーロッパ各国が，1970年代に大規模な難民の波に直面するなか，イギリスでは1970年代はカラードのコモンウェルス市民を中心的な対象として移民レジームの再編が図られた時期であった。しかしながら，こうしたポストコロニアルなイギリス型移民レジームが，1981年国籍法の制度化によって整理されるなか，1990年代以降は，難民や庇護申請者をめぐって福祉国家と移民との関係が再編されてきた。

　表1－5にある1993年以降の立法の変遷のなかで，庇護申請者の福祉受給権は次第に厳格化が進み，とりわけ労働党政権下の1999年移民および庇護法における二つの改革，すなわち，庇護申請者への給付を現金給付からクーポン制度へと移行することによる一般の社会保障体系からの切り離し，ならびに，公共基金に該当する給付を増やすことによる移民の受給権の削減が，イギリス型移民レジームを，国民国家を前提とした社会権を保障する仕組みへと再編させている。

　第二次世界大戦以降，コモンウェルス市民権によって，国民国家ではなくコモンウェルスという連合体をその拠り所として発展を遂げてきたイギリス福祉国家では，社会権の保障も，国籍要件ではなく通常居住地と公共基金に基づいて画定されてきた。しかしながら，庇護申請者を対象とした給付を一般の社会保障体系から切り離す改革や，居住権のない者が受給できない公共基金にあた

第1章　福祉国家と移民をめぐる歴史と制度

る給付項目を増やす方針からは，福祉国家の境界線を国民国家の範囲と一致させ，「福祉国家のたかり屋」となる移民の排除を肯定する国民国家のバックラッシュを読み取ることができる。

3 「新たな」移民の受け入れとイギリス型移民レジーム

　本節では，イギリス型移民レジームの下で2000年代に生じた「新たな」移民の受け入れの仕組みについて考察する。前節で述べたように，20世紀型福祉国家の下では，実質的にはカラードの新コモンウェルス市民の二級市民化を進める国籍法が制度化するとともに，1993年庇護および移民控訴法の制度化以降，庇護申請者の受け入れも，福祉受給権の厳格化に伴い抑制された。20世紀型福祉国家の下での福祉国家ナショナリズムの隆盛が，国民国家を前提とはしてこなかったイギリス福祉国家の境界線を国境に一致させるモメントとなった。
　他方で，2000年代に入ると，イギリスの移民政策は新たな潮流を迎える。本節では，「新たな」移民受け入れの仕組みである，高度技能移民受け入れ政策の制度化を考察する。技能水準の高い移民を選別して受け入れる出入国管理政策と，それに伴うこれらの移民に対する入国後の処遇からみられるイギリス型移民レジームの変化の兆しをとらえる。そのうえで，イギリスにおける高度技能移民の受け入れについても，依然として大英帝国の帝国主義の遺制に基づいて開かれたコモンウェルスからの人の移動の経路が維持されていることを明らかにすることで，イギリス型移民レジームの持続と変容を考察する。

（1）高度技能移民受け入れ政策の制度化
　本項では，先進各国の移民政策の新たな潮流となっている，高度技能移民受け入れ政策について概観したうえで，イギリスの高度技能移民受け入れ政策について，受け入れを決定するための基準などを具体的に論じる。

高度技能移民受け入れ政策とは何か　イギリスの移民政策の研究者であり，欧州委員会やイギリス内務省（Home Office）で高度技能移民受け入れ

政策に関するアドバイザーを務めるソルトによれば，高度技能（Highly Skilled）を有する人の定義には一般化されたものはないものの，広義には「職業的（professional），経営的（managerial），技術的（technical）な専門家としてみなされる人びとを指す」という（Salt 1997：6）。多くの論者の説に沿えば，高等教育における学歴かそれと同等の資格を有する人が高度技能者とみなされることから，高度技能移民の受け入れの判断基準は学歴と職業水準の二つに集約されるという（Salt 1997：3；Lowell 2008：52）。

　このような専門的な知識や技能を有する労働力を受け入れる移民政策の整備は，イギリスに限らず先進各国を中心に進められてきた。上記のように学歴や職業水準を中心とした基準に基づいて行われる高度技能移民の受け入れ政策には，たとえば，ドイツで2005年移民法以降進められた高度技能移民に対する無期限滞在ビザの交付や，フランスの2006年移民統合法の下で導入された専門的スキルを有する移民に対する更新可能ビザの交付のほか，近年，各国の高度技能移民受け入れ政策には，移民個人の技能や収入を点数化して基準点を満たした者を受け入れる仕組みの採用が進められる傾向にある。

　点数に基づく移民の受け入れという仕組み自体の歴史は古く，1967年カナダのCanada Skilled Workers，1979年オーストラリアのNumerical Multifactor Assessment Systemが先駆的な政策であり，このほか，1991年ニュージーランドのSkilled Migrant Categoryや，昨今では2002年イギリスのHSMPが導入されて以降，2003年チェコのSelection of Qualified Workers，2004年シンガポールのS-Pass Systemや2006年香港のQuality Migrant Admission Scheme，2007年デンマークでDanish Green Cardの導入が行われている。[31]わが国でも，2009年の出入国管理及び難民認定法の改正を受けて，2012年5月から，高度技能移民を対象とした点数化による移民の受け入れが開始した。[32]

　上記から，点数に基づくものもそうでないものも含めて，各国で高度技能者を選別して受け入れる移民政策が相次いで制度化しているといえよう。またEUでは，域外からの高度技能者受け入れの促進を目的としたブルーカード指令が2009年に採択され，EUレベルでの高度技能移民の受け入れが進められる

第1章　福祉国家と移民をめぐる歴史と制度

表1-7　HSMPの配点基準

評価の対象となる項目		単位(点)
年齢	27歳以下	5
学歴	博士号保持者	30
	修士号保持者	25
	学士号保持者	15
過去の収入	各国を経済発展水準ごと4グループにわけ，収入に応じて	25～50
就労希望先での業績	例外的に優れた業績	50
	重要度の高い業績	25
職歴	大卒レベルの職に5年以上就労	15
	上級・専門職に2年以上就労	10
GP特別枠	NHSの一般開業医として就労を希望する医師	50
MBA	指定した50校のMBA取得者	65
合計		65以上

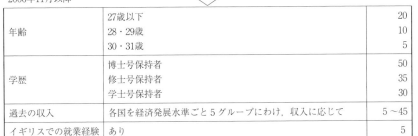

2006年11月以降

評価の対象となる項目		単位(点)
年齢	27歳以下	20
	28・29歳	10
	30・31歳	5
学歴	博士号保持者	50
	修士号保持者	35
	学士号保持者	30
過去の収入	各国を経済発展水準ごと5グループにわけ，収入に応じて	5～45
イギリスでの就業経験	あり	5
MBA	指定した50校のMBA取得者	75
合計		75以上

出典：Home Officeウェブサイトをもとに筆者作成（閲覧日2013年8月19日）。
注：2002年のHSMP開始から2003年10月までは，必要最低点数は75点であったが，以後65点に引き下げられ，2006年11月以降，再び75点以上へと引き上げられた。

こととなり，超国家レベルでも高度技能者の受け入れが進む。

　具体的な点数の判断基準は，たとえば，イギリスの高度技能移民受け入れプログラムとして最初に制度化したHSMPの場合，表1-7にあるように，年齢や学歴，過去の収入，専門的能力に基づいて点数が加算される仕組みである。就労希望先での業績に対する評価や，医師不足に陥っていたNHSの家庭医

(General Practitioner，以下 GP と略す）として就労する医師，あるいは MBA 取得者には積極的な加点が行われ，イギリス国内の労働市場でニーズの高い分野や専門性の高い分野の移民を受け入れる意向が示されている。MBA 取得者の場合，それだけで高度技能移民としての入国が許されることから，HSMP の配点には，必要な移民を戦略的に受け入れようとするホスト国イギリスの方針が反映されている。

　点数化の詳細は各国で統一されたものでないものの，一般的に他国の制度にも，年齢，学歴，過去の収入や技能などの基準が採用されており，これに加え，具体的な職種や，それに関わる資格などの保持者への加点を行うという国ごとの特殊性が反映されて点数に基づく移民受け入れの仕組みが採用されている。

イギリスにおける高度技能移民受け入れ政策の意義　イギリスにおける高度技能移民受け入れ政策は，2002年の HSMP の制度化によって導入された。これにより，国境管理を一義的な目的として外国人を規制してきた移民政策の下で，人的資源として有用な外国人の受け入れを進めるプログラムが導入されたことになる。

　労働力としてイギリス社会に貢献する移民の受け入れを進める HSMP は，ブレア政権二期目に内務大臣を務めたブランケットが2001年10月の労働党大会のスピーチで公表したものであり，2002年国籍，移民および庇護法（Nationality, Immigration and Asylum Act 2002）のもとになった内務省白書，『安全な国境，安全な避難場所：現代イギリスにおける多様性の統合（Secure Borders, Safe Haven : Integration with Diversity in Modern Britain）（Cm5387)』で具体的に言及されたものである。同白書は，HSMP を「国際市場でイギリスの企業が勝ち抜くために必要な，高水準の資格や技能をもつ人材を確保するための移民政策」に位置づけている（Home Office 2002：42）。

　このように，経済的な国際競争力の強化につながることから，この時期の高度技能移民などを対象とした経済移民政策は，与党労働党と野党保守党との間で政治的対立を生み出すイシューには浮上しなかった（Somerville 2007：108 ; Spencer 2011：97）。また，イギリスの経済を支える人材の確保を目的とした移

民政策である高度技能移民受け入れ政策については，イギリスの経営者団体である，イギリス産業連盟（Confederation of British Industry，以下 CBI と略す）をはじめ，イギリスのナショナルセンターであるイギリス労働組合会議（Trade Union Congress，以下 TUC と略す）も前向きな立場を示した（Spencer 2011：97）。

　イギリスの移民政策は，伝統的に内務省のトップダウンの下で政策形成が行われてきた政策領域であったが，高度技能移民受け入れ政策の制度化によって，さまざまな省庁をはじめ，CBI や TUC を含め，財界や労働者団体，シンクタンクなどを含めた政策コミュニティが大きな影響を及ぼす政策領域となった（Somerville 2013：262）。移民政策に関わるアクターが，従来の内務省単独から経済や産業関連の組織を中心とした政策コミュニティへと拡がったことは，出入国管理の基準が人種から移民個人の技能水準の高低へと転換したことを象徴している。

　HSMP の導入に伴う従来の制度からの大幅な転換は，HSMP ビザを取得した移民に，イギリス国内での就業先の事前決定なしに，まず1年間の滞在許可が下りること，それに付随して従来外国人労働者雇用のために使用者に課せられてきた労働許可証（work permit）が不要であることである。したがって，技能があり潜在的に自活可能な移民であれば，HSMP ビザを取得し，就労先を確保せずに入国可能となった。

　2002年に制度化した HSMP は，2008年に出入国管理政策がポイント制（Point-Based System，以下 PBS と略す）の下での一元管理へと移行したことで，制度としては廃止された。PBS は，個別のスキームによって管理されてきた出入国管理政策を，移民の技能や所得などに応じたポイントによって五つのカテゴリーにわけることで一元管理する制度である。高度技能移民のみを HSMP の下で管理し，その他の移民には個別のスキームを適用してきた従来の制度に対し，PBS の下ではこれらをすべて一元化し，高度技能移民の管理についてもその中に組み入れた。

　HSMP の下で受け入れられてきた技能移民は，PBS の下で創設された第一から第五の階層（tier）のうち，第一と第二の階層に位置づけられ，2008年以

表1-8 PBSの配点基準

評価の対象となる項目	単位（点）
資格・学位	経営学修士（MBA）：75　博士（PhD）：45　修士（MA）：35　学士（BA）：30
年齢	29歳以下：20　　30-34歳：10　　35-39歳：5
過去の収入	最大：75
イギリスでの就業／就学経験	最大：5
英語能力	最大：10
生計	最大：10
合計	tier1：100　　tier2：70　　tier4：40

出典：UK Border Agency ウェブサイトをもとに筆者作成（閲覧日2011年12月9日）。

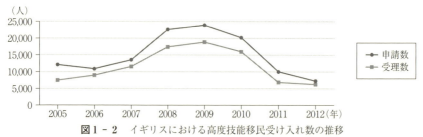

図1-2　イギリスにおける高度技能移民受け入れ数の推移
出典：Home Office（Migration Statistics）（2013：Table be_04）をもとに筆者作成。
注：2007年までは HSMP ビザの該当者の数を表しており，それ以降は PBS の高度技能層に該当する tier1 の数を表している。

降も高度技能人材の海外からの受け入れ自体は継続して行われている。PBSの下での点数化の指標と必要点数は表1-8のとおりである。HSMP の下で採用された，学歴や職業水準に基づく移民の受け入れが維持されており，点数の合計数によって移民を分類する措置が採られている。

高度技能移民の受け入れ数の推移は図1-2のとおりである。2009年をピークに申請数と受理数のいずれも減少しているのは，2010年総選挙での保守党と自由民主党の連立政権への政権交代後に，年間の受け入れ移民数に制限を設けるキャッピングが導入されたためである。政権交代を契機としてキャッピングが導入されたことで受け入れの規模は縮小したが，移民の受け入れを学歴や職

業水準からなる技能に応じて判断する仕組みは，政権交代後も維持されていることになる。

高度技能移民受け入れ政策による移民レジームの変容　HSMPの制度化以降，専門性を有する労働力の不足という問題と，移民の出入国管理政策という異なる政策領域の統合が進められた。経済領域の問題に直結するイシューと移民政策との間に密接な結びつきが築かれたことになる。1970年代前半までヨーロッパの先進各国で行われてきた，旧植民地を中心とした地域からの出稼ぎ移民受け入れの制度であるゲスト・ワーカー制度は，労働力を補う目的で外国人の受け入れを進めたことから，これも経済政策と移民政策との結びつきを示しているともいえよう。しかし，ゲスト・ワーカー制度の下で受け入れられた移民は単純労働者であるがゆえ，専門的な技能の有無や個々の能力を審査する基準は必要ではなかった。

一方で，高度技能移民の場合には，移民個人の資格や技能，経済状況が入国審査の重要な基準として位置づけられており，経済政策上の目的が出入国管理政策に影響を及ぼすほどに経済政策と移民政策とが密接に関連している。とりわけイギリスでは，ドイツやフランス，スイスなどと異なり，コモンウェルス出身者はコモンウェルス市民権の名の下にイギリス本国へと移住しており，そもそも旧植民地の人びとを，公式の移民労働者受け入れの仕組みである，ゲスト・ワーカー制度によっては受け入れてこなかった。ほかの西ヨーロッパ各国が，労働力需要を補填するために安価な非熟練労働者を積極的に受け入れるなか，イギリスでは，1962年コモンウェルス移民法が制度化し，コモンウェルスからの移民に対する門戸は狭められていくとともに，コモンウェルス出身者を労働力として積極的に受け入れる仕組みは形成されてこなかった（Wakamatsu 1998：3-4；12-13）。この点において，イギリス型移民レジームは，ほかの西ヨーロッパ各国とは明らかに異なる経路をたどってきたのである。こうした前提があるなかで，イギリスではHSMPの導入以後，2008年のPBSへの移行と2010年のキャッピング導入後も，労働力としてより技能の高い移民を選別して受け入れる方向へと移民政策が再編されている。

HSMP や PBS によって，移民個人の技能による選別が導入されたことにより，出入国管理政策としての移民レジームには変化の兆しがみられる。これに加え，以下のケースからは，イギリスにおいて，入国後の移民の社会権の扱いとしての移民レジームが，こうした出入国管理上の選別に対応しうる仕組みであることがわかる。

　詳細は第3章で論じるが，イギリスには，「キーワーカー生活スキーム（key worker living scheme）」というプログラムがあり，これにより，就労上，都市部での居住がやむを得ない公共セクターの労働者に対して住宅関連の給付が行われる。このプログラムの対象となるのは，医療，教育，警察という公共セクターの労働者であるが，イギリスでは，公的医療制度である NHS をはじめ，公教育，警察での外国人の雇用が行われていることから，「キーワーカー生活スキーム」の対象には，これらのセクターで就労する移民も含まれている。とりわけ，NHS と公教育では労働力不足が深刻であるなか，こうしたセクターで就業する者には，表1-6にあるように，本来は公共基金として移民法の下で管理の対象となる移民による受給が不可である給付について，国民と同様の社会政策上の受給資格を付与しているのである。

　HSMP の制度化が示唆するのは，移民政策が国境管理という，本来の一義的な目的だけでなく，ホスト国の経済力を高めるための手段としての役割を担うようになったことである。イギリスでは，移民問題はレイシズムの問題に置き換えられるほど，人種やエスニシティが移民をめぐる問題の中心をなしてきた。こうしたなかで，移民は人種やエスニシティのカテゴリーで集団としてとらえられ，個々の移民の能力や技能に主たる関心が置かれることはなかった。その意味では，高度技能移民受け入れ政策の制度化が，集団としての移民から個人としての移民へと，受け入れの基準を転換する劇的な機会を生み出したといえよう。

（2）イギリス型移民レジームの持続と変容

　高度技能移民受け入れ政策の制度化は，イギリス型移民レジームにいかなる

影響を生み出しているのであろうか。本項では，イギリス型移民レジームの目的や役割に生じた変化について論じたうえで，高度技能移民受け入れ政策の制度化以降も，依然としてコモンウェルスの連帯に基づいて開かれた移動の経路が機能していることを明らかにする。

イギリス型移民レジームの変容　第1節で論じたように，イギリス型移民レジームは，大英帝国の歴史に基づくコモンウェルスの連帯を基盤としており，これらの地域の人びとの市民権を保障することで形成された。1948年国籍法が，こうした連帯の仕組みを保障する市民権概念を生み出し，帝国の凋落へと向かうイギリスの求心力を改めてコモンウェルスの下で高めることが期待された。したがって，イギリス型移民レジームは，本来移民を受け入れるための仕組みではなく，イギリスとコモンウェルス加盟国との関係を法的に規定した結果開かれた経路によって形成された。現に，1948年国籍法の制定によってコモンウェルスから大量の移民が渡英することをイギリス本国政府は想定していなかった。20世紀型福祉国家の下で，こうしたイギリス型移民レジームは，次第に移民を受け入れる経路と移民の社会権の保障を狭めるように変容した。これが，2000年代以降は，労働力としての有用性の高い人材を確保するためのシステムへと変容していく。

　高度技能移民受け入れ政策は，労働力としての有用性，ひいては経済発展の観点から労働力として移民を積極的に受け入れる移民政策であった。大英帝国の中心国としての尊厳や誇りという，イギリス型移民レジームの形成を支えてきた理念とは，異なる目的で導入されているのである。これにより，コモンウェルスの連帯を前提としたイギリス型移民レジームに，経済発展を目的とした人材調達という役割が加えられた。こうした出入国管理における移民レジームの変容は，社会権の保障における移民レジームの変容とも関係している。既述のとおり，技能があり，イギリスにとって有用性の高い移民については，社会政策給付を拡大する仕組みが採用されているのである。ここから，図1-1で確認したように，移民レジームの第一段階をなす出入国管理の仕組みと，第二段階の移民の社会権の保障は，相互に影響し合うことが指摘できる。した

表1-9　イギリスの高度技能移民の出身国上位5ヵ国（2011年）

	第一階層該当者（人）	全体に占める割合（％）
インド	2,408	27.8
中国	1,408	16.3
アメリカ	663	7.7
パキスタン	466	5.4
ナイジェリア	401	4.6

出典：Home Office（Migration Statistics）（2013：Table be.06.q）をもとに筆者作成。

がって、技能を有する移民を選別して受け入れる出入国管理政策の下で、こうした移民の社会権を保障する移民レジームへの変容が生じる。コモンウェルスとの関係において、パトリアル概念の採用を契機に、事実上、人種に基づく階層化が出入国管理と社会権上の保障のいずれにおいても進められてきたイギリス型移民レジームにおいて、移民個人の技能に基づく階層化へと階層化の基準に変化が生じている。

イギリス型移民レジームの持続　「新たな」移民の受け入れを目的とした高度技能移民受け入れ政策の制度化以降も、イギリスにおける移民の受け入れは、イギリス型移民レジームの下で開かれた経路を主軸として行われていることが、表1-9から指摘できよう。

表1-9は、2011年にPBSの第一階層として入国した移民の出身国上位5ヵ国を表している。この年の第一階層の移民は全体で8650名であったことから、上位5ヵ国だけで過半数を大幅に上回る数の高度技能移民の受け入れが行われたことになる。もっとも多いインド出身者だけで、実に全体の4分の1を上回る割合を占めている。これに、中国、アメリカが続くが、全体の5％前後を占めるパキスタンとナイジェリアは、インド同様にコモンウェルスに加盟する国である。このほかにも、オーストラリア、カナダ、南アフリカ共和国というコモンウェルス創設当時からの加盟国、すなわち旧コモンウェルスからも、多くの高度技能移民の渡英が行われている。コモンウェルス加盟国からの高度

技能移民が多数を占める背景には，旧植民地であることによる，言語や教育制度をはじめ，さまざまな面での同質性が移住のコストを抑制することに加え，母国よりも渡英による経済的あるいは職業的な機会に恵まれることが期待できるという側面が考えられよう。「新たな」移民を受け入れるにあたり，イギリス型移民レジームの下で開かれた経路を活かすことは，ホスト国イギリスにとっても正のフィードバックを生み出す手段であった。

　高度技能移民受け入れ政策は，イギリスのさらなる経済発展を主眼として採り入れられた政策であり，従来のイギリス型移民レジームの形成を支えてきた，コモンウェルスの中心国としてのイギリスの求心力を強め，帝国の遺構を維持するという目的とは異なる論理の下で制度化した。しかしながら，表 1 - 9 が示すように，その内実は，イギリス型移民レジームの下で開かれた移動の経路を継承した移民受け入れ政策であった。出入国管理の仕組みが変化しても，イギリス型移民レジームの下で，コモンウェルスからの人の移動は絶えず継続しているのである。高度技能移民は確かに「新たな」移民現象であるが，コモンウェルスからの人の移動の継続という点ではイギリスにとって新たな現象ではなかった。

　大英帝国の歴史的遺制を背景に形成されたイギリス型移民レジームは，依然としてコモンウェルスの結びつきに基づく移動の経路を維持している。しかしながら，その持続は，大英帝国あるいはコモンウェルスの連帯という制度枠組みを維持しつつも，内部においてはコモンウェルス市民の市民権概念の変容や，経済発展に資する人材を確保するという，目的の変化を内包している。したがって，歴史的遺制に基づいて形成された移民レジームは絶えず維持されつつも，その経路が果たす役割や意義には変化が生じているのである。

小　　括

　本章では，イギリス型移民レジーム形成の歴史を考察したうえで，その持続と変容を論じた。イギリス型移民レジームは，大英帝国の帝国主義の歴史との

密接な関係のなかで形成された。世界中に植民地を有してきたイギリスは，植民地地域の独立によって公式帝国の衰退に直面するなか，一方ではコモンウェルスの発足を契機に，その中心に位置づけられる国として影響力を維持してきた。イギリスは，独立したコモンウェルス諸国の市民にも1948年国籍法の下で国民同様の権利を保障する市民権概念を選択した。こうしたコモンウェルス市民に対する包括的な権利の付与によって，大英帝国の帝国主義の遺制に基づくイギリス独自の移民レジームが形成された。

　上記の経緯から生み出されたイギリス型移民レジームは，1962年コモンウェルス移民法の導入以降，次第に変容していく。移民法と国籍法によるコモンウェルス市民に対する出入国管理の導入は，イギリスにおける彼らの社会政策の受給権の縮小も射程としていた。こうしたコモンウェルス市民に対する規制は，1971年移民法の下でのパトリアル概念により，事実上，人種に基づいて進められた。これに加え，1993年庇護および移民控訴法の導入以降は，庇護申請者を対象とした出入国管理上の規制と彼らの社会政策受給の厳格化が進められた。1970年代から1980年代前半にかけて，コモンウェルスをめぐって移民レジーム変容の最中にあったイギリスでは，難民や庇護申請者をめぐる移民レジームの厳格化は，ほかのヨーロッパ各国より遅れて進められた。こうして，イギリス型移民レジームは，コモンウェルス市民を対象とした移民レジームの厳格化に加え，難民・庇護申請者を対象に，福祉国家からの移民の排除を肯定するかたちで変容してきた。2000年代初頭の高度技能移民受け入れ政策の制度化では，移民政策に，経済発展を目的とした人材調達という役割が付与されたが，ここでもイギリス型移民レジームの下で開かれた経路が重要な役割を果たした。公用語や教育制度などの同質性が後押しすることで，表1－9で確認したように，高度技能移民プログラムによって渡英する移民の多くは，コモンウェルスの加盟国からやってきたのである。

　上記から，イギリス型移民レジームは，コモンウェルスとの結びつきを基盤としてその経路が持続しており，こうしたイギリス型移民レジームの制度としての強度には，序章で論じたように，ピアソンのいう制度的な粘着性がみてと

れる。歴史的に構築された制度には粘着性があり，一度つくられたイギリス型移民レジームの下での旧植民地からイギリスへの人の移動の経路にも持続が見られた。コモンウェルスからの移民の受け入れは，ホスト国イギリスにとって言語や社会システム上の類似性が受け入れる際の障壁を下げており，この経路を閉ざすことによるコモンウェルス地域との関係悪化や，新たな経路を開拓することによるコストに鑑みればこれらの地域からの移民の受け入れには正のフィードバックが働くことから，こうした経路依存的な移民の受け入れが継続している。

　しかしながら，その持続は，コモンウェルスからの人の移動の経路の制度枠組みを維持しつつ，内部においては移民レジームが果たす役割の変化に伴い，コモンウェルス市民の市民権概念の変容や，「新たな」移民としての高度技能移民の受け入れという重要な変容を内包している。もっとも，ここでいう「新たな」という意味も，とらえ方次第では何ら新しい現象ではないと考えることもできよう。いずれにしろ，こんにちのイギリス型移民レジームは，その制度的な仕組みを持続しつつも，その主な目的は，当初のコモンウェルスの一体性の維持とイギリスの求心力の強化を目的としたコモンウェルス市民の権利の保障から，イギリスの労働市場や経済状況に鑑みて利益につながる人的資源を調達することへと変容している。帝国の論理を後ろ盾に形成されたイギリス型移民レジームに，こんにちでは，経済の論理に応えるための仕組みとして機能することが期待されている。

　したがって，大英帝国やコモンウェルスの結びつきに基づく経路が絶えず開かれながらも，その経路が果たす役割や意義は変化してきた。20世紀型福祉国家の下では，コモンウェルスの一体性の維持を重視するなかで形成されたイギリス型移民レジームは，こんにちでもコモンウェルスからイギリス本国への人の移動を支える仕組みとして機能しつつも，一方で，イギリスの経済的な利益という目的が加わることで，移民レジームに期待される役割や目的には，変化が生じている。

　制度変化の分析にあたっては，何が変化としてみなされるのか，あるいは

「本物の」変化とはいつの変化であるのかを理解することが求められる (Streeck and Thelen 2005：16-18)。こうした点に鑑みれば，重大局面を経ずとも，制度が果たす意義やその目的に漸進的に生じる変化をとりこぼすべきではない。このような，制度の漸進的変化を明らかにした実証研究としては，アメリカの医療保険と年金制度における隠された制度変化を明らかにしたハッカーによる研究が挙げられよう (Hacker 2005：57-68)。ハッカーが言及するように，政策プログラムの廃棄や削減という次元の変化だけでなく，当初の政策目的との一貫性という次元からも制度変化に関する検討を行うことは，制度変化の本質を知るうえで有効な手段と考えるべきである (Hacker 2005：68-76)。ハッカーが，アメリカの医療保険と年金制度における隠された制度変化を考察するうえで提示した制度変化のモデルは，廃棄 (elimination) と置換 (replacement) に加え，隠された制度変化を表すドリフト (drift)，重層化 (layering)，転用 (conversion) である (Hacker 2005：48)。これらのモデルのなかでも，イギリス型移民レジームにみられる漸進的変化は，制度の目的に生じる変化を指摘する転用のケースとしてとらえることができよう。

　制度変化の視点として，上記の転用の概念を組み入れたのは，セーレン (Thelen 2003) であるが，セーレンによれば転用とは，「ある目的を念頭に置き設計した制度を，ほかの目的にあてること」すなわち，「既存の制度を，新たな意味や新たな目的のために用いること」を意味する (Thelen 2003：228)。コモンウェルスの中心としてのイギリスの求心力強化を目的に制度化した1948年国籍法のいわば副産物として形成されたイギリス移民レジームは，他国のように労働移民を受け入れるために開かれた経路ではなく，1948年国籍法がコモンウェルス市民の市民権を保障した結果，コモンウェルス市民のイギリスへの移動が保障されたことで開かれた経路であった。ゆえに，移民法とイギリス国籍法の形成と関係していたことから，移民法と国籍法の緩やかな再編とともに漸進的に変化してきた。ゲスト・ワーカー制度のように労働移民を受け入れるための仕組みではなかったことから，制度の廃棄による移民レジームのドラスティックな転換は生じなかった。こうした変化のなかで，こんにちでは帝国の

遺産に基づくコモンウェルスの一体性の維持から，イギリスの経済，社会にとって有用性の高い人材を調達することがもっとも重要な位置づけとなり，イギリス型移民レジームの下で開かれた経路は，新たな目的を担う制度へと転用されている。

　歴史的新制度論における制度変化に関する分析から言及されるように，制度は外生的ショックによって劇的に変化するだけでなく，外形を維持しつつ内部においてその目的や意義が漸進的にも変化するのである。本章で考察したイギリス型移民レジームにも，コモンウェルスから移民を受け入れる経路の強度の一方で，その目的や意味合いには変化が確認できる。

　このように，歴史的遺制によって維持されてきた移民レジームの経路が果たす目的や意義に変化が生み出されるのはなぜか。これを検討するために，次章では，福祉国家の政治経済制度の体系である福祉レジームに着眼する。福祉レジームが移民の受け入れをどのように規定するのかを分析することで，こうした移民レジームが果たす役割に変化を促す福祉国家の政治経済的要因を明らかにする。

注

(1) 自由貿易帝国主義論については，毛利（1978），竹内（2011），Thompson ed.（2012）に詳しい。また，秋田（2012：103-107）でも，自由貿易帝国主義論の論点を簡潔にまとめている。
(2) 植民地独立による公式帝国の解体と，一方で進展する非公式帝国とコモンウェルスの膨張に関しては，小川（2009：25-33）に詳しい。
(3) 以上のコモンウェルス発足に関する記述は，日野原（2010：345-346）の一部と一致する。
(4) 1948年国籍法下での，コモンウェルス市民権の成立に関しては，Karatani（2003：116-126）に詳しい。
(5) 1948年国籍法制定の背景に関する以上の記述は，日野原（2010：346）に基づく。
(6) フランス植民地帝国の解体から連合体への移行については，平野（2002：287-301）に詳しい。
(7) 1962年のアルジェリア独立後は，1962年3月にフランスとアルジェリアとの間で

締結されたエヴィアン協定の下で,双方の在外自国民に対して自由な往来が認められた(渡辺 2009：40)。ただし,二国間での協定であり,旧植民地全体を対象とした移動の自由を保障する協定ではない。

(8) ゲスト・ワーカー(guest worker)という表現は,ドイツへの一時的な出稼ぎ労働者を指す'Gastarbeiter'という表現に基づいている。ドイツを除く各国における,同様の移民労働者受け入れ制度については,必ずしもゲスト・ワーカーとは表現しないが,ここではゲスト・ワーカー制度と同様な単純労働者受け入れ制度であることから,国を問わずゲスト・ワーカーと表記している。

(9) 帝国主義の歴史がイギリスにおける独自の市民権概念を生み出したことを,'Imperial citizenship'という言葉で説明した先行研究としては,Gorman (2006) がある。

(10) なお,第二次世界大戦以前のイギリスでは,リヴァプールやカーディフ,マンチェスター,ロンドンのイースト・エンドで,カラードの新コモンウェルス出身者による小規模な定住はすでに行われていた。これらは,第一次世界大戦中に植民地の船員が定住していた地域であり,その後も彼らが継続して定住することでこうしたコモンウェルス出身者による定住地域となった。Layton-Henry (1985：91) 参照。

(11) 君主の存在を否定する共和制は,コモンウェルスの共通概念である「イギリス国王に対する共通の忠誠」と相容れない概念であるため。

(12) 西インド諸島では,19世紀後半以降,仕事を求めた移住が積極的に行われてきた。彼らの大規模な流入に直面してきたアメリカでは,1952年に移民規制法であるマッカラン法を制定し,ジャマイカからの移民を年間100名までとする措置を採ることで,事実上,西インド諸島からの移民を締め出した。富岡 (1988：22) 参照。

(13) 従来,社会保障上の受給資格と納税義務はいずれも通常居住を要件としてきたが,納税の義務については,2013年財政法案を受けて2013年4月6日から導入された法定居住判定テスト (SRT) に基づき,通常居住地から居住地へとその要件に変更が生じている。これは,通常居住地という概念には一貫した定義がないなか,税務上誰にどれだけの納税義務や控除の資格があるのかを明確化する目的で導入されたものである。課税年度内のイギリス国内における居住日数や就労日数に基づく基準を設けることで税務上の居住という概念の明確化を図るもので,社会保障上の受給資格には影響のない変更である。

(14) 「定住地 (domicile)」には,出生によって生じる本籍地という意味と定住する意思をもって選択した本拠地という意味が含まれる。いずれの意味においても,「定住地」は新たに申請することは難しいが,通常居住地は居住の実態に応じて変更可

能である。Chapeltown Citizens Advice Bureau Tribunal Assistance Unit and Harehills and Chapeltown Law Centre（1983：55）参照。

(15) 後述する1981年国籍法の下で，完全な市民権を保障されたイギリス市民は，1971年移民法の下で居住権を保障された者と一致する。したがって，1981年国籍法の制定以降，公共基金要件は，事実上，国籍法上の完全な市民権を保障された者にのみ，イギリス福祉国家の社会保障受給の完全な権利を保障するための要件として機能している。このことからは，公共基金要件が，イギリス福祉国家の受給資格を国民のみに限定する要件として機能していることが窺われる。

(16) ここで，基本的にとしている背景には，わが国の公的扶助制度である生活保護の受給が，事実上，日本国民を除くと特別永住者のみに開かれているという事情がある。しかしながら，日本では，帝国崩壊後にイギリスにおけるコモンウェルスとの関係，あるいはフランスにおける旧植民地からの出稼ぎ労働者の受け入れのような移民レジームは形成されていない。特別永住者に対する上記の措置は，旧帝国の遺制に違いないが，イギリスやフランスのような旧植民地からの人の移動の経路は生じなかった。

(17) 保守党政権下で1950年代以降行われてきた，コモンウェルスからの移民の規制に関する議論に関しては，Dean（1992）に詳しい。

(18) 1962年コモンウェルス移民法の下での，コモンウェルス市民の地位の整理に関する以下の記述は，Great Britain（1968：25-29）に基づく。

(19) 1962年コモンウェルス移民法以降の移民法の変遷に関する記述は，日野原（2010：346-348）に基づく。

(20) パトリアルとは，ラテン語の「父」や「祖国・故郷」に由来し，英国と「密接な関係をもつ者」を含意しており，法的な内容としては，「居住権（right of abode）をもつ者」を指すという含意が与えられている（樽本 2012：86）。

(21) 詳細については，Layton-Henry（1992：104）およびMeyers（2004：69）を参照されたい。

(22) 1981年国籍法の下での国籍概念の整理については，Great Britain（2006：180-214）を参照した。なお，イギリス属領市民（British dependent territories citizens）とその市民権（British dependent territories citizenship）は，現在ではBritish oversea territories citizens，およびBritish oversea territories citizenshipに名称が変更されている。また，1985年の香港法（Hong Kong Act 1985）ではイギリス国籍者で香港居住者に，イギリス国民（海外）すなわち（British nationals〔overseas〕）の地位が誕生している。

(23) 以下の内容については，Boswell（2003：53-54）を参照した。

⑭　ドイツ以外にも，当時の西ヨーロッパ各国では，フランス，ベルギー，スイス，オランダ，オーストリアなどで，ドイツのゲスト・ワーカー制度同様の単純労働の出稼ぎ労働者の受け入れ制度は採用されていた。一方で，イギリスでは，こうした大規模なかたちのゲスト・ワーカー制度は採用されてこなかった。詳細については，Boswell（2003：10-12）を参照されたい。イギリスで行われた同様の制度は，「ヨーロッパ自由労働者（European Voluntary Worker，以下 EVW と略す）雇用計画」に限られる。EVW 雇用計画では，難民キャンプとイタリアからの男性労働者を主体にして 9 万人を雇用したが，他国で行われたゲスト・ワーカー制度に比べて規模も小さく，期間も第二次世界大戦後から1951年までと短かった。カースルズ・ミラー（2009＝2011：128）参照。

⑮　1989年まで，イギリスの庇護申請者数は年間5000件以下で，これは同じ時期の西ドイツにおける申請者数のわずか10分の 1 であった。詳細に関しては，Boswell（2003：57）を参照されたい。

⑯　移民法上の管理の対象となる者の「給付からの排除」は，1999年移民および庇護法の Section115に設けられている。

⑰　なお，無拠出制給付にあたる社会手当のなかには，勤労税額控除や年金クレジットなどの所得制限のある給付もあるが，これらの所得制限は，資産状況の調査なども含む資力調査とは異なり，所得だけを対象とした調査となるため，資力調査つき給付とはわけられる。

⑱　欧州経済領域（European Economic Area，以下 EEA と略す）の域外出身者については，滞在 6 ヵ月未満の場合は通常の治療費の1.5倍の負担を求める見通しであることが，2014年 7 月14日に保健省（Department of Health，以下 DH と略す）から発表され（DH 2014），2015年 4 月から 6 ヵ月を越えて滞在する場合もビザの申請時に「移民医療課徴金（immigration health surcharge）」の支払いが課されている。

⑲　イギリスにおいて，移民の規制は1905年外国人法以降，主要政党間で共通認識として合意の採れた政策となっており，そのため移民政策は超党派的な政策として，政治的なメインストリームの場から排除されてきたという説がある。詳細については，Sales（2007：153-155）を参照されたい。

⑳　歴史的に，極右勢力の顕著な台頭が確認されてこなかったイギリスであるが，BNP のほか，2009年に創設された極右団体の EDL（England Defence League ＝ イングランド防衛同盟）などの極右勢力の活動が活発化している。

㉑　点数に基づく各国の移民政策の詳細については，Papademetriou et al.（2008：7-9）に詳しい。

⑶2 2017年4月改定の「永住許可に関するガイドライン」の下では，点数に応じて高度技能移民の無期限在留資格取得にかかる在留年数が5年から3年ないし1年へと短縮されるなど，移民の能力に応じた選別はわが国でも進行している。

⑶3 いわゆるゲスト・ワーカーのように，労働力として大規模に移民を受け入れる仕組み自体は，イギリスが世界に先駆けて導入しており，産業革命の時代には，多くのアイルランド人がイギリスの産業発展を支えていた。詳細はCastles and Kosack（1973：16-17）を参照されたい。

⑶4 2011年現在のデータで，オーストラリア出身の高度技能移民は164名，カナダは156名，南アフリカ共和国は117名であった（Home Office 2013：Table be. 06. q）。

第2章
福祉レジームが規定する移民の受け入れ

　本章では，第1章で提示したイギリス型移民レジームと，福祉国家の政治経済の仕組みを表す福祉レジームとの関係を考察する。序章でも提示したように，本書では，福祉レジームを，社会保障や社会福祉サービスに関する制度からなる福祉レジームと，雇用政策や雇用保障制度からなる雇用レジームの双方を射程とした広義の概念として位置づけている。後述するように，脱商品化と商品化，すなわち社会保障給付と雇用の両輪からなる生活保障のあり方の多様性を理解するうえで，福祉レジーム論を取り上げる。第1章の図1-1で確認したように，本書では，移民レジームを出入国管理の仕組みと移民の社会権保障のあり方という，相互に影響し合う二つの要素からなる概念として位置づけている。第1章で提示した移民レジームと，本章で取り上げる福祉レジームによって規定される移民の受け入れは，図2-1に示されるように，密接に関係する概念である。以下では，図2-1に示される，移民レジームと福祉レジームが規定する移民の受け入れのパターンとの関係を説明することで，本章の概要を示す。
　移民レジームにおける移民の社会権の保障と，福祉レジームが規定する移民の脱商品化の程度は，いずれも移民に対する社会保障給付のあり方を表している。したがって，移民レジームの第二段階を構成する要素とホスト国の福祉国家の脱商品化の程度が，移民に対する社会保障給付のあり方を規定する。福祉レジームは，こうした脱商品化の仕組みと表裏一体の商品化の仕組みについても規定する。雇用条件の形成，すなわち商品化の条件の整備は，移民の場合には，移民レジームの第一段階をなす出入国管理とも密接に関わる。難民・庇護申請者や家族再統合など，労働力としての受け入れでない場合はその限りでは

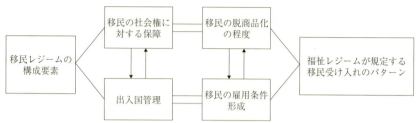

図 2-1　移民レジームと福祉レジームが規定する移民の受け入れとの関係
出典：筆者作成。

ないが，たとえば，ゲスト・ワーカー制度や高度技能移民受け入れ政策などの労働移民受け入れのように，出入国管理の仕組みと移民の雇用条件には，明らかに連続性があるためである。就労を目的とした移民は，移民自身の労働力としての資質とそれに伴う労働市場における彼らの労働者としての地位に左右される。図2-1に表されるように，とりわけ労働移民については移民レジームと福祉レジームが影響し合うなかで福祉国家と移民との関係が形成される。

本章では，移民に対する脱商品化と商品化の条件の整備，すなわち移民の社会保障と雇用条件の形成が，ホスト国の福祉国家の仕組みによっていかに異なるのかを，福祉レジーム論に依拠して分析する。これにより，第1章で論じた，イギリスの歴史的な独自性の下で形成されたイギリス型移民レジームと，福祉レジームによって規定される移民の受け入れとの関係を考察する。とりわけ，福祉レジーム論においてイギリスが属する自由主義レジームに着眼し，福祉国家の政治経済と移民の受け入れとの関係を明らかにする。

20世紀型福祉国家の下での福祉レジームと移民の受け入れとの関係を提示したうえで，ポスト20世紀型福祉国家についても同じように検討する。第1章で提示した，こんにちのイギリス型移民レジームの下で進められる「新たな」移民の受け入れを，ポスト20世紀型福祉国家における自由主義レジームが規定する移民の受け入れのパターンとして考察する。

1　福祉レジーム論とイギリス福祉国家

　本節では，福祉レジーム論における比較福祉国家の視座を理解するとともに，イギリス福祉国家の概観をとらえる。次節で，イギリスを中心的な対象として福祉レジームが規定する移民受け入れのパターンを考察するうえでも，福祉レジーム論の概要と，イギリス福祉国家の位置づけを確認することからはじめる。

　福祉国家研究のこれまでの理論系譜を振り返ると，ウィレンスキー（1975＝1984）による産業主義理論や，コルピ（Korpi 1978）の権力資源動員論，ゴールドソープ（1984＝1987）による収斂の終焉論，グローバル化に依拠する新しい収斂論や制度を重視する分岐論へと時代ごとにさまざまな理論が台頭してきた。そのなかでも，エスピン＝アンデルセンによる福祉レジーム論は，福祉国家研究のみならず，広く社会科学全般にとってエポック・メーキングな研究といえよう。現在の福祉国家研究も，その多くが彼の研究を念頭に置いたうえで出発していることに加え，各国の政治経済的な多様性を理解するうえでも有用性を備えた理論である。

　本節ではまず，エスピン＝アンデルセンによる福祉レジームの類型を確認する。そのうえで，本書の分析対象であるイギリス福祉国家の福祉レジーム論における位置づけを確認する。政治経済的観点からの比較福祉国家の視角を確認し，社会政策，社会保障の理念を踏まえてイギリス福祉国家の概観をとらえる。

（1）福祉レジームの指標と類型化

　本項ではまず，本書における福祉国家の位置づけについて提示する。福祉国家に多様性が生み出される背景を，福祉国家という制度の位置づけから明らかにし，そのうえでエスピン＝アンデルセンによる福祉レジーム論の下での指標と，それに基づく類型を提示する。

福祉国家の定義　第二次世界大戦後の福祉国家の発展期のイギリスで，福祉国家研究に取り組んだD．C．マーシュは，漠然と理解され

てきた福祉国家（welfare state）について，その本質や実践，問題点を含めて体系的に理解する作業を行った。マーシュによれば，「福祉国家を，社会サービスを主要な（もしくは唯一の）関心事とする国家であると説明するならば，イギリスで起こってきた事実を誤って伝えることになる」という（Marsh 1980：26）。これはつまり，福祉国家は，社会サービス供給を一義的関心事とする国家や，民主社会主義政権の国家だけの独占物ではないことを意味している（岡田1984：43-44；毛利 1984：214-215）。社会サービスに関する何らかの政策をもつ国家には，社会主義の影響がなくとも，いずれも福祉国家としての性質が備わっているのである。したがって，各国の社会サービスに関する一側面を指して福祉国家ということができよう。

　上記の見解に立って福祉国家について検討すると，社会サービスの特徴は，国ごとの社会保障に対する理念や，その理念を基盤に生み出される政策や制度によって異なることから，各国の福祉国家には多様性が生まれることが想定できよう。マーシュはイギリスの研究者であり，彼が議論の前提としたのはイギリス福祉国家であったが，社会保障に手厚い国だけを福祉国家ととらえるのではなく，国家の社会サービスに関する機能を指して福祉国家とらえることは，各福祉国家を理解するうえでも同様である。イギリスに限らず，各福祉国家も，それぞれの国がもつ社会サービスのあり方からその特徴を理解することができよう。こうした各国の社会サービスの多様性が，比較福祉国家の視座をもたらす。以下では，福祉国家の多様性を考察するための類型を，エスピン＝アンデルセンの福祉レジーム論に沿って確認する。

エスピン＝アンデルセンの福祉レジーム論

　上記の背景から，福祉国家とは単一の形態の制度を指し示すのではなく，多様な福祉国家のあり方が生み出される。このような福祉国家の多様性を，福祉レジームという概念によって論じたのがエスピン＝アンデルセンである。エスピン＝アンデルセンは，著書『福祉資本主義の三つの世界』において，三つの福祉（国家）レジームの類型を提示することで，各福祉国家の多様性を提示するとともに，先進諸国の福祉国家のクラスター化を明らかにした。彼が福祉国家ではなく福祉（国家）レ

ジームという概念を用いる理由は,「先進諸国がクラスター化されるとすればその分岐点は,伝統的な意味での社会福祉政策がどのようにかたちづくられたかという点のみならず,国家が雇用や社会構造全般にいかに影響を及ぼしているかという点に求められるため」である（エスピン＝アンデルセン 1990＝2001：2）。すなわち,各福祉国家に多様性を生み出す要因は,各国の社会福祉に関する規範や伝統だけでなく,社会福祉政策と結びつく雇用政策や経済政策,さらにはこれらの政策に関する国家の方針を決定づける政治などが考えられる。したがって,福祉レジームは社会保障や社会サービス給付に限らず,福祉国家を取り巻くさまざまな制度の体系としてとらえるべき概念である。

　このような福祉レジームの類型化にあたり,指標となるのが,脱商品化,階層化,脱家族化である。まずは,これらの指標の意味を確認する。

　エスピン＝アンデルセンによれば,脱商品化効果を有している福祉国家とは,「少なくとも市民が仕事,収入,あるいは一般的な福祉の受給権を失う可能性なしに,必要と考えたときに自由に労働から離れることができる」という条件を備えていなければならない（エスピン＝アンデルセン 1990＝2001：24）。すなわち,脱商品化とは,個人が市場参加の有無にかかわらず社会的に認められた一定水準の生活を維持することがどれだけできるか,というその程度を表す（エスピン＝アンデルセン 1990＝2001：41）。ゆえに,脱商品化指標が高い福祉国家とは,労働市場から退出する権利と社会保障の受給資格が同時に保障される福祉国家を意味する。

　第二に,階層化である。階層化とは,社会階級に基づく垂直的な序列のことである。福祉レジームの指標としての文脈では,これに基づいて適用される福祉国家のプログラムが異なることを意味する。すなわち,階層化指標が高い福祉国家では,福祉国家のプログラムは残余的であり,選別主義の傾向が強く,万人に普遍的に提供される仕組みにはなっていない。たとえば,スティグマを伴う資力調査つきの社会扶助は明らかに階層化を目指したものである（エスピン＝アンデルセン 1990＝2001：25）。

　第三の指標は,脱家族化である。脱家族化とは,子ども,高齢者,身体障害

表 2 - 1　福祉国家の三つの類型

福祉レジーム	脱商品化	階層化	脱家族化	重要な社会セクター
自由主義	低	高	中	市場
保守主義	高	高	低	家族
社会民主主義	高	低	高	政府

出典：宮本（2004b：188）。

者のためのケアや，クリーニング，アイロンかけ，あるいは家庭管理といった，伝統的な無給の家事労働を外部化することであり（エスピン＝アンデルセン 2001：99），女性の経済的自立と関連する指標である。脱家族化指標については，『福祉資本主義の三つの世界』では類型の指標として用いられていなかった。この指標を欠いた類型は，男性稼ぎ主を柱とした家父長制に基づく家族形態を与件としており，社会における女性の自立を想定していない。これに対しジェンダー研究者やフェミニストからの批判が募り，その後指標として組み込んだという経緯がある[1]。この指標が加わったことで，福祉レジームの類型は，女性の社会化を考慮した類型へと発展した。

以上，福祉レジームを類型する際に用いられる三つの指標を確認したところで，福祉レジームの類型を確認する。

前掲の三つの指標に基づき，表 2 - 1 に沿って各福祉レジームの類型を確認する。第一に，自由主義レジームである。アメリカやカナダをはじめとしたアングロ・サクソンの国がその代表として位置づけられる自由主義レジームは，脱商品化水準の低い福祉国家として位置づけられているが，これは，重要な社会セクターとして市場が機能していることと関係している。また，自由主義レジームでは階層化が進んでおり，純粋な貧困者だけを政府援助の対象とするニーズ調査指向型アプローチに強くこだわっている（エスピン＝アンデルセン 2001：72）。ここから得られる帰結は，社会的スティグマを伴う社会の二重構造化である。既述のとおり，階層化の代表的手段は資力調査であり，自由主義レジームでは福祉プログラムの供給はこうした選別的手法に立って行われる。

第二に，ドイツやフランス，イタリアなどの大陸ヨーロッパの国が該当する保守主義レジームである。保守主義レジームにみられるもっとも顕著な特徴は，

脱家族化指標の低さである。既述のとおり，これはジェンダー研究者やフェミニストからの批判に対応するかたちで組み込まれた指標である。保守主義レジームでは，伝統的な家事労働は家庭内に埋め込まれており，女性の社会進出は進んでおらず，重要な社会セクターは家族となる。したがって，社会サービス供給における政府の役割はあくまでも家族の補完的役割を果たすことである。

　第三は，スウェーデンやノルウェーをはじめとした北欧諸国があてはまる社会民主主義レジームである。これを理解するうえで重要なのは，脱商品化指標が高く，階層化指標が低いという特徴である。これらの特徴によって，万人が平等に福祉プログラムの下に包摂される普遍主義の福祉国家が形成されている。また，世帯向けの社会サービスの提供は国家が中心となって行い，公共セクターにおける雇用も活発であることから，社会サービス供給の点でも雇用創出という点でも国家が福祉国家の中心的役割を担い，重要な社会セクターは政府となる。したがって，大きな政府の下で手厚い福祉を万人に提供する福祉国家が形成される。

　上記の三つの福祉レジームの類型を，福祉受給権の画定基準の違いから考察すると，それぞれの福祉レジームの下で形成される福祉国家の目的や位置づけをより明確に理解することができる。シャルフとシュミットによれば，各福祉レジームでは，福祉の受給原則（claiming principles）を以下のように定める傾向がある（Scharpf and Schmidt 2000：11）。

　まず，自由主義レジームでは，ニードに基づく残余的な福祉国家が形成される。自由主義レジームでは，市場がもっとも重要なセクターに位置づけられ，社会サービスの供給もその大部分が市場を媒介して行われる前提に立っている。こうした市場原理の下で，福祉国家の役割は最低限のニードへの対応に絞られる。保守主義レジームでは，男性稼ぎ主の就労，すなわち，一家の大黒柱による職域ごとの社会保険への加入を前提に，福祉国家が機能する。したがって，福祉受給の対象は社会保険への加入が可能な労働者とその家族が想定されており，保険加入によって負担を共有する共同扶助の概念が福祉受給の対象を決定づける。最後に社会民主主義レジームでは，市民権の保障を居住実態に合わせ

ることを前提に福祉国家が機能している。居住者に平等に普遍的な権利を保障することから，万人を福祉受給の対象者とする普遍主義的福祉国家の維持が図られている。

福祉レジームと雇用レジーム　社会保障や社会サービス給付の多様性は，各福祉国家における雇用のあり方とも密接に関わる。福祉レジーム論は，脱商品化の程度，すなわち社会権保障の厚さに一義的関心を置くことで福祉国家の類型を提示するが，脱商品化指標に基づく類型は，結果的に商品化，すなわち雇用の仕組みに関する各福祉国家の違いを浮き彫りにすることにもなる。福祉国家は，脱商品化と商品化，すなわち社会保障と雇用が相互補完的に機能することで維持される制度である。したがって，上記の社会保障給付に基づく福祉レジームの多様性の下で，同時に，各福祉国家における雇用制度の多様性，すなわち雇用レジームが生じている。[2]

　自由主義レジームでは，脱商品化指標の低さが保護法制の脆弱な労働市場における非正規や低賃金労働の拡大と結びつくこととなる。保守主義レジームにおける脱商品化指標の高さは，家庭と企業の福利厚生，すなわち家族主義とコーポラティズムによって支えられており，これによって女性の労働市場参入は抑制されてきた。社会民主主義レジームにおける脱商品化指標の高さは，国家が中心となって社会保障や社会サービス給付に取り組むことで生み出されているが，こうした公的な社会サービスを供給する労働者の雇用主として，国家は大規模雇用を創出する役割も果たす。すなわち，社会民主主義レジームでは，保育や介護を公的サービスとして運営し，その供給の担い手を公務員として雇用することで，国家は社会サービスの供給を公的に保障すると同時に国家による雇用保障も進められている。

　社会保障と雇用の両輪からなる生活保障のあり方を規定するのは，狭義の福祉レジームだけでなく，雇用や労働市場に関わる制度や政策も決定的に重要なのである（宮本 2008：21）。本書では，狭義の福祉レジームをなす社会保障や社会サービス給付の仕組みに加え，それと補完関係にある雇用レジームも踏まえて，図2－1に示したように，福祉国家における社会保障と雇用との関係が，

移民レジームと影響し合うことでどのような移民の受け入れが行われるのかを考察する。

　以上，三つの指標に基づく福祉レジームの類型を，その特徴から論じた。福祉国家とは手厚い社会保障制度を有する国だけを指すのではなく，各国における多様な社会サービス供給制度のあり方やそれに付随する雇用の仕組みの総称である。このことから，福祉国家にはさまざまな形態が存在しており，エスピン＝アンデルセンによる福祉レジームの類型論は，まさにこうした比較福祉国家の視点を提供する理論である。福祉国家と一口にいっても，その目的や機能には差異があり，福祉レジームの類型化によって，こうした福祉国家の多様性をみることができよう。

(2) 福祉レジーム論のなかのイギリス福祉国家

　本項では，福祉レジーム論におけるイギリス福祉国家の位置づけを確認する。イギリス福祉国家と移民との関係を福祉レジーム論に基づいて分析するうえでも，ここでイギリス福祉国家の福祉レジーム論における位置づけを明確にしておく。

イギリス福祉国家の範囲　まずは，連合王国であるイギリスの福祉国家をどのようにとらえるのか，本書におけるその前提を示す。序章でも述べたように，イギリスは，イングランド，ウェールズ，スコットランド，北アイルランドという四つの地域からなる連合王国である。各地域には自治が認められていることに加え[3]，宗教や言語的なアイデンティティは地域ごとの独自性が強固であり，個別の社会保障制度については各地域に権限が付与されているケースもある[4]。したがって，福祉国家といっても，個別の制度ごとにみていくと，すべてが連合王国レベルでの単一の制度として統一されているとは一概にはいえない。

　しかしながら，それぞれにアイデンティティの強い地域のまとまりからなるイギリスでは，第二次世界大戦以降発展を遂げた福祉国家が，地域を越えた，あるいは階級を横断した「イギリスの（British）」ナショナリズムを構築する

ための仕組みとして機能してきたことが指摘される（Béland and Lecour 2008：107）[5]。イギリスでは，福祉国家という制度が自律的な四つの地域をひとつにまとめることで，連合王国を支えてきた。とりわけ，後述するイギリス福祉国家が有する普遍主義の特徴は，連合王国に属する人びとの間の，人種や宗教，言語，あるいは階級というさまざまな側面における多様性を越えた統合の手段としての役割を，福祉国家に背負わせるものであった。以上から，本書でイギリス福祉国家という場合，連合王国の分権性を前提とした個別の政策における地域ごとの違いに着眼するのではなく，イギリス連合王国における，地域や階級を横断したイギリスのナショナリズムを支える制度としての福祉国家の全体的な仕組みとして位置づけることとする。

アメリカ福祉国家との比較

エスピン＝アンデルセンも指摘するように，福祉レジーム論におけるイギリスの位置づけはきわめてあいまいである[6]。他方で，中道左派政権であったニュー・レイバーの政治を経ても，依然として自由主義の福祉国家が維持されているという見解もある（Taylor-Gooby and Larsen 2004：55）。福祉レジーム論は，マクロ的な観点からの類型を提示する理論であることから，すべての福祉国家がいずれかの福祉レジームと完全に一致する特徴を備えているとはいえない。実際，この類型に完全にはあてはまらない福祉国家の存在から，福祉レジーム論にはさまざまな批判や疑問も投げかけられている。

たとえば，女性の労働力動員の程度を指標として用いることで，4類型の比較福祉国家論を提示しているシーロフ（Siaroff 1994）や，第4の類型として家族主義レジームを提示するキャッスルズの研究（Castles 1985）のほか，イタリア，スペイン，ポルトガル，ギリシャという南欧諸国に光をあてることで，南欧モデルの福祉レジームに言及したフェレーラの研究（Ferrera 1996）などが挙げられる。レジームによる類型化という単純化の作業にあたっては，すべての国の福祉国家をいずれかの福祉レジームに完全に該当するものとして理解するには限界があることから，逸脱のケースの存在に光をあてることで，上記のような批判や疑問が生じることは自明である。

自由主義レジームの代表国として挙げられるアメリカと比較すると，イギリス福祉国家も自由主義レジームとは異なる特徴をもつ。たとえば，公的扶助の水準に関して，アメリカでは，使用目的が限られる現物給付であるフード・スタンプ（Food Stamp）を除いて[7]，連邦政府による全住民を対象とした包括的なセーフティネットは構築されていない。医療制度についても，民間の医療保険への加入が一般的であり，公的医療制度は，高齢者と障害者を対象としたメディケア（medicare）と，低所得者を対象としたメディケイド（medicaid）に限られている。そのため，これらの公的医療制度の対象とはならない者は，自らあるいは使用者を介して民間の医療保険に加入することになる。しかし，保険料の支払いをためらい民間保険に加入しない無保険者が国民の6人に1人の割合に上り，このことが重大な社会問題と認識されてきた。こうしたなかで，2008年に誕生した民主党オバマ政権は医療制度改革に取り組み，2010年に患者保護および医療費負担適正化法，通称オバマケアが成立した。しかしながら，オバマケアは公的医療制度によって無保険者問題に取り組むのではなく，民間保険会社が競売する保険への加入を義務づけるものであり，市場に委ねる従来の自由主義レジームの継続が窺われる。

一方でイギリスでは，全住民を対象とした公的扶助が整備されているほか[8]，NHSが公的医療制度として全住民を対象に医療サービスの提供を行っている。

上記の比較からは，アメリカ福祉国家はきわめて階層的であり，自由主義レジームとしての位置づけが確固たるものであり，イギリス福祉国家には普遍主義の性質が備わっていることが窺われる。確かに，イギリス福祉国家の岐路となったベヴァリッジ報告において，普遍主義の立場に立ったナショナル・ミニマムの保障が提言され，こうしたベヴァリッジ報告の下での社会保障のあり方がイギリス福祉国家の礎を築いた。

しかしながら，NHSについてもシステムとしては普遍主義に立脚していても，その実態には，待機リスト（waiting list）問題にみられるように，即座にサービスを受給できないという意味での選別が少なからず生じている。このほか，イギリス福祉国家は，その創設の基礎では自由主義的な理念に基づいて創

設された制度でもあった。これは，イギリスにおける社会政策，ひいてはイギリス福祉国家の源流ともいうべきエリザベス救貧法以降のイギリス福祉国家の前提である。以下では，救貧法の下での社会福祉の理念を確認することで，イギリス福祉国家が，その形成段階では自由主義の理念に依拠していたことを確認する。

自由主義的福祉国家の源流　16世紀後半以降進められてきた救貧制度の拡充は，1601年のエリザベス救貧法をその集大成に，イギリス福祉国家の起源として位置づけられてきた。1601年エリザベス救貧法では，貧民を，稼働能力のある者，稼働能力のない者，児童の三つに分類し，教区（parish）を単位として，治安判事が任命した救貧監督官によって，これらの貧民の就労の監督や救済が行われた。当初，エリザベス救貧法は治安の維持を目的に成立しており，窮乏や失業という社会の不安定化を背景とした治安悪化への対策として制度化した。稼働能力のある貧民には就労の機会を提供しつつも，高齢や病気で稼働能力のない貧民には救貧税による救済の措置を講じたことで，結果的にイギリスにおける公的扶助制度の起源となったばかりか，世界的にみても社会福祉制度の嚆矢と位置づけられる。

エリザベス救貧法はたび重なる改正の末，1834年にはマルサスの思想を反映した新救貧法へと移行した。新救貧法は，貧困を個人の道徳的責任とみなし，貧困者に対する公的な救済は最下層の労働者の賃金を下回るという，劣等処遇の原則に立った給付が行われた。新救貧法では，エリザベス救貧法よりも自己責任の概念が強調され，公的扶助の受給対象の絞り込みが行われた。貧困者の稼働能力の有無を峻別し，稼働能力のない者には救貧措置を行う一方で，稼働能力のある者には労働を強制するという，選別主義の理念は，救貧法の制定以来のイギリス福祉国家の伝統であるといえよう。こうした，救貧法に由来する選別主義的な社会福祉制度が，資力調査を伴う給付を中心とした社会保障の拡充とも結びついてきたのである。

したがって，イギリス福祉国家はその基本理念に鑑みれば，福祉レジームの三つの類型のなかでは自由主義レジームとの親和性がもっとも高い。イギリス

第**2**章　福祉レジームが規定する移民の受け入れ

では歴史的に，非営利のボランタリーセクターであるチャリティ（charity）が，政府による公的な救済を補完するかたちで社会福祉の担い手として機能してきた。こうした補完的組織が，こんにちでは，後述する福祉多元主義の展開を支える役割を担っている。このような組織が伝統的に機能してきたことも，公的な救済を最小限に抑えるという救貧法の前提を支えてきたひとつの要因である。

　イギリスの場合，普遍主義的福祉国家としての特徴は，NHSの存在によるところが大きい。NHSは，1946年国営医療サービス法（National Health Service Act 1946）を受けて1948年に創設された，財源の大部分を租税で賄う公的医療制度であり，イギリスにおける戦後の福祉国家建設を象徴する制度である。租税を財源とした医療サービス供給という創設当時の仕組みが現在でも維持されている。NHSは，イギリス国内に居住する全住民が，無料あるいは少額の自己負担で医療サービスを受給できる制度であることから，この制度には普遍主義の理念に立った福祉国家の一面がみられる。しかしながらその一方で，受診や手術を即座に受けることができないという待機リスト問題を考慮すると，必ずしも万人に普遍的な医療サービスへのアクセスが保障された制度ともいえない。

　先述のとおり，イギリスにおける第二次世界大戦以降の福祉国家建設の礎を築いたベヴァリッジ報告にも，普遍主義の理念は反映されている。ベヴァリッジ報告の下で提言された，社会保険に基づく社会保障制度の樹立は，被保険者の範囲とニーズに関する包括性という原則を基本理念としていたのである（毛利 1984：237-238）。均一拠出，均一給付の社会保険原則に基づき，失業や疾病，業務災害，退職，死亡など人びとが直面するあらゆるリスクに対応可能な全住民を対象とした制度であり，万人にナショナル・ミニマムを保障する普遍主義の理念に立った社会保障が提言された。このように，ベヴァリッジ報告には，普遍主義の理念が含まれている（Anttonen and Sipilä 2012：22）。

　しかしながら，イギリスにおける社会福祉制度は自由主義の理念に則り成立し，福祉国家は最低限のニーズに対応するかたちでその発展を遂げてきた。加えて，1959年に保守党政権が国民保険法の改正によって退職年金に所得比例制

を導入したことで，ベヴァリッジ報告の下で採用された，均一拠出，均一給付の社会保険原則に基づく普遍主義の理念をもつ社会保障からの転換がみられる。さらに，1980年代以降，社会保障費削減を目的としたサッチャー政権下の改革が，資力調査つき給付の拡大による選別主義の強化を図ったことで，イギリス福祉国家の階層化が進んだ。[10]普遍主義の理念は，右派保守党のサッチャー政権がまったく興味をもたなかったばかりか，ニュー・レイバーの下でも重要視されてはいなかったことが指摘される（Anttonen and Sipilä 2012：26）。こうした経緯から，イギリス福祉国家の自由主義レジームとしての位置づけが固まってきた。

　以上から，本書では，イギリス福祉国家を福祉レジーム論における自由主義レジームとして位置づける。前述のとおり，福祉レジームの概念がマクロ的な観点からの類型に関心を置くことから，個別の政策や制度に鑑みれば，福祉レジームの類型に完全にあてはめることには限界があるが，イギリス福祉国家はその出発点としての救貧法以来，伝統的に自由主義の理念に基づく福祉国家の拡張を進めており，その強化も図られてきた。次節では，こうした自由主義レジームのイギリス福祉国家をはじめ，各福祉国家の政治経済と移民政策とにいかなる接点が見出されるのかを考察したうえで，第1章の内容を踏まえて，イギリス福祉国家における移民の受け入れを，福祉レジームと移民レジームとの関係から検討する。

2　福祉国家の政治経済と移民

　本節では，福祉レジームが移民の受け入れをいかにして規定し，各国における移民の受け入れにどのような多様性を生み出してきたのかを考察する。ホスト国の福祉国家の政治経済が，移民の受け入れや移民の社会権保障にいかなる影響を及ぼすのかを，三つの福祉レジームが規定する移民の受け入れのパターンから考察したうえで，イギリスを対象に，第1章で提示したイギリスの歴史的な独自性に基づくイギリス型移民レジームと，福祉レジームが規定する移民

の受け入れとの関係を明らかにする。

(1) 福祉レジームと移民

　本項では，ホスト国の福祉レジームが，移民の受け入れにいかなる影響を及ぼすのかを検討する。福祉国家の社会権保障の厚さや雇用の仕組みを表す福祉レジームは，移民に対する社会保障給付の手厚さや雇用の仕組みにも関わっていることを，各福祉レジームが規定する移民の受け入れのパターンを提示することで明らかにする。

各福祉レジームが規定する移民の受け入れのパターン　序章で提示したように，福祉レジーム論に依拠した移民の受け入れに関する研究蓄積は久保山 (2000), Schierup et al. (2006), Sainsbury (2006；2012), 岩崎 (2008), 日野原 (2012a) などさまざま確認できる。これらの先行研究では，20世紀型福祉国家が移民を受け入れる仕組みを，福祉レジームとの関係から分析している。これらの研究に沿えば，移民の受け入れは，表2－1に提示した福祉レジームをわける指標と密接に関わっており，福祉レジームが移民の受け入れを規定するひとつの要因であることが窺われる。以下では，各福祉レジームにおける移民の受け入れを脱商品化，階層化，脱家族化の三つの指標との関係から考察する。

　まず，自由主義レジームにおける移民の受け入れから検討する。自由主義レジームの福祉国家では，脱商品化指標が低く，市場が中心的な社会セクターに位置づけられている。こうした自由主義レジームの福祉国家の特徴を前提に，この福祉レジームにおける移民の受け入れを検討すると，脱商品化指標の低さが非正規雇用や低賃金労働を拡大したことで，安価な労働部門を中心に移民が引き寄せられる根拠が生じたということが指摘される（Schierup et al. 2006：116-136；日野原 2012a：342-343）。脱商品化指標の低さを特徴にもつ自由主義レジームでは，失業の罠の解消を図る一方で，低賃金労働者の規模が拡大し，結果的に貧困の罠が容認されてきた。労働市場の規制緩和により安価な労働力の需要が拡大するなかで，移民労働力の動員に対するニーズが高まる。こうしたなかで，自由主義レジームの福祉国家改革で進められた選別主義の強化は，低

賃金労働に従事する多くの移民やエスニック・マイノリティに影響を及ぼすこととなる。イギリスの場合，サッチャー政権の福祉国家改革以降選別主義の強化が図られたが，移民やエスニック・マイノリティという貧困層の大部分を占める人びとは，こうした改革による福祉国家の縮減（retrenchment）による影響をもっとも受けやすい存在となるためである。

つぎに，保守主義レジームが規定する移民の受け入れのパターンを論じる。保守主義レジームの福祉国家は，伝統的な家族主義が労働市場への女性の参入を抑制することから，その代替としてゲスト・ワーカーが受け入れられてきた（久保山 2000：78）。移民労働力を受け入れることで，伝統的な家族主義が保たれてきたのである。保守主義レジームにおけるゲスト・ワーカーは，その家族も含め社会的権利と市民的権利の大部分を保障されていたという（久保山 2000：77-78）。つまり，男性稼ぎ主の就労によって家族単位での社会保障を可能にするという保守主義レジームの福祉国家の特徴が，移民労働力にも反映されてきた。

最後に社会民主主義レジームである。階層化指標が低く，福祉プログラムは普遍主義の特徴が顕著な社会民主主義レジームでは，移民によるホスト国の社会サービスの受給やその他権利の獲得に対しても他の福祉レジームに比べて比較的寛容な姿勢が維持されてきたという（Schierup et al. 2006：196）。スウェーデン，ノルウェー，デンマーク，フィンランド，アイスランドの市民には，北欧市民特別条項の下で，それぞれの国への移動や労働の自由が古くから保障されており，一国を越えて普遍的に権利を保障する伝統が根付いている（岡澤 1991：116-117）[11]。こうした歴史的背景もあり，社会民主主義レジームの北欧諸国では，国籍を問わず社会保障も含め普遍的な権利の付与が進められている。

たとえばスウェーデンは，1970年代半ばに地方選挙における選挙権を外国人に付与した最初の国となった[12]。また，ノルウェーでは，移民はノルウェー市民と同等な社会的権利や福祉受給権を有するのみならず，同等の生活環境を享受する権利が認められているという（岩崎 2008：105）。このほか，スウェーデンとノルウェーでは，移民による帰化も積極的に行われている（岡澤 1991：118；

表2-2 20世紀型福祉国家における福祉レジームと移民の受け入れとの関係

福祉レジーム	移民の受け入れと関わる指標	福祉国家の移民受け入れの論理
自由主義	脱商品化・低	単純労働（低賃金部門の補填）
保守主義	脱家族化・低	単純労働（女性の代替）
社会民主主義	階層化・低	普遍主義

出典：筆者作成。

Schierup et al. 2006：33；196)。社会民主主義レジームにおける普遍主義に基づく権利の保障は，国民か外国人かという国籍概念よりもその国での居住実態という現実の生活を重視した結果，選択された市民権保障の仕組みとして理解できる。これは，序章にも記した永住外国人の地位をデニズンシップという概念で表すことを試みたスウェーデンの政治学者ハンマーのアイデアとも重なる。

以上，先行研究に沿って福祉レジームごとの移民の受け入れのパターンについて論じた。それぞれの福祉レジームの下での移民の受け入れのパターンは，表2-2のように表される。ここから，各福祉レジームにおける移民の受け入れは，福祉レジームを決定づける指標と密接に関わることが指摘できる。表2-1でも確認したように，脱商品化指標の低さは自由主義レジームに突出した特徴であり，脱家族化指標の低さは保守主義レジームの顕著な特徴であり，階層化指標の低さは社会民主主義レジームの福祉国家を特徴づけている。移民の受け入れをホスト国の福祉レジームとの関係から理解すると，各福祉レジームの特色と対応する移民の受け入れの仕組みを指摘することができる。したがって，移民の受け入れは，ホスト国の福祉国家の政治経済制度の体系である福祉レジームの影響を避けることができないのである。

福祉レジーム内部での移民の受け入れの多様性

福祉レジームが規定する移民の受け入れのパターンの多様性を明らかにしたが，同じ福祉レジームに属する国が，必ずしも同様の移民政策の採用や移民に対する同等の権利保障の仕組みを採用するのではないことにも留意すべきである。たとえば，自由主義レジームを代表する国として位置づけられるアメリカと，同じく自由主義レジームの特性をもつ本書の対象国であるイギリスでは，その移民受け入れに関する仕組みにもさまざまな差異があることが指摘されている（Sainsbury 2012：

46-52)。本書でも，アメリカとイギリスの福祉国家は，いずれも自由主義レジームに位置づけられながらも，両国の社会保障制度はさまざまな違いを有していることについて触れた。レジームによる類型化というマクロ的な視点からの単純化にあたって，国家間の差異をどの程度容認しうるのかという問題は，常について回る議論である。移民の受け入れに関して，アメリカとイギリスでは以下のような違いがある。

たとえば，イギリスでは1990年代以降，難民や庇護申請者に対する福祉給付の削減を図ってきたのに対し，アメリカでは難民や庇護申請者に対する保障を厚くする傾向があるという (Sainsbury 2012：50)。イギリスにおける庇護申請者に対する福祉給付の削減は，本書でも第1章で考察したが，1993年庇護および移民控訴法の制度化を皮切りに進められ，とりわけ1999年移民および庇護法では，庇護申請者に対する現金給付を廃止し，クーポン制度へと置き換えることで，一般国民を対象とした社会保障制度からの切り離しが行われた。一方アメリカでは，1996年福祉改革法が難民と庇護申請者に対し資力調査つき給付の受給を保障した。

このほか，上記のように移民による資力調査つき給付の受給を制限するための手段についても，アメリカでは福祉改革法の下で行われているのに対し，イギリスでは移民法の下で行われるなど，そもそもどの政策領域で取り組むのかという点にも違いがある (Sainsbury 2012：52)。両国におけるこのような違いは，両国の福祉国家自体の差異とも関係しているのである。さらに，第1章で取り上げた移民レジームがホスト国の移民受け入れを左右する要因のひとつである以上，同じ福祉レジームであっても，すべてにおいて共通の移民の受け入れが行われるとはいえない。

しかしながら，両国には，移民の受け入れに「経済的な自活性の重視」という共通点があり，これは，社会保障上の権利を常に義務と表裏一体とする自由主義レジーム福祉国家における移民の受け入れの特徴である (Sainsbury 2012：50-51)。これに加え，アメリカでもイギリスでも，自由主義レジーム福祉国家の下で資力調査つき給付の受給資格のさらなる厳格化が進められるなかで，こ

うした福祉国家の縮減，再編に際し，移民やエスニック・マイノリティという貧困層の大部分を占める人びとがもっとも影響を受けることは明白である。したがって，福祉レジームが，移民の受け入れと，移民に対する社会保障の手厚さに影響することは明らかである。

　各福祉レジームの移民政策は，前掲の各福祉レジームにおける福祉受給の原則とも一致している。すなわち，居住によって市民的な権利を保障することを前提に福祉国家が機能している社会民主主義レジームでは，移民もこうした原則に沿って権利を得ることが可能である。男性稼ぎ主の就労，すなわち職域ごとの社会保険への加入を前提に福祉国家が機能する保守主義レジームでは，ゲスト・ワーカーはその家族も含め社会的権利と市民的権利の大部分を保障されており，男性稼ぎ主による就労を通じた社会保険への加入が，家族単位での社会保障を可能にした。ニードに基づく残余的な福祉国家が形成される自由主義レジームでは，最低限のニードは最下層に絞られる。こうした最低限のニードに関しても，イギリスではサッチャー政権の選別主義の強化に伴い，絞り込みが進められてきた。これに加え，受給を最小限に抑える観点から国民と移民の受給の区別もみられている。たとえばアメリカでは，1996年福祉改革法が難民や庇護申請者の社会保障受給権を保障したが，不法移民や一時的に滞在する移民については同法の下で受給制限の対象となる。イギリスでは，公共基金の概念によって居住権の有無に基づき受給可能な給付を区別しており，庇護申請者の社会保障の受給に関しても，一般国民を対象とした社会保障体系から切り離すことで，こうした選別化も進んでいる。

　以上から，福祉レジームによって福祉国家における移民の受け入れにパターンを指摘することが可能である一方で，これだけでは福祉国家と移民との関係を分析するうえで十分とはいえないことが指摘できよう。重要なのは，福祉レジームが規定する移民の受け入れのパターンが，ホスト国独自の移民レジームといかに影響し合うのかを分析し，その関係を明らかにすることである。

　こうした背景から，次項では，第1章で提示したイギリス型移民レジームと自由主義レジームが規定する移民の受け入れとの関係を分析する。第二次世界

表 2-3　コモンウェルス諸国からイギリスへの人の移動の推移

単位（人）

	西インド諸島／カリブ諸島出身者	インド出身者	パキスタン出身者	バングラデシュ出身者
1951年	28,000	31,000	10,000	2,000
1961年	210,000	81,000	25,000	6,000
1966年	402,000	223,000	64,000	11,000
1971年	548,000	375,000	119,000	22,000
1981年	545,000	676,000	296,000	65,000
1991年	500,000	840,000	477,000	163,000

出典：Peach（1996：9）をもとに筆者作成。
注：パキスタンは，1972年にコモンウェルスを離脱し，その後1989年に再加盟した。パキスタンはその後もコモンウェルスからの離脱と加盟を繰り返しており，1999年に資格停止，2004年に再度加盟，2007年に再度資格停止，2008年に再度コモンウェルスに加盟している。

大戦以降に形成されたイギリス型移民レジームが，自由主義レジーム福祉国家の政治経済の下で規定される移民の受け入れのパターンとどのように作用してきたのかを論じる。独自の連帯概念の形成によって支えられてきたイギリス型移民レジームが，自由主義レジーム福祉国家の下で生み出された労働力需要に対応するための手段となってきたことを明らかにする。

（2）イギリス型移民レジームと福祉レジーム

　イギリスは，1948年国籍法の下でコモンウェルスという連合体単位での市民権概念を選択した。国籍法上，コモンウェルス市民は外国人ではなく，コモンウェルス市民権によってイギリス本国への移動の自由が保障されてきた。

　表 2-3 は1948年国籍法制度化以降の，イギリス型移民レジームの下でのコモンウェルス市民のイギリス本国への移動の規模を表している。コモンウェルス移民法が導入された1960年代以降も，コモンウェルス地域からイギリスへの大規模な人の移動が確認される。

　本項では，まずはこうしたコモンウェルス地域から移住してきた人びとの，イギリス本国の労働市場における就業状況の傾向について論じる。コモンウェルス市民のイギリスへの移住の第一要因は，高賃金の職に就くことであったが，イギリス本国の労働市場では，とりわけカラードのコモンウェルス市民と本国

民との間に，就業上の格差が存在していたことが確認できる。以下では，これについてイギリスのシンクタンク PSI（Policy Studies Institute）の前身である PEP（Politics and Economic Planning）が1972〜75年にかけて行った調査をもとに作成された，PEP 報告に基づいて論じる。コモンウェルスにおけるイギリスの求心力の強化を目的に形成されたイギリス型移民レジームが，福祉国家が規定する移民の受け入れのパターンという観点から光をあてると，労働力を補填する制度として活用されていたことを明らかにする。

コモンウェルス市民の職業水準と階級 表2 - 4は，男性労働者の人種や出身地域別の職業水準（社会経済集団）の割合を表した PEP 報告の表に，NRS 社会階層（NRS social grade）を加えたものである。イギリスでは，NRS 社会階層という人口分類のための指標が用いられており，職業水準に応じてA，B，C１，C２，D，Eという六つのカテゴリーに分類される。Aはいわゆるアッパーミドルクラスに該当するカテゴリーであり，Bはミドルクラス，C１はそれよりも下位のミドルクラスにあたり，消費行動調査などの社会調査では，この上位三つのA，B，C１をひとつのカテゴリーとしてみなすこともしばしばである。C２とDはそれぞれ熟練と非熟練の労働者階級である。

表2 - 4によれば，NRS 社会階層でA，B，C１に該当する職種の者は，白人が40％である一方で，西インド諸島やパキスタン／バングラデシュ出身者の割合は圧倒的に低い。インド亜大陸のアフリカ系住民を示すアフロ・アジアンは30％と白人に近い割合となっているが，スミスによれば，この数値をさらに細かく分析すると，30％のうち20％がホワイトカラーの労働者であり，専門職と経営者に該当するのは10％である一方，白人では，この割合が前者で17％，後者で23％であり，同じカテゴリーのなかでも白人の方が NRS 社会階層上の上位の職業水準により多く就業する傾向があるという（Smith 1977 : 73）。C２とDについてみていくと，白人とカラード移民との割合はA，B，C１とは逆転し，とりわけ非熟練肉体労働者が該当するDに関しては，白人が18％と少ない割合であるなか，パキスタン／バングラデシュ出身者では58％と非常に高い割合となっている。移民の出身国，さらにいえば人種による職業水準と社会階

表2-4 人種・出身地ごとの男性労働者の社会階層と職業水準

単位（％）

NRS社会階層	社会経済集団	人種・出身地域				
		白人	西インド諸島	パキスタン／バングラデシュ	インド	アフロ・アジアン
A,B,C1	専門職/経営者,ホワイトカラー	40	8	8	20	30
C2	熟練肉体労働者	42	59	33	44	44
D	半熟練/非熟練肉体労働者	18	32	58	36	26

出典：Smith（1977：73）にNRS社会階層の分類を加筆。

表2-5 人種・出身別男性の週当たりの平均賃金

人種・出身地域	平均賃金（ポンド）
白人	40.2
西インド諸島	37.1
パキスタン／バングラデシュ	35.4
インド	38.1
アフロ・アジアン	34.1
エスニック・マイノリティ平均	36.7

出典：Smith（1977：83）をもとに筆者作成。

層への少なからぬ影響が指摘できる。旧コモンウェルス出身者は白人のカテゴリーに該当することから，植民地出身の移民か否かという点よりも，白人であるかカラードの新コモンウェルス出身者であるかという，人種の差異が社会階層における格差を生み出す要因となる。

表2-5は，表2-4と同じく1972～75年のPEP報告に基づき，イギリスの労働市場における男性労働者の週当たりの平均賃金を，労働者の人種や出身地域別に表したものである。エスニック・マイノリティ平均という項目は，白人を除く移民労働者の平均賃金を示している。この表によると，白人男性の平均賃金に対して，新コモンウェルス出身の労働者はいずれも相対的に低い賃金となっている。これは，表2-4で確認した，白人とエスニック・マイノリティの属する社会経済集団とそれに伴う社会階層の違いとも一致する結果となっている。職業水準を意味する社会経済集団の違いが，表2-5のような賃

金格差を生み出しているのである。カラードのコモンウェルス市民は，専門職や経営者，ホワイトカラーの職に就く割合が白人労働者に比べて低く，これが平均賃金にも反映されている。労働市場をめぐるあらゆる側面において，白人と新コモンウェルス出身のカラード移民との間には格差が生じていたことは明らかである。

　前述のとおり，1948年国籍法は，植民地やコモンウェルス地域出身者にもイギリス本国の白人住民と同等の市民権を付与してきた。しかしながら，労働市場における彼らの処遇に目を転じてみると，実際はこうしたコモンウェルス市民，とりわけカラードの新コモンウェルス市民が，非正規や非熟練の低賃金労働に従事しているケースが突出していたことが PEP 報告から読み取ることができる。国籍法上は本国国民と同等の権利を有したうえで入国しているにもかかわらず，労働市場における就業環境に偏りが生じるのはなぜか。これについて以下では，各福祉レジームが規定する移民受け入れのパターンを振り返りながら考察する。

　移民の受け入れには，福祉レジームをわける政治経済や雇用を取り巻く諸制度が関係している。自由主義レジームの福祉国家では，移民の受け入れは，20世紀型福祉国家における脱商品化指標の低さが生み出した，非正規や非熟練の低賃金労働力の需要を補填する目的で進められてきた。イギリスに移住したコモンウェルス市民の低賃金労働への従事も，こうした福祉レジームの観点から理解することが可能である。彼らはイギリス国民と同等の市民権をもちつつも，20世紀型福祉国家の下で，自由主義レジームのイギリス福祉国家が直面した労働市場における低賃金労働への需要を埋める存在となったのである。したがって，コモンウェルス市民権を制度化した結果として付随的に保障されたコモンウェルスからイギリスへの移動の経路は，こうした観点からみると，イギリスの労働市場を支える仕組みとして機能していたことが指摘できよう。

労働市場における
カラー・バー概念

　上記のように，イギリスの労働市場におけるコモンウェルス市民の低賃金労働部門での動員は，自由主義レジーム福祉国家が規定する移民の受け入れのパターンとして考察される。しかしな

がら，とりわけカラードの新コモンウェルス市民がこうした産業に従事することとなった背景を理解するには，イギリスの労働市場に非公式に存在してきた，人種差別の障壁であるカラー・バー（Colour Bar）という概念を確認する必要がある。

　第1章でも取り上げたように，イギリスでは1965年にはじめて人種関係法が制定されて以降，公共の場における人種差別が禁止されたが，それまでは労働市場においても，たとえば雇用条件や待遇に関する人種差別に対する公的な対策は採られてこなかった。人種関係法についても，1965年の段階では，人種差別禁止の対象となる公共の場は，飲食店や公共の娯楽施設，公共交通などに限定してとらえられていた。人種差別禁止の適用範囲の雇用への拡大は，続く1968年人種関係法の制定まで先送りにされた[16]。しかしながら，1968年法の下でも，意図的差別だけを違法差別とする定義によって，実際には差別的効果をもつ行為でも，差別的動機が不在の場合は人種関係法における違法差別とはみなされず（石田 1979：45），労働市場を含む公共の場におけるカラー・バーの解消はたやすいものではなかった。

　このような労働市場におけるカラー・バーに対しては，人種関係法の制定に先行して，1955年にはイギリスの労働組合のナショナルセンターであるTUCが，公式に人種差別に対する批判を表明していた（Smith 1977：193）。しかしながら，こうしたTUCの公の方針と実際の取り組みには齟齬があったことに加え，人種関係法に関しても1965年当時の立法は，カラー・バーに対する十分な効力をもつものではなかった。人種関係法は，制定段階では制度として形骸化しており，労働組合による人種差別に関する具体的な取り組みも行われてこなかったのである。こうしたなかで，労働市場ではカラー・バーによってカラードのコモンウェルス市民が，自由主義レジームの福祉国家イギリスの労働力需要に応えるかたちで動員されたのである。カラードのコモンウェルス市民は，コモンウェルス市民権によって1948年国籍法の下でイギリス本国への移動の自由を保障された存在であったが，イギリス本国の労働市場では，本国国民と，とりわけカラードの新コモンウェルス市民との間には，こうした明白な格

差が生じていた。市民権にパトリアル概念を導入したことで人種による選別が進められてきたことは第1章でも指摘したが、労働市場における職業水準とそれに準じる社会階層の基準となったのは国籍というよりも人種であった。

　自由主義レジームの福祉国家イギリスでは、労働市場におけるデュアリズムの進展により、非正規や非熟練の低賃金労働に対するニーズが高まるなかで、これに対応するうえで、コモンウェルス市民の動員が進んだ。コモンウェルス地域の人びとは、本国出身者と同等の権利を有しイギリス本国に移住したものの、実態としてはイギリス本国で生み出された大規模な労働力需要の補填として動員されてきた。

　イギリスは、ほかのヨーロッパ各国のように、第二次世界大戦後にゲスト・ワーカーとして積極的に労働移民を受け入れる公式の仕組みを採用してこなかった。コモンウェルス市民に対しては、1962年コモンウェルス移民法の制度化以降、次第に受け入れの門戸は狭められてきたが、その一方で、絶えず完全に閉じることのないこうした移民レジームの持続が、ゲスト・ワーカー制度を採用せずとも国内の労働市場の需要に対応する役割を果たしてきたのである。この段階において、イギリスの求心力を高めることを目的に、コモンウェルス市民権を保障したイギリス型移民レジームは、イギリス国内では、ゲスト・ワーカー制度に代わって労働力を調達する役割を担う制度へと転用していた。

自由主義レジームと帝国主義の人材調達との関係　上記のような、自由主義レジームの福祉国家の下で生み出される労働力需要に応えるうえでのコモンウェルス市民の動員は、大英帝国の帝国主義体制とも重なる点がある。

　大英帝国による帝国主義体制は、資本主義の下で植民地を含めた経済市場の独占を目的に膨張した。これは、政治や軍事よりも経済的な植民地獲得を目指す帝国主義の概念である、自由貿易帝国主義の展開からも明らかである。こうした経済発展を目的とした植民地拡大は、市場原理の下で進められたものであり、植民地やコモンウェルスというイギリス本国の影響下に置かれる地域の人びとをイギリス本国の労働市場で労働力として動員することは、帝国主義経済にも欠かせない仕組みであった。イギリスにとって、帝国主義は人材調達の観

点からも有益なシステムとして機能していたのである。したがって，自由主義レジームの福祉国家における移民の動員の仕組みと，大英帝国の下での人材調達の仕組みには共通した性質があるといえよう。イギリス型移民レジームの下で保障されたコモンウェルス市民のイギリスへの移動の経路は，イギリス本国における政治経済的な制度や仕組みの体系である福祉レジームと影響し合うことで，イギリスの労働力需要を旧植民地出身者で賄う仕組みを構築してきたのである。

　第1章では，大英帝国の歴史とコモンウェルスの下で築かれた連帯概念が，イギリス本国へのコモンウェルス市民の移動の経路を市民権として保障し，独自の移民レジームの形成を支えたことを明らかにしたが，こうした出入国管理や社会権上の保障の仕組みに加え，イギリス福祉国家の自由主義レジームとしての特徴が，彼らの労働市場における位置づけとそれに付随する社会権上の保障にも影響を及ぼしている。コモンウェルス市民は，公式の労働力として受け入れられてきたのではないが，イギリス福祉国家がもつ自由主義レジームの特徴は，移民に対しても脱商品化機能の低い福祉国家として機能しており，常に労働市場における労働力としての商品化を前提に受け入れるべき存在として位置づけてきた。さらにその受け入れは，20世紀型福祉国家の下で，自由主義レジームの労働市場が直面する非正規や低賃金の労働力へのニーズに応えるかたちで促される仕組みが築かれた。

　コモンウェルス市民は，カラー・バーの存在によって労働市場の底辺を支える存在として動員され，サッチャー政権下の福祉国家改革による選別主義の強化に伴い，社会保障上もますます厳しい状況に置かれることとなる。職業水準が社会階級と結びつくイギリスでは，こうして，とりわけカラードのコモンウェルス市民が，労働市場の底辺を支えるとともに，社会階層上も底辺をなす構造が築き上げられたのである。

3 福祉レジームの再編と移民

　前節では，イギリス型移民レジームが，自由主義レジーム福祉国家の政治経済とともにどのようにイギリス福祉国家と移民との関係を形成してきたのかを分析した。コモンウェルス市民権の創設に基づくイギリス型移民レジームの形成が，労働力需要に応えることを可能にした。20世紀型福祉国家の下で，イギリス型移民レジームはゲスト・ワーカー制度に代わる労働力補填のための制度として機能していたのである。

　本節では，ポスト20世紀型福祉国家における自由主義レジーム福祉国家の移民の受け入れについて考察する。イギリスでは2002年に移民受け入れの新しい仕組みとして，高度技能移民の受け入れが制度化した。結論を先に述べれば，これによりイギリス型移民レジームは，コモンウェルス出身者を公式の労働移民というかたちで受け入れる新たな役割を担うこととなった。その背景にあるのは，自由主義レジーム福祉国家の再編であり，この再編に対応するかたちで「新たな」移民へのニーズが高まるとともに，新しい福祉レジームと移民レジームの連携が生じている。本節では，自由主義レジーム福祉国家における再編を，新たな社会的リスク（new social risks）への対応という観点から考察し，高度技能移民を受け入れるこんにちのイギリス型移民レジームが，これらといかに関係するのかを論じる。

　ボノリは，「過去30〜40年の間に生じた，脱工業化のなかに組み込まれる社会経済的な変容に伴う福祉削減を諸個人が経験する状況」として新たな社会的リスクをとらえる（Bonoli 2006：5）。また，テイラーグッビーはさらに具体的な内容に踏み込み，「脱工業化社会への移行による，経済的，社会的変化を受けて人びとが生活のなかで直面するリスク」であり，「とりわけ，女性の社会参加，高齢化，労働市場における就労と教育の結びつきの強化，民間セクターの福祉サービス発展による福祉の不安定化などの要因によって生じるリスク」として，新たな社会的リスクを位置づけている（Taylor-Gooby 2004：3-5）。福

祉国家の形成と発展が進行した20世紀型福祉国家に対し，ポスト20世紀型福祉国家では，社会経済環境が変容するなかで生じたこうした新たな社会的リスクへの対応が迫られることとなる。

本節ではまず，第1項において新たな社会的リスクへの対応のために自由主義レジームの福祉国家が選択する手段として，社会投資的福祉国家への転換と，福祉国家の脱集権化について確認するとともに，新たな視座として福祉国家の脱国民国家化の動態をとらえる。そのうえで，高度技能移民を選別して受け入れるこんにちのイギリス型移民レジームが，こうした自由主義レジーム福祉国家の再編といかに関係するのかを分析する。

（1）ポスト20世紀型福祉国家の再編

20世紀型福祉国家からポスト20世紀型福祉国家への移行のなかで，具体的にはどのような変化が生じているのであろうか。本項では，先行研究でも指摘されてきた社会投資的福祉国家への転換と脱集権化の視点に加え，脱国民国家化の可能性についても検討を行うことで，自由主義レジームにおける福祉国家の再編を考察する。

社会投資的福祉国家への再編　第二次世界大戦以後の福祉国家の発展を支えたフォーディズムは，生産と消費のサイクルを表しており，20世紀型福祉国家は，賃金労働に就く個人をリスクから保護する役割に従事してきた。ケインズ主義的福祉国家は，国家による完全雇用政策（商品化）と社会保障政策（脱商品化）を両輪としてきたことから（田中 2011：73），社会保障と雇用の連携が福祉国家の役割としてみなされてきた。福祉国家建設にあたっては，脱商品化だけが目指されたのではなく，脱商品化は，あくまでも労働力としての商品化を支える仕組みとして位置づけられてきた。いわば，戦後の20世紀型福祉国家の発展は，脱商品化と商品化の双方を取り巻く制度の成熟によって進められたのである。

しかしながら，福祉国家の成熟度が脱商品化指標に基づいて評価されてきたことは，エスピン＝アンデルセンによる福祉レジームの類型化の作業からも明

らかであり，社会保障制度の整備を中心とした脱商品化が，20世紀型福祉国家の中心的な役割として期待されてきたことは否めない。福祉国家の形成を市民権の成熟によって説明したT.H.マーシャルのシティズンシップ論においても，市民的権利と政治的権利に加え，20世紀の福祉国家の誕生が社会的権利，すなわち社会権の保障をもたらしたことが指摘される。社会的権利には，経済的福祉と安全の最小限を請求する権利や，社会的財産を完全にわかちあう権利，社会の標準的な水準に照らして文明市民としての生活を送る権利に至るまでの広範囲の諸権利が含まれており（マーシャル・ボットモア 1992＝1993：16），こうした権利が教育システムや社会サービスに反映されることで，福祉国家が発展を遂げてきたということである。ゆえに，20世紀型福祉国家の制度化は，社会権の保障を主軸として行われた。

　市民権概念自体には，もともと権利と義務の双方が内在していたが（マーシャル・ボットモア 1992＝1993：100-103；Taylor-Gooby 2009：4），マーシャルによるシティズンシップ論は，権利に基づいたものであり，権利としての市民権が理論の中核をなしていたのである（Dwyer 2000：51）。20世紀型福祉国家では，とりわけ社会権の保障が重視されたことから脱商品化を保障する制度の存在が福祉国家の成熟を意味してきた。

　したがって，20世紀型福祉国家では，脱商品化と商品化の両輪による福祉国家建設が進められてきたものの，そこでとりわけ重視されたのは，脱商品化を可能にする制度の整備による社会権の保障であった。他方で，ポスト20世紀型福祉国家では，福祉国家のもうひとつの車輪をなす雇用に積極的に取り組む傾向がある。20世紀型福祉国家が社会保障制度の成熟による脱商品化に重点を置いてきたのに対して，ポスト20世紀型福祉国家では，改めて，社会保障と雇用という，福祉国家を支える両輪から福祉国家のあり方をとらえようとする。こうした背景から，従来の福祉国家が社会保障の充実による脱商品化に尽力してきたのに対し，もうひとつの車輪である雇用をいかに機能させるのかという問題が，こんにちの福祉国家論の重要な論点となっている。すなわち，ポスト20世紀型福祉国家には，雇用創出や人びとの就労可能性（employability）を高め

ることで，商品化を支える役割として福祉国家を機能させることが求められる。20世紀型福祉国家が，脱商品化を主軸とした制度構築を中心に取り組んできたのに対し，ポスト20世紀型福祉国家では，脱商品化と商品化をつなぐ本来の福祉国家の理念を反映した生活保障の実現が改革の拠り所となる。

　このような，雇用を軸とした福祉国家の再編を理解するうえでは，社会投資（social investment）という概念に依拠することが有効である。雇用創出と就労可能性を高める福祉国家の再編は，社会投資的戦略の一環として位置づけられるためである。社会投資とは，社会発展（social development）や発展的福祉国家（the developmental welfare state），社会投資的国家（the social investment state），条件整備国家（the enabling state），包摂的自由主義（inclusive liberalism）などの言葉で表現される政策理念と共通の意味を有しており，これらはいずれも，脱工業化社会において新たな社会的リスクに直面する福祉国家の持続のための視座を表している（Morel et al. 2012：1）。

　社会投資をはじめとした上記の概念は，1980年代以降の新自由主義的な福祉国家改革への批判から生じている。新自由主義的な福祉国家改革の下で生じた貧困や社会的排除への対応として，EUを中心に上記の概念を新たな福祉国家の戦略として位置づけた。これらの政策理念は，社会保障と雇用からなる生活保障における後者の領域を中心とした改革を主眼としている。しかしながら，これは脱商品化政策を軽視することを意味したのではなく，労働市場への参入を通じて，貧困や社会的排除という社会問題を解消することによる生活保障を目指したものであった。具体的には，ケインズ＝ベヴァリッジ体制の福祉国家が所得再分配政策に尽力してきたのに対し，雇用や子どもを対象とした政策デザインであり，人的資本（human capital）や世代間格差の解消のための投資が，その手法として認識されている（Hemerijck 2009：91-96；Jenson 2012：23）。

　こうした手法に沿った福祉国家改革は，福祉レジームを問わず受容されてきている。1990年代終盤までに生じた新自由主義の政治に対する幻滅が，中道左派の政治的成功をもたらし（Hemerijck 2013：133），社会投資をはじめとした上記の政策理念が，欧米各国で相次いで中道左派が政権を握った1990年代後半以

降，これらの国の福祉国家改革の戦略として導入されてきた。いまや，就労可能性の向上にまったく関心をもたずに福祉国家政策を進める国はない。ゆえに，こんにちでは，こうした社会投資はいずれの福祉レジームの再編の道ともつながっているのである。保守主義レジームにしても，たとえばドイツでは1998年発足のシュレーダー政権が，脱家族化とともに女性の就労を促す方向へと舵を切り（渡辺 2006：163），社会民主主義レジームではアクティベーションによる就労可能性の向上が図られた。20世紀型福祉国家において，脱商品化指標の低さを特徴とした自由主義レジームでは，ワークフェア型の社会投資によって人びとを労働市場へと送り出す機能を強化することで，社会保障と雇用をつなぐ生活保障の構築が図られてきた。

福祉国家の脱集権化 ポスト20世紀型福祉国家の再編の動態をとらえるうえで，もうひとつの重要な視角が福祉国家の脱集権化である。福祉レジーム論では，脱商品化，階層化，脱家族化という三つの指標と，福祉国家を中心的に担う社会セクターの違いによって各国の福祉国家を三つにわける比較福祉国家の視座がもたらされた。このように従来の比較福祉国家論は，政府，市場，家族の各セクターの複合が生み出すレジームを問題にしたが，他方で，そこでは非営利セクターは積極的に位置づけられてこなかったことが指摘される（宮本 2013b：62）。

　政府，市場，家族という三つの社会セクターの均衡によって，福祉国家に多様性が生じた20世紀型福祉国家では，脱商品化と脱家族化という指標がそれぞれ資本制と家父長制という権力の抑制の程度を示してきた（宮本 2013b：67）。

　一方，ポスト20世紀型福祉国家では，この二つの権力に加え，国民国家の集権的な権力の抑制に伴う脱集権化という指標も踏まえた議論が求められるとともに，民間非営利組織が，社会セクターの一角として福祉国家サービス供給の担い手となり制度的に組み込まれる。ポスト20世紀型福祉国家では，福祉国家の担い手となるセクターが多元化するとともに，国民国家の集権的な権力にも抑制が働き福祉国家の脱集権化が進む。供給主体の多元化は，サービスの質の面，あるいは多様化するニーズへの対応における一定の成功を収めている。そ

の意味では，政府や市場，家族に限らず，ボランタリーセクターも含めた福祉サービス供給の手段を提示する，福祉多元主義の議論が求心力を強める (Pinker 1979 ; Hatch and Mocroft 1983 ; ジョンソン 1987＝1993 ; 藤村 1999)。

　毛利によれば，福祉多元主義とは「社会保障体制における供給主体と財源が国家と並んで市場（民間営利企業），第三セクター，非営利組織，コミュニティ（地域社会），ボランティア，家族などに多様化・多元化していくシステム」である（毛利 1999：34)。こんにちでは，レジームを問わず，協同組合も含めた広義の非営利セクターや社会的企業などが，社会サービス供給において大きな役割を果たすようになっていることが指摘される（宮本 2013b：65)。ただし，こうした社会サービス供給体制の多元化という意味での各国の福祉国家の収斂化のなかにも，新しい分岐として，市場志向型の供給体制への転換と参加志向型の供給体制への転換という二つの動きがみられるという（宮本 2013b：65)。前者は営利企業を担い手とした効率的な社会サービス供給のかたちであり，後者は非営利組織を担い手とするかたちである。いずれも社会サービス供給の担い手として民間事業者を組み込むが，営利企業を担い手とする市場志向型と非営利組織を担い手とする参加志向型では，こうした担い手の違いだけでなく，公的財源の比重やサービスの質とコストをめぐる評価のあり方の違いを含んでいる（宮本 2013b：66)。いずれの福祉レジームにおいても，脱集権化の動態をとらえることができる一方，こうした収斂化のなかに新しい分岐が生じている。

　このような，非営利セクターを制度的に組み込む脱集権化の視点は，エスピン＝アンデルセンによる比較福祉国家分析の枠組みでは抜け落ちていたことが指摘される（大沢 2013：113-115 ; 宮本 2013b：68)。福祉レジーム論では，政府，市場，家族の三つの社会セクターの均衡によって福祉国家の多様性を示してきた。市場と家族については資本制と家父長制という権力の抑制が考察されてきたが，政府の集権的な権力の抑制は問題にされてこなかった。ポスト20世紀型福祉国家のレジームの再編をとらえるうえでは，多元的なセクターの役割に目を向けるべきであり，脱集権化の視点が不可欠なのは確かである。他方で，ポスト20世紀型福祉国家が置かれるグローバル化という環境に鑑みれば，脱集権

化という指標に加え，脱国民国家化という指標が各福祉国家の再編に及ぼす影響について検討することが求められる。

　以下では，こんにちの福祉国家にみられるもうひとつの動態として，社会サービス供給の手段を国境の外に求める動きである，福祉国家の脱国民国家化について検討する。

福祉国家の脱国民国家化の可能性　ポスト20世紀型福祉国家では，脱集権化の指標が大きな意味をもち，レジームの収斂と新たな分岐が生じている。しかしながら，ここで現代の福祉国家が直面するグローバル化という視点を踏まえると，ポスト20世紀型福祉国家における，国民国家を基軸とした福祉国家に生じる揺らぎのもうひとつの側面として，福祉国家の脱国民国家化の動態がとらえられる。

　一般に，グローバル化とは，人，モノ，カネ，情報の国境を越えた移動が活発な状況を指す。ポスト20世紀型福祉国家では，ケインズ＝ベヴァリッジ体制の福祉国家を支えてきた雇用や家族のあり方に変化がもたらされるなかで，福祉国家を支える中心的な社会セクターの多元化も進んできた。こうした多元化を通じた脱集権化は，福祉国家がグローバルな市場経済にさらされる以上，国境を越えた現象としての可能性を考慮せざるを得ない。

　福祉国家の脱国民国家化は，医療や介護を含む社会サービス供給の担い手となる労働力の国際移動によって進行する。こうした社会サービス分野では，担い手となる労働力の国際移動が顕著であり，グローバルな労働市場が形成されている。わが国でも，経済連携協定（Economic Partnership Agreement，以下 EPA と略す）の締結によって2008年以降インドネシアとフィリピン，ベトナムから看護師と介護福祉士候補者の受け入れを開始しており[17]，欧米の先進各国では，医師や看護師，介護福祉士という社会サービス供給の担い手となる労働者の国際移動が活発である。たとえば，ヨーロッパの保守主義レジームの福祉国家では，家族主義に依存してきたケア労働が少子高齢化の進展のなかで立ち行かなくなるなか，その解決策として，移民ケア労働者の家庭への導入が採り入れられていることが，先行研究のなかで明らかにされている（稗田 2010；伊藤

2011a；2011b)。このほか，保守主義レジーム同様に家族主義規範の強い福祉国家を形成するアジアの新興国では，1990年代以降の経済発展に伴い，女性の労働参加が進むなかで，国内女性の代替として周辺国から保育や介護を含めた家庭内でのケア労働の担い手となる移民女性の動員が進む。これらのケースからは，家族を中心的セクターに据えた福祉国家における家族のあり方の変容が福祉国家の脱国民国家化を進めるという，ポスト20世紀型福祉国家における保守主義レジームの再編と，福祉国家と移民との新たな関係が見出される。

上記以外にも，医療サービス供給における労働力の国際雇用が，福祉国家の脱国民国家化のケースとして挙げることができよう。アメリカ，イギリス，カナダ，ニュージーランドなどの自由主義レジームの国では，医師をはじめとした医療専門職の活発な国際移動が生じており，この点において福祉国家の脱国民国家化の進展が窺われる。

図2-2は，OECD加盟各国における，はじめの医師資格を海外で取得した医師（foreign-trained doctors）の割合を表している。このグラフから，概ね，母国で医師資格を取得し，その後海外の医療機関で就業する医師の割合を読み取ることができる。この図からも，アイルランド，ニュージーランド，イギリス，アメリカ，オーストラリアという，自由主義レジーム福祉国家での外国人医師の受け入れが顕著であることが指摘できる。

また，図2-3は，同じくOECD加盟各国における，海外で看護師資格を取得した看護師（foreign-trained nurses）の割合を表している。アイルランドを除くと，医師ほど高い割合ではなく，自由主義レジームにおける国際移動も医師ほど顕著なクラスターを示してはいない。しかしながら，看護師についても，自由主義レジームの国では，ほかのレジームの国に比べて，相対的に高い割合の国際雇用の実態が示されている。

福祉国家論では元来，福祉国家は国民国家を前提とした制度としてみなされてきた。新川によればそもそも福祉国家は，「階級を超えた国民統合のプロジェクトであることから優れてナショナリスティックなもの」であり，「国家本位主義が必然的に想定されており，福祉国家といった途端，それは国境を再

第2章 福祉レジームが規定する移民の受け入れ

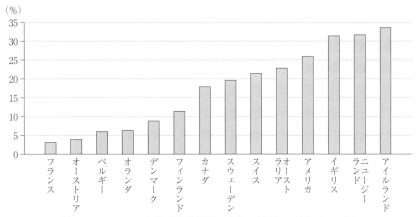

図2-2 はじめの医師資格を海外で取得した医師の割合（2009年）
出典：OECD（2009：69）。

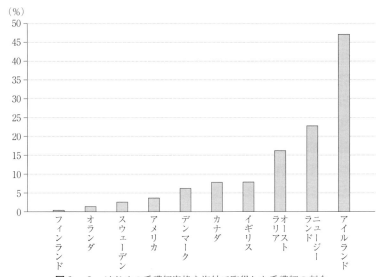

図2-3 はじめの看護師資格を海外で取得した看護師の割合
出典：OECD/WHO（2010：2）。
注：オランダとデンマークの数値は2005年，スウェーデンとオーストラリアは2007年，アメリカは2004年，イギリスは2001年の数値に基づき，そのほかは2008年の数値に基づく。

確認することになる」と考えられてきた（新川 2011：12；2014：156）。これは，移民が福祉の受給者として想定されてこなかったということに限らず，従来の福祉国家論では，福祉供給面に関しても移民の役割は想定されてこなかったということである（伊藤 2011a：301）。その意味で従来の福祉国家は，国民国家による国民国家のための制度として位置づけられてきた。

　しかしながら，ポスト20世紀型福祉国家では，福祉国家は国民国家の国境とは異なる境界線の伸縮に直面しているのである。この境界線の伸縮は，福祉国家が無条件にグローバル化を受容しているのではなく，新たな社会的リスクに直面する福祉国家の持続戦略にもつながっている。福祉国家論では，「最底辺への競争（a race to the bottom）」に代表されるように，グローバル化と福祉国家の危機との相関関係が指摘されてきたが（Mishra 1999：15），グローバルな労働市場を活かした社会サービス供給主体の多元化としての福祉国家の脱国民国家化は，グローバル化の下で福祉国家の境界線を戦略的に伸縮させることによる，福祉国家の持続のための手段として考えることができよう。社会サービスの担い手の国際雇用を，グローバル化の副産物として活用することで，脱国民国家化による持続戦略が図られている。

　こうした福祉国家の脱国民国家化の視点は，ポスト20世紀型福祉国家の福祉レジームを再検討するうえでも重要である。福祉レジーム論では脱集権化の視点が欠けていたが，脱国民国家化の視点も想定されてはこなかった。しかしながら，上記のように，現代の福祉国家では，社会サービス供給面において福祉国家と移民の新たな関係が築かれていることから，こうした指標を比較福祉国家の視点に組み込むことが求められる。脱国民国家化についても，脱集権化同様に，いずれの福祉レジームにも見られる動態である。以下では，自由主義レジームをはじめ，各福祉レジームにとって福祉国家の脱国民国家化がどのような意味をもつのかを考察する。

福祉国家の脱国民国家化と福祉レジームの分岐　前述のとおり，民間非営利セクターや社会的企業の社会サービス供給における役割は，レジームを問わず広がる傾向にある。同じく，ポスト20世紀型福祉国家の動態をとらえるため

の指標である福祉国家の脱国民国家化は，グローバル化との関係が深い視座である。いまや，グローバル化との接点をもたない福祉国家はなく，いずれの福祉レジームについても，国境を越えた社会サービス供給主体の広がりを意味する脱国民国家化の可能性は否定できない。保守主義レジームでは，家庭内ケア労働における移民労働力の導入が行われており，自由主義レジームでは医療サービスにおける移民労働力の導入が顕著である。一方，社会民主主義レジームの福祉国家では，自由主義レジームや保守主義レジームのように，導入が顕著な分野を読みとることはできない。これは，社会民主主義レジームが，20世紀型福祉国家の下でも移民に対して比較的開かれた福祉国家を構築してきたことから，社会サービスの担い手としての移民の導入を規制する論理も働いておらず，現に医師や看護師についても，図2－2と図2－3からそれぞれ社会民主主義レジームの国での国際雇用の状況が確認できる。いずれの福祉レジームにおいても，福祉国家は脱国民国家化を進めつつあるが，以下ではイギリスを念頭に置き，自由主義レジームにおける福祉国家の脱国民国家化について論じる。

　医療専門職の国際移動の活発化は，自由主義レジームの各国で進められる一方，たとえばドイツやフランスでは，EU域内出身の医師を除いて，基本的に外国人による診療は認められていない。[19]医師のように，高度な専門性を要する職種における外国人労働者の受け入れには，国ごとに異なる資格や免許に関する制度の調整や雇用上の規制など，さまざまな制度的な問題を解消していくことが求められるが，自由主義レジームの国では，こうした制度的な障壁を国家間で調整することで，医療における人の国際移動が比較的円滑に行われてきた。市場が中心的な社会セクターとなる自由主義レジームでは，グローバル化の下での市場のあり方の変容が，福祉国家の脱国民国家化を進めているのである。

　一般に，グローバル化したとはいえ，情報に比べて資源（人，モノ，カネ）の移動にはさまざまな制度的制約が伴うことが指摘される（武川 2012：12-13）。しかしながら，自由主義レジームの国では，資源の国際的な移動の制約となる規制や保護法制が薄いことから，情報や資源の国際移動という状況を受容する

ことで，グローバル化に対応した再編を選択することが比較的容易である。

　社会サービス供給において，人の国際移動を活用することで進む福祉国家の脱国民国家化は，市場，政府，家族，あるいは民間非営利組織のいずれのセクターを中心に据える福祉国家とも異なる新たな社会サービス供給のかたちを生み出す。20世紀型福祉国家が前提としてきた家族や市場のあり方が揺らぐなかで生じる脱国民国家化の視点を踏まえることが，こんにちの福祉国家の動態をとらえるうえで重要性を帯びている。

　福祉国家の脱国民国家化は，福祉レジームを問わず広がりつつある現象として理解することができよう。福祉国家の脱国民国家化が，従来の福祉国家が依拠してきた社会セクターの揺らぎから生じていることはすでに確認したとおりである。しかしながら他方で，こんにちの福祉国家における脱国民国家化という選択がもつ意味は，こうした既存の社会セクターが直面する変化への対応だけではない。たとえば，保守主義レジームでは，家族のあり方の揺らぎに対して移民ケア労働の導入で対応することが，結果的には，「ケアを必要とする者は家庭内で家族が面倒をみる」という従来の保守主義レジームの家族イデオロギーに反しないかたちでのケア労働の確保を可能にしているという（稗田 2010：137-138）。女性の労働市場への参入とそれに伴う家父長制の動揺や，少子高齢化の進行など，保守主義レジームが直面する家族主義規範の変化が，移民ケア労働者の家庭への導入という選択を促すことで，依然としてケアの家族化の維持につながる。したがって，移民ケア労働者の動員は保守主義レジームの脱家族化を促す手段ではなく，いうなれば再家族化の手段となっているのである。その意味では，保守主義レジームにおける脱国民国家化は，グローバルな市場を媒介しつつも，その目的は依然として家族主義の維持にあるといえよう。保守主義レジームにとって，脱国民国家化は家族主義的福祉国家を支える役割を果たす。同じように，自由主義レジームにおける脱国民国家化は，福祉国家を取り巻く市場の変化に対応するためにグローバルな市場に光をあてることで促されており，脱国民国家化は，結果的に自由主義レジームの再商品化，市場を中心的な社会セクターに据える市場化の強化という意味をもつ。

表 2 - 6　20世紀型福祉国家とポスト20世紀型福祉国家における社会セクターの比較

	想定される社会セクター
20世紀型福祉国家	政府，市場，家族
ポスト20世紀型福祉国家	政府，市場，家族，民間非営利組織，グローバル市場

出典：筆者作成。

　したがって，福祉国家の脱国民国家化は，従来の福祉国家を支えてきた社会セクターの揺らぎによって生じる福祉国家の新たな現象であるとともに，他方では，こうした揺らぎに対して，それぞれの福祉レジームで従来想定されてきた社会セクターを担い手とした社会サービス供給システムを再構築しながら進行する。このようにとらえると，福祉国家の脱国民国家化は，福祉レジームの収斂化を生み出すのではなく，各福祉レジームの分岐を支える役割を果たしていると考えられる。グローバル化に伴う福祉国家の脱国民国家化は，各国の社会サービス供給体制の収斂化を意味するのではない。脱国民国家化を通じた福祉国家のグローバル化への適応戦略もまた，福祉レジームの多様性へとつながる。

　表2 - 6に示されるように，脱集権化を担う非営利セクターも脱国民国家化を担うグローバル市場も，いずれも20世紀型福祉国家で主要な社会セクターとしては想定されてこなかった。20世紀型福祉国家では，福祉多元主義の議論にある，民間非営利組織の活用による福祉国家の維持については基本的には想定されてこなかったことに加え，国民国家の国境線の外に社会サービス供給の担い手を求める，国民国家を越えた福祉国家のあり方は想定されてこなかった。

　しかしながら，脱集権化と脱国民国家化では，まったく異なる次元のセクターが想定される。前者が政府と市場との間に位置づけられる民間非営利組織の存在を指摘するのに対し，グローバルな市場に福祉国家持続のための手段を求める後者は，従来の福祉国家論の下でも主要なセクターのひとつに数えられてきた市場の存在に改めて光をあてつつも，国民国家を越えたグローバルな視点での福祉制度のとらえ直しを迫る議論をはらむ。福祉国家の歴史は，国境線

内部での政治経済の歴史を意味してきたことから（Crepaz 2008：14），脱国民国家化という視点が福祉国家の再編と福祉レジーム論の再検討にもたらす影響は大きい。20世紀における福祉国家が，地域や階級を横断して全国民をカバーすることで，ナショナリズムを生み出す制度として考えられてきたことに対し，脱国民国家化は，従来の福祉国家の前提とは異なる福祉国家のあり方に正統性を付与する手段であるといえよう。

　本項で論じたように，ポスト20世紀型福祉国家において，社会投資的福祉国家への転換と福祉国家の脱集権化，脱国民国家化が進められる。いずれも新たな社会的リスクに直面するポスト20世紀型福祉国家の持続戦略として選択された再編の道であった。次項では，これらのベクトルでの自由主義レジーム福祉国家の再編が，「新たな」移民の受け入れとどのような関係をもつものであるのかを検討する。

（2）自由主義レジームの再編と移民

　第1章で論じたように，コモンウェルスからイギリス本国への移民は，コモンウェルス移民法の制定や国籍法の改正という制度変遷のなかでも絶えず継続され，イギリス型移民レジームの下で開かれた移動の経路は維持されてきた。こうしたなかで，実態としてはコモンウェルス市民が非正規や低賃金の労働力需要に応えるかたちでイギリス本国の労働市場で受け入れられることで，イギリスでは公式に労働移民を積極的に受け入れる制度なしに労働力需要に応えてきた。一方で，2000年代初頭以降のイギリスでは，コモンウェルスから，「新たな」移民として高度技能移民の選別的な受け入れが行われている。

　本項では，高度な技能を有する移民の受け入れへと，イギリス型移民レジームの下での出入国管理の仕組みが変化した背景を，ポスト20世紀型の自由主義レジーム福祉国家の再編との関係から考察する。前項で論じた，ポスト20世紀型の自由主義レジーム福祉国家の再編と，高度な技能を有する労働移民への需要にはどのような関係があるのかを検討する。

第 **2** 章　福祉レジームが規定する移民の受け入れ

脱工業化とグローバル化　　ポスト20世紀型福祉国家では，20世紀型福祉国家の下で想定されてきたリスクとは異なる，新たな社会的リスクへの対応が迫られるほか，諸個人のライフ・コースも多様化する。かつての福祉国家は，男性を一家の稼ぎ主とする標準的なモデルに則ることで十分な福祉と高い出生率を保証してきた（エスピン＝アンデルセン　2001：19）。正規雇用に就く男性稼ぎ主の労働市場における収入が一家の家計を支え，女性はいったん労働市場に参入するものの，概ねが第一子の出産をきっかけに労働市場から退出し，育児や介護，家庭内での無償の家事労働を担う立場となることを所与とした標準モデルが想定されてきた。このような標準モデルは，1970年代まで継続し，強力な家族と良好に機能する労働市場に依存して，ほとんどの人びとに最大の福祉を供給することを可能にしてきたのである（エスピン＝アンデルセン　2001：23）。このように，家族形態が画一的であったことから，そこで生じうるリスクも想定可能であった。すなわち，福祉国家が伝統的に保護の対象と考えてきたライフ・コースのリスクとは，「非活動的な」人生の両極端の時期，つまり，子ども（家族手当を通じて）と老人（年金を通じて）に集中していた（エスピン＝アンデルセン　1999＝2000：73）[20]。

　こうして20世紀型福祉国家は，画一的な家族形態や個人のライフ・コースの下で，想定しうるリスクに対応することで，維持と発展を遂げてきたのである。しかしながら，こんにちでは，既存の福祉国家が想定してきた，男性が一家の大黒柱として女性，子どもを扶養するという形態に該当する家族は明らかに減少している。家族に生じたこの変化の背景にあるのが，脱工業化である。

　周知のとおり脱工業化とは，製造業からサービス産業へと産業構造の中核が変容することを意味する。すなわち，福祉国家形成期にみられた産業構造に占める製造業の高比率が，現在ではサービス産業に置き換えられている，という変化である。伝来の製造業の仕事が消えつつあるということについて異論をさしはさむ余地はなく（エスピン＝アンデルセン　1990＝2001：205）[21]，著書『脱工業社会の到来』においてこうした産業構造の転換を予見したベルは，確かに来るべきポスト工業社会を冷静に見据えていたということであろう（ベル　1973＝

1975)。

　サービス産業中心の産業構造への転換は，労働市場における労働者の構図を変えただけではない。ボーモルは，生産性の高い産業と非効率な産業という二つに労働を分類し，前者を製造業，後者をサービス産業にあてはめたいわゆるボーモル・モデルを提示した（Baumol 1967：416）。これは，サービス産業は製造業に比べ生産性が低い一方で，賃金率は生産性の高い製造業と一致していくことから高コストとなるが，サービス産業の生産性はコストと比例して上昇しない，ということを表すモデルであるが，このように，労働による生産性と賃金のバランスに変化が生じれば，それもライフ・コースの多様化を生み出す一要因となりうる。生産性が低く低賃金の労働へと産業構造が転換するなかで，男性稼ぎ主を大黒柱とした従来の標準モデルの家族像は立ち行かなくなる。こうして脱工業化社会への移行がはっきりしてくることで，家族の安定性にかげりが見えはじめ，失業が広がり，キャリア形成における不確実性が高まり，ライフ・コースのリスクが若年層や壮年，つまり成人層にまで入り込んでくるようになったのである（エスピン＝アンデルセン　1999＝2000：73）。

　20世紀型福祉国家の役割は，概ね子どもと高齢者に限定したリスクヘッジを講じることであった。しかしながら，ポスト20世紀型福祉国家では，こうした想定可能なリスクに限らず，さまざまなライフ・コースとそこから生じうるリスクへの対処が求められる。主に若年層にみられる長期的貧困から抜け出せない貧困の罠の問題は，まさにこんにちの福祉国家が直面する新たな社会的リスクとして認識される問題である。このほか，女性の労働市場参入の増加，男性の労働市場からの退出，高齢化，婚姻率の減少，少子化，離婚率や婚外子率の上昇に伴うひとり親世帯の増加などの諸要因が，既存の福祉国家が与件としてきた男性稼ぎ主モデルの維持を困難にするなか，多様な個人のライフ・コースや多様な家族形態が現れることとなった。

　このように，脱工業化社会において，従来の福祉国家論が想定していなかった新たな社会的リスクが，ライフ・コースの多様化によって生じた。こうした変化が生じる背景には，福祉国家が置かれる環境の変化，すなわちグローバル

化への対応という要因がある。ポスト20世紀型福祉国家では，脱工業化が進むとともにサービス産業や知識基盤型産業へと産業構造の主軸が転換した。これにグローバル化が加わることで従来の福祉国家の想定とは異なる新たな社会的リスクへの対応が迫られた。

とりわけ自由主義レジームの福祉国家は，その担い手となる中心的な社会セクターが市場であることから，産業構造の変化やグローバル化という市場を取り巻く環境の変化は，福祉国家のあり方に大きく影響する。さらに，前項で確認したように，福祉国家は，レジームを問わず社会投資を鍵として再編を図っている。この社会投資は，脱商品化と商品化，すなわち社会保障と雇用の連携を強化した福祉国家の再編を進めるものであり，自由主義レジームでは，脱商品化指標の低さと結びつくワークフェアがその手段となる。

イギリス型移民レジームとポスト20世紀型自由主義レジーム

上記のように，脱工業化やグローバル化の下で，福祉国家は環境の変化に直面してきた。こうしたなかで，自由主義レジームでは，社会投資的福祉国家への再編の手段としてワークフェアが選択され，福祉国家の脱国民国家化の兆しもみられる。

このような特徴から，ポスト20世紀型の自由主義レジームにおける移民の受け入れについて検討していくと，表2-7のような特徴が指摘できる。表2-6でも確認したように，20世紀型福祉国家が，政府，市場，家族を主要な社会セクターとして維持されてきたのに対し，ポスト20世紀型福祉国家では，これに民間非営利組織とグローバルな市場が加わった。自由主義レジームについては，20世紀型福祉国家では，国内の市場を中心的セクターに据えてきたのに対し，ポスト20世紀型では，国民国家を越えたグローバルな市場の下で自由主義レジームは維持され，脱国民国家化が促される。こうしたなかで，福祉国家の政治経済としては，移民の受け入れは従来のとおり労働力の補填を目的としつつも，産業構造の変化により，ニーズの高まる労働力は単純労働から高度技能労働の比重が高まる。20世紀型福祉国家の下で，単純労働の補填として移民が受け入れられてきた自由主義レジームでは，産業構造の変化に伴い，需要が高

表2-7 ポスト20世紀型福祉国家における自由主義レジームの特徴

脱商品化	階層化	脱国民国家化	社会セクター	福祉国家の移民受け入れの論理
低	高	高	グローバルな市場	高度技能労働の補塡

出典：筆者作成。

まる労働力は低技能から高技能へと変化し，移民についても，技能の高い労働移民の受け入れに関心が高まる。

　第1章で言及したように，イギリスにおける高度技能移民受け入れ政策の制度化は，実態としてはイギリス型移民レジームの下で開かれた経路を活かした「新たな」移民の受け入れであった。ポスト20世紀型福祉国家への移行により，受け入れる移民の技能水準に違いが生じ，イギリスの場合，それが移民の社会階層の変化にもつながったが，イギリスにとって，コモンウェルスが絶えず人材調達のための重要な拠点となっているのである。したがって，技能移民の受け入れは，ポスト20世紀型福祉国家の下での産業構造の変化に対応する「新たな」選択であったが，この「新たな」ニーズに対応するうえで選択されたのは，イギリスが従来から維持してきたコモンウェルスからの人の移動経路の活用であった。技能移民の受け入れは，その点では「新たな」現象ではなく，過去の歴史によって支えられたものであった。こうしたコモンウェルスからの技能を有する移民の受け入れは，従来のイギリスの労働市場でコモンウェルス市民が直面してきたカラー・バーを乗り越えた新しいかたちでのコモンウェルス市民の位置づけをも生じさせているのである。

　自由主義レジームのなかでも，イギリスは歴史的にコモンウェルスという人材調達の拠点を有してきたことから，産業構造の変化や労働力需要に応えるうえで，移民の動員がスムーズに行われている。したがって，歴史的な遺制としてのイギリス型移民レジームが，こんにちの自由主義レジーム福祉国家で生み出される労働力需要にも対応するかたちで機能している。

　図2-1で指摘したように，高度技能移民受け入れ政策では，出入国管理の仕組みと移民の雇用条件の形成が密接に関係していることが指摘できる。出入国管理政策としてのHSMPやPBSは，高度技能者を必要とする自由主義レ

ジーム福祉国家で生み出された移民の雇用条件に対応するかたちで制度化した。こうした点にも、移民レジームと福祉レジームが規定する移民の受け入れのパターンとの密接な結びつきが表れている。

　高度技能移民の受け入れは、自由主義レジームの福祉国家にどのような変化を生み出しうるのであろうか。高度技能移民受け入れ政策は、出入国管理の段階で技能に基づいて入国、居住させるにふさわしい移民であることを保証する政策となった。第1章で論じたように、高度技能移民受け入れ政策の下で移住を認められるには、技能や所得に関するさまざまな条件を満たすことが求められる。

　イギリスの出入国管理政策における技能水準に基づく選別は、入国段階での移民の選別を、出自や人種などの集団的属性ではなく移民個人の技能に基づいて行うものであり、この点にイギリス型移民レジームの変容を指摘できることは第1章でも述べた。高度技能移民受け入れ政策の下でイギリスに入国するためには、技能や収入状況、あるいはイギリス国内で生活するうえで不可欠となる英語能力など、さまざまな項目からなる基準を満たすことが求められる。一方で、こうした入国段階でのいわば移民個人の能力に基づく選別の条件を満たした移民に対しては、本国国民同等の保障が開かれることとなる。これは、自由主義レジームの福祉国家において、移民が享受する権利が居住によって保障されつつあると理解することができよう。入国段階での選別のハードルを設けつつも、この選別の基準を満たした移民個人には権利を保障する仕組みである。主として永住外国人を対象に居住実態に基づいて普遍的権利を保障するデニズンシップという概念について本書ではすでに提示したが、技能移民への上記の選別と包摂にはこうした概念の受容を読み取ることができる。社会民主主義レジームの福祉国家のような居住に基づく権利の保障が、自由主義レジームの福祉国家において生じつつあることが指摘できよう。

　厳格な高度技能移民受け入れ政策の下で受け入れが進む移民としては、企業家や専門資格を伴う専門性の高い職種の労働者が該当する。なかでも医療専門職の移民は、前項で考察したポスト20世紀型の自由主義レジームの再編の道で

ある福祉国家の脱国民国家化とも関係する存在である。医療サービス供給における医師の国際雇用は，自由主義レジーム福祉国家の特徴を生かした人材調達の手段であるとともに，ポスト20世紀型福祉国家が直面するグローバル化の影響を活用した福祉国家の持続の手段でもある。

小　括

　本章では，福祉レジーム論に沿って，福祉国家の政治経済の仕組みが移民の受け入れをどのように規定しているのかを考察した。福祉レジーム論は，各国の福祉国家における社会保障給付のあり方と雇用の仕組みの多様性を提示する理論であるが，移民に対する社会保障の手厚さや雇用の仕組みも，福祉レジームをわける指標によって左右されることを論じた。

　福祉国家の政治経済制度によってわけられる福祉レジームは，各国の福祉国家における福祉の受給原則に違いを生み出すが，これは国民だけでなく，移民によるホスト国の福祉の受給原則をも規定しているのである。さらに，こうした福祉受給の原則の違いが，各福祉レジームにおける雇用の仕組みにも違いを生み出していることから，移民の受け入れについても福祉レジームは社会保障と雇用の双方に関する含意をもつ。

　したがって，福祉レジームから移民の受け入れを考察することによってみえるのは，各福祉レジームにおける移民の社会権の保障，すなわち脱商品化の仕組みと，移民の雇用条件，すなわち商品化の仕組みが生み出される政治経済的な背景との関係である。各福祉レジームの特徴によって移民を受け入れる福祉国家の論理は異なっており，これに応じて移民の福祉受給の保障の仕組みにも違いが表れる。イギリスの場合，自由主義レジーム福祉国家が労働力として移民の受け入れを促した。

　こうした福祉レジームと移民との関係は，イギリスの歴史の独自性によって形成されたイギリス型移民レジームとも影響し合う。図2－1に表したように，イギリスの歴史のなかで形成された移民の社会権に対する保障の仕組みと，福

第2章　福祉レジームが規定する移民の受け入れ

祉レジームによって規定される，移民に対する脱商品化の仕組みには密接な関係がある。これに加え，出稼ぎの労働移民を受け入れるゲスト・ワーカー制度のように，移民レジームの下で形成される出入国管理の仕組みは，移民の雇用条件の形成に影響する。移民レジームは，国ごとに異なる社会権保障のあり方や国籍概念に基づき形成されるが，これまで論じてきたように，福祉レジームが規定する移民の受け入れには一定のパターンを指摘することが可能である。したがって，福祉レジームが規定する移民の受け入れを明らかにすることで，国ごとの独自性が強固な移民の受け入れについて，政治経済的な視点を踏まえることによって一定のパターンを示すことが可能であった。

　上記のような移民レジームと福祉レジームとの関係は，ポスト20世紀型福祉国家の下でも考察されるものであった。高度技能移民受け入れ政策の制度化は，イギリスにおける出入国管理政策の転換点としてイギリス型移民レジームに変化を生じさせた。こうした移民レジームの変容は，ポスト20世紀型福祉国家において自由主義レジーム福祉国家が直面する変化から検討することが可能であった。ポスト20世紀型福祉国家では，脱工業化が進み，資本集約型，知識集約型へと産業構造が転換した。自由主義レジームの福祉国家は，その中心的な社会セクターである市場が置かれる環境の変化にさらされやすく，産業構造の変化やグローバル化という市場を取り巻く変化によって福祉国家が受ける影響が大きくなるためである。

　こうしたなかで，20世紀型福祉国家の下で生み出された自由主義レジームにおける移民労働力へのニーズは，単純労働から高度な技能水準を伴うものへとその比重が変化した。このように，移民の受け入れ基準に能力主義の視点が組み込まれる一方で，ポスト20世紀型福祉国家における上記の労働力のニーズに応えるうえでも，イギリスではコモンウェルスを拠点とした人材調達という手段が継続して重要な役割を果たした。

　第1章で考察したように，コモンウェルスからの移民は，1948年国籍法下でのコモンウェルス市民権の制度化を起点としたイギリス型移民レジームの下で，イギリス本国への移動の自由を保障されてきた。イギリス型移民レジーム自体

は，労働移民を受け入れるために制度化した仕組みではなかったが，コモンウェルス市民は，自由主義レジーム福祉国家の政治経済が生み出した低賃金労働の穴埋めとして動員されてきた。さらに，こんにちの政治経済的要請のなかで，新たな労働力需要に応えるかたちでコモンウェルスからの移民の受け入れが継続していることは，第1章の表1－9から確認した。その意味では，従来とは異なる背景ではあるものの，ポスト20世紀型福祉国家の下でも，コモンウェルスがイギリスの重要な人材調達ルートとして機能し続けているのである。

かつては市民権をもちつつも，事実上，労働市場におけるカラー・バーによってその大部分が下位の社会階層を占めてきたカラードの新コモンウェルス市民が，こんにちのイギリス福祉国家では，移民法上の管理の対象となる外国人として出入国管理政策の下でのコントロールを受けつつも，社会階層の上位に位置づけられる労働力として受け入れられているのである。したがって，イギリス型移民レジームが，自由主義レジームの再編と新たな労働力需要に対応することで，コモンウェルスを拠点とした技能を有する移民の受け入れが可能となった。

次章では，自由主義レジーム福祉国家の再編の直接的な手段であるワークフェアが，移民の社会的包摂にどのような影響を及ぼしているのかを考察する。イギリス型移民レジームと自由主義レジーム福祉国家とが影響し合う環境において，ワークフェアがもつ社会的包摂のアイデアが，本来の国内的な意味を越えて新しい包摂と排除を生み出すことを明らかにしていく。

さらに，本章で明らかにした福祉国家再編下の労働力需要への対応で，「新たな」移民として受け入れられるコモンウェルス市民のイギリス社会への包摂について検討する。労働市場における需要に応える存在である彼らが，労働市場を越えて社会の一員としてのメンバーシップを獲得するうえで，福祉国家改革におけるワークフェアが果たした役割に言及しつつ，新たにうまれる排除の論理についても指摘する。

注

(1) 脱家族化指標は，エスピン＝アンデルセン（1999＝2000）で加えられた。ジェンダー研究やフェミニズムの観点から寄せられた主な批判としては，Orloff（1993），O'connor（1993），Sainsbury（1994；1996）が挙げられる。また，シーロフは女性の労働力動員を指標として用いることで，4類型の比較福祉国家論を提示している（Siaroff 1994）。

(2) 雇用レジームについて言及した先行研究としては，たとえば下平（2001），宮本（2008：21-34）が挙げられる。このほか，ホール・ソスキス（2001＝2007）では，資本主義経済に内在する，自由主義的市場経済（LME）と調整的市場経済（CME）との違いを明らかにすることを目的として，金融システムや労使関係，職業訓練などの雇用をめぐる制度からなる生産レジームを福祉レジームとの対応関係でとらえている。雇用レジームであれ生産レジームであれ，いずれも社会保障や社会サービス給付を指す狭義の福祉レジームだけでは福祉国家を取り巻く諸制度の体系をとらえることができないことを表しており，こうした観点からも社会保障と雇用の両輪で福祉国家をとらえることの必要性が指摘されている。

(3) 1998年に北アイルランド議会が再開し，1999年にウェールズ議会，スコットランド議会が設置されている。

(4) たとえばNHSでは，それぞれの地域に権限が付与されており，運営自体も各地域のNHSに委ねられている。

(5) ここでは，「イギリスの（British）」は，「イングランドの（English）」との対比概念として位置づけている。ウェールズ，スコットランド，北アイルランドの人びとが，「イングランドの」民族的アイデンティティを共有できないなかで，福祉国家は連合王国としての一体感を生み出すことで，四つの地域やイギリス特有の階級間での格差を横断した「イギリスの」統合のための手段として位置づけられた。なお，福祉国家が民族的アイデンティティを越えて連帯を醸成するという考え方は，イギリスに限らず一般論として指摘されている（スピッカー 2000＝2004；Crepaz 2008）。一方，国民国家を前提とした従来の福祉国家論は，国民的アイデンティティと福祉国家との密接な関係を与件としていることが窺われる。たとえばミュルダールは，福祉国家は物理的に国境線で区切られるばかりか，民主的な国民的福祉国家の成長が，国民国家との間およびその域内に住む全国民との間の一体感をいっそう増大させる，いわば心理的基礎としての役割を果たしてきたことに言及している（ミュルダール 1960＝1970：231）。

(6) エスピン＝アンデルセンの福祉レジームの類型では，アメリカ，カナダ，オーストラリアが自由主義レジームの代表国として挙げられており，イギリスは自由主義

レジームの近似モデルとされており，その位置づけが明確ではないことが確認できる（Esping-Andersen 1992：111）。
(7) なお，フード・スタンプは，2008年から，SNAP（Supplemental Nutrition Assistance Programe ＝補助的栄養補給プログラム）へと改称している。
(8) イギリスの公的扶助は，2012年福祉改革法を受けて，複数の税額控除と無拠出制給付がユニバーサル・クレジットと年金クレジットに整理された。これによっていずれの世代の低所得者に対しても社会保障給付が行われている。
(9) イギリスのチャリティに関する詳細と，その社会福祉の担い手としての役割については，田端（1999），ならびに金澤（2008）に詳しい。
(10) イギリス福祉国家における選別主義は，1986年社会保障法を契機として強化された。たとえば，同法の下では，自発的退職者への国民保険給付（失業給付）の最大欠格期間は6週間から13週間へと引き上げられた。こうした改革のなかで，1986年社会保障法以降，資力調査を重視し，選別主義を強化する仕組みへと向かった。日野原（2012c：131-132）。
(11) 1952年に北欧理事会が創設されて以降，こうした北欧諸国間の協調は北欧協力というかたちで進められてきた。
(12) スウェーデンでは，1976年以降，定住外国人にも地方議会選挙における選挙権，被選挙権，国民投票への参加権を与えている（岡澤 1991：120）。
(13) PSI は，1978年に PEP と CSSP（Centre for the Study of Social Policy）が合併して創設された。
(14) イギリスでは，市場調査のための人口区分が，政府の統計や民間の市場調査で用いられている。NRS 社会階層は，こうした人口区分のために使用される指標である。
(15) 表2－4は職業水準に基づく分類を表すことから，この表では取り上げていないが，年金生活者や失業者などが含まれる社会階層のEは，労働市場に参入していない者が含まれるカテゴリーである。
(16) 一連の人種関係法改正による転換の具体的な内容については，若松（1995：26-29），浜井（2007：73-75），巻口（2007：43-47）に詳しい。
(17) わが国における EPA 締結とそれに伴う看護師，介護福祉士候補者の受け入れに関しては，安里（2012）に詳しい。
(18) 稗田（2010）では，イタリアとオーストリアにおける移民ケア労働者導入のケースが分析されており，伊藤（2011a；2011b）では，イタリアにおける移民ケア労働者導入のケースが分析されている。
(19) EU 域内での医療専門職の移動は活発であり，医療専門職の国家資格の相互承認

も進められている。1958年に欧州経済共同体 (European Economic Community, EEC) が創設された当初は、加盟6ヵ国間での相違を調整するための交渉が医師や薬剤師など専門職ごとに行われ、1973年の第一次拡大以後、拡大のたびに加盟国間での医療専門職の国家資格などに関する調整が行われてきたという。こうして、拡大のたびに加盟国間での制度の調整を行う必要に迫られるなかで、医療専門職国家資格の背後には、加盟国ごとに前提条件となる大学卒業資格など学位の基準や必要年限の違いなどがあることから、「学位の相互認証」の概念を導入することで、資格の調整が進展した（福田・福田 2009：87-88）。詳細については、福田・福田（2009：87-97）を参照されたい。

(20) また、歴史を遡れば、このようなライフ・コースの固定化は初期の貧困研究のなかでも指摘されてきた。イギリス社会学では元来、都市問題や貧困問題が主要なトピックとして扱われており、地方都市を中心とした貧困研究に従事したB.S.ロウントリーによる研究では、貧困線（poverty line）を軸に、労働者階級のライフサイクルを、貧困時と相対的富裕時（want and comparative plenty）に分類した（Rowntree 1901：136-137）。そのなかで、貧困時にあたる時期としては、幼児期、結婚後の育児期、退職後の老年期が提示されている（Rowntree 1901：136-137）。労働者階級は皆一様にこのライフ・コースをたどるものと見込まれた。したがって、予め貧困というリスクに陥る時期は想定可能であると考えられてきた。

(21) たとえば、キャッスルズによる福祉国家の定量的研究からも、製造業退行の一方で、サービス産業の比率が高まってきたことが明らかにされている。1960年から1993年にかけてのOECD加盟21ヵ国を対象に、公共政策の指標となりうるさまざまなデータを用いることで比較分析を行ったキャッスルズの研究では、職業構造に関する分析も行われている。それによれば、1993年のデータでは、21ヵ国すべての国でサービス産業に従事する労働者が全体の50％以上を占める一方で、製造業は1974年のデータでは多くの国で概ね低下していないものの、1993年のデータでは劇的な低下が示されている（Castles 1998：40-41）。さらに、男性労働者の製造業に占める割合の高さと、1970年代からの失業率の上昇が製造業の衰退と関連していること、および女性労働力の拡大がサービス産業の出現と関連していることが示されており、欧米各国において、1990年代前半に製造業の衰退とサービス産業への移行が生じたことが実証的に示されている（Castles 1998：43）。

(22) ボーモル・モデルの詳細については、エスピン＝アンデルセン（1999＝2000：206-207）に詳しい。

第3章
ニュー・レイバーのワークフェア改革と移民

　第1章と第2章で論じてきたように，イギリスにおける技能移民の受け入れは，コモンウェルス市民の渡英を保障してきたイギリス型移民レジームと自由主義レジーム福祉国家が規定する移民の受け入れのパターンによってもたらされた移民受け入れの枠組みであった。

　本書でこれまで述べてきたように，技能移民の受け入れは移民レジームと福祉レジームの双方によって規定されている。本章では，こうした二つのレジームによる条件整備の下で受け入れられる技能移民の，イギリス社会のメンバーとしての包摂について検討する。労働力需要に応えるかたちで進んだ技能移民の受け入れであるが，本章で言及するように，彼らのなかには一時的な労働力の補填というよりも，定住を見据えて国民同等の社会権を含む市民権を保障される存在もみられる。外国籍の移民に国民同等の権利を保障し，イギリス社会での包摂を進める背景にはどのような要因があるのか。本章ではこれについて，技能移民の受け入れ政策の制度化と同時期に進行した福祉国家改革の手段であるワークフェア（workfare）に着眼して検討する。

　後述するように，社会権の保障に就労を義務づけるワークフェアを手段とした福祉国家改革は，従来の福祉国家が拠り所とした国民国家を前提とした社会権保障の枠組みに対して，新たな規範に基づく権利保障のあり方を生み出しつつある。

　技能移民の存在に着眼することで，こんにちのイギリス福祉国家における福祉国家と移民との関係を，移民というアクター内部で生じている階層性から考察し，福祉国家と移民との関係に生じる変化と，国民を対象とした福祉国家のあり方に生じる変化の双方について論じる。ポスト20世紀型福祉国家の役割が，

所得の再分配に限らず，社会的包摂の実現にも及んでいることに鑑みて，再分配と承認の双方から，福祉国家のメンバーシップに生じる変化を分析する。高度技能移民が置かれる状況を，再分配の対象としての包摂と，承認の対象としての包摂の観点から考察し，単純労働移民や難民・庇護申請者が置かれる状況と比較することで，社会権の保障に就労を結びつけるワークフェアと，イギリスにおける社会的包摂の概念が，高度技能移民の社会的包摂を促すことを明らかにする。

　第1節では，ニュー・レイバーの下で，ワークフェアのアイデアがどのような政治的背景の下に受容され，実際にどのような政策として採り入れられたのかを確認する。まず，ワークフェアが，行政改革全般のスローガンとなった「現代化」に沿って行われた福祉国家改革であることを指摘する。そのうえで，「現代化」の下で，公共セクターにおける技能移民の受け入れが促されたこと，福祉国家の「現代化」の手段となったワークフェアが，社会権に対して義務概念を付与する「新たな契約」を醸成したことで，これと矛盾しない移民の受け入れを促す環境を整備したことを明らかにする。第2節では，こうした社会権に対する義務概念の付与を生じさせるワークフェアの下で，社会的包摂がどのように位置づけられているのかを論じる。福祉国家改革の手段としてのワークフェアを通じて，義務を前提とした社会的包摂概念が受容されてきたことを考察する。第3節では，移民の存在を想定すると，ワークフェアが異なる二つの次元での包摂と排除の論理を正当化することを指摘する。単純労働移民や難民・庇護申請者が直面する排除と国内の低技能者が直面する排除に照らして，技能移民に開かれる包摂に言及することで，ポスト20世紀型福祉国家で生じる新たな包摂と排除の可能性を探る。

1　ニュー・レイバーのワークフェア改革

　本節では，第1項において，ニュー・レイバーの下でワークフェアのアイデアが受容された政治的背景を考察する。ニュー・レイバーによる行政改革の全

第**3**章　ニュー・レイバーのワークフェア改革と移民

般的なスローガンに位置づけられてきた「現代化」と、そこで生み出された「新たな契約」との関係から、ニュー・レイバーの福祉国家改革の手段としてワークフェアが受容される環境が整ったことを明らかにする。第2項では、現実の政策としてのワークフェアが、ニュー・レイバーの下で具体的にどのように進められたのかを論じる。ワークフェアを契機として生じた新たな包摂と排除の論理を導くために、まずニュー・レイバーのワークフェア政策の理念と実態を提示する。

(1)「現代化」改革と「新たな契約」概念の醸成

　本項では、ニュー・レイバーの下で、福祉国家改革の手段としてワークフェアのアイデアが受容された政治的背景を確認する。ニュー・レイバーの行政改革全般のスローガンである「現代化」と、とりわけ福祉国家改革のなかで重視された「新たな契約」概念の醸成という観点から、ワークフェアが採用された背景を明らかにする。

「現代化」とは何か　ニュー・レイバーのワークフェア改革は、一連の行政改革の旗印とされた、「現代化」改革の一環として行われた。ワークフェアは、福祉国家改革における「現代化」改革のための手段であった。「現代化」改革の下では、効率的で質の高い公共サービス供給への再編が図られた。後述するように、公共サービス供給部門では、効率的なサービス供給のための手段として人材の確保が重点課題とされ、こうした部門でも移民を受け入れることに対するニーズが形成された。以下では、ニュー・レイバーの下で、「現代化」改革が行われた背景を論じる。

　イギリスでは、サッチャー政権以降、公共セクターの見直しが進み、市場原理の導入を含め、民間セクターのノウハウを採り入れることで効率的な公共セクターへと変革する改革が行われてきた。こうした改革は、1997年の政権交代以降、労働党政権にも継承された。しかし、ブレア労働党政権は、サッチャー、メージャーの政策をそのまま踏襲するのではなく、そこにニュー・レイバーの政治目標やアイデアを組み合わせることで、独自の改革路線を敷いたのである。

労働党は，1994年にブレアが党首に就任して以降，党の現代化に乗り出してきた。[1] 1997年の政権交代後には，「現代化」を旗印としてさまざまな政策領域における改革を進めることが提言された。たとえば，NHS については『新たな NHS：現代的で信頼できる（The New NHS：Modern, Dependable）』，社会サービスについては『社会サービスの現代化（Modernising Social Services）』，地方自治体については『現代的な地方自治体（Modern Local Government）』，社会保障については『我われの国への新たな野望：福祉のための新たな契約（New Ambitions for our Country：A New Contract for Welfare）』が挙げられ，これらのなかで公共サービス改革を「現代化」のための改革と位置づけ，刷新していく方向を示した（6 and Peck 2004：4；Powell 2008：3）。さらに，1999年白書『政府の現代化（Modernising Government）（Cm4310）』ではより包括的にこの方向性を提示した。この白書では，利用者重視の質の高い公共サービスへの改善のための方針が示されており，その骨子は以下の五つの項目に集約される（Cabinet Office 1999：13）。

　第一に，政策立案に関して，短期的な圧力に応じるだけではなく，その政策が問題を解決するように将来的な見通しを立てること，第二に，サービス供給者の都合ではなく，市民のニーズを満たす公共サービスを供給するという責任ある公共サービスであり，第三に，効率的で質の高い公共サービスを供給すること，第四に，市民や企業のニーズに応えるために次世代の技術を用い，技術革新に遅れをとらないという情報時代の政府であり，第五に，公共政策を過小評価せず価値あるものとして尊重することである。以上五つの項目に基づいて，ニュー・レイバーの下では公共政策全般を刷新する「現代化」改革が図られた。

　「現代化」の定義について，たとえばマルゲッツは，その性質が経済的効率性，統合，専門化にあるとしており（Margetts 2010：26-27），ペリー6とペックによれば，ニュー・レイバーの「現代化」は，公共セクターの組織改革の方針を示す言葉であり，「現代化」がニュー・レイバーの顧客対応型・サービス志向型の政府改革に適した言葉としてみなされてきたという（6 and Peck 2004：4）。

したがって,「現代化」はサービス供給において効率性と質の双方の向上を目指すことから,オールド・レイバーの第一の道でもニュー・ライトの第二の道でもなく,第三の道を選択したニュー・レイバーの独自性が窺われる。すなわち,公共政策の「現代化」は,サービスの利用者のニーズと時代的なニーズに応えるための行政改革であり,効率性と質という対立しうる価値を同時に追求するものでもあり,ここにニュー・レイバーのいう第三の道の一端が垣間見える。「現代化」改革には,大別して以下の二つの側面が内包されている。第一に,公共サービスの利用者である市民にとってより有意義なサービス供給の実現を目指した政策の供給（delivery）を中心とした政策の実態における改革である。第二に,国家と市民との間の新たな社会契約概念の導入という規範における改革である。

政策の実態における改革について,「現代化」の鍵は,供給という概念にあるとされてきた（Driver and Martell 2006：120）。公共サービスの供給を向上させることこそが,「現代化」の目指すところであった。前掲の『政府の現代化』の骨子の二番目にあるように,公共サービスの「現代化」は,サービスの供給者よりもその利用者である市民の利益を最優先に考えている。そもそも政府は,市民から徴収した租税を原資として,財やサービスの供給を行うことから,ニュー・レイバーは市民を公共サービスの消費者（consumer）ととらえることで,政府は顧客である市民のニーズに迅速に対応することが求められると考えたのである。

こうした利用者のニーズに応えるためには,効率性だけでなく政策の質を高めることが求められる。従前の保守党政権下では,効率性を重視したバリュー・フォー・マネーによって,効率性の向上に努めた。バリュー・フォー・マネーとは,最少のコストでサービス需要に応えるという考え方で,小さな政府を志向した保守党政権の理念に合った手法であった。一方でニュー・レイバーは,効率性と質という二つの基準に基づくベスト・バリューの手法を採用した。したがって,政策の実態における改革は,サービスの供給者として政府に求められる変革を示している。

こうした公共サービスの「現代化」と技能移民の受け入れとにはどのような関係があるのであろうか。たとえばNHSでは，入院や手術までにかかる待機期間の長期化が深刻な問題となっていたことは第2章でも触れたが，ニュー・レイバーによるNHSの「現代化」では，サービス供給の担い手となる医師や看護師の増員によって，待機リスト問題の是正を図り，医療サービス供給の質と効率性の向上を図った。詳細は第4章で考察するが，こうしたNHSの「現代化」において，サービス供給の担い手を確保するうえで医師の国際雇用が重要な手段として位置づけられた。このほか，イギリスでは公教育や警察などでも移民の雇用が行われているが，公共セクターにおける移民の雇用はニュー・レイバーの時期に拡大されたことが確認できる。ビジネス・イノベーション・職業技能省（Department for Business, Innovation and Skills, 以下BISと略す）の調べでは，公共セクターにおける移民の雇用は，2010年の時点で公共セクターの労働者全体の13％であったが，この割合は2000年に比べておよそ2倍であるという（BIS 2010：1）。ニュー・レイバーが掲げる「現代化」の下で，効率的で質の高い公共サービスを供給することが政府の役割として上位に位置づけられるなか，こうしたサービス供給を担う人材として，技能を有する移民の受け入れにニーズが生まれた。

　第二の側面の改革，すなわち国家と市民との間の新たな社会契約の導入という，いわば規範における改革は，ニュー・レイバーの福祉国家改革と関わりをもつものである。なぜなら，社会保障体系の再編は公共サービスの「現代化」改革の中核をなしていたためである。これは，第二次世界大戦以降急速に成長した福祉国家が，イギリスの公共サービスの中核に位置づけられてきたことと関係している。すなわち，イギリスでは社会保障関連のサービスが公共セクター全般のなかで優先度の高いサービスであり，福祉国家改革を進めることは，公共サービスの改革に直結するのである。サッチャー政権下では，福祉国家の大規模な改革が見込まれたが，福祉政策の見直しは大幅な政治的コストを伴うことから，社会関連支出のドラスティックな削減は達成できなかったという指摘もある。[2]

第3章 ニュー・レイバーのワークフェア改革と移民

　一方で，ニュー・レイバーの福祉国家改革は，社会関連支出の定量的な抑制というよりも，福祉国家と市民との間に新しい社会契約の概念をもち込み，福祉国家という制度そのものを根本的に再編することを試みた。市民は国家が供給するサービスの消費者であるとの考えに基づき政策の実態における改革が進む一方，こうした国家と市民との関係構築の背景では，拠出や税負担という市民としての義務を重視する方向へと国家と市民の間の社会契約規範の再編が行われた。以下では，「新たな契約」という概念について言及することで，ニュー・レイバーの下でワークフェアが受容された背景に，イギリス福祉国家における社会契約概念の再編があることを指摘する。

「新たな契約」に基づく福祉国家の再編

　ニュー・レイバーの下では，行政改革全般のスローガンとして「現代化」が提示され，そこでは，行政の側にはサービス供給における質の保証と効率性の確保が求められる一方で，消費者たる市民にも，拠出や税負担による義務を果たすことが求められる。こうした国家と市民との間の契約概念の見直しは，前出の社会保障に関する1998年緑書『我われの国への新たな野望：福祉のための新たな契約』に示された。この緑書は，ブレア政権の福祉国家改革の方針を示したものであるが，ここで提示された福祉国家における「新たな契約」は，シティズンシップ概念における権利と義務との関係に基づいている。すなわち，市民は行政による社会サービスの供給を受ける権利を保障されるが，この権利は市民による責任ある行動，たとえば失業者であるなら積極的な求職活動を行うことが義務となる。福祉国家の下で供給されるサービスを受給する権利は，義務や責任と表裏一体関係であることが，「新たな契約」の下で明確にされたことになる。

　上記の議論は，福祉国家の制度化を社会権保障の成熟の観点から論じるT.H.マーシャルのシティズンシップ論の射程でもあるが，第2章でも述べたように，マーシャルのシティズンシップ論も，シティズンシップの要素として権利のみならず義務や責任に関する言及を行っていた。一方で，マーシャルのシティズンシップ論は三つの権利概念の説明に比重を置くことから，権利としての側面が前面に出ていたことも否めない。ニュー・レイバーによる「新たな契

約」では，こうした従来の前提を再構築し，権利と表裏一体の義務に焦点をあて，受給者となる市民の側にも変革を求めた。

　上記の「新たな契約」概念の醸成は，他方でこの要件を満たすことができない人びとの周辺化や排除の可能性を伴うものであった。イギリスの社会政策学者ドワイヤーは，ある人が福祉国家の下で保障される権利から排除されるケースを想定し，その排除が一般的に以下の二点を根拠に正当化されてきたと論じている。第一に，暴力や侮辱という社会的に受け入れがたい行為を行う者，第二に，コミュニティの福祉ニーズに貢献することに欠ける者である（Dwyer 2002：289）。本書の文脈において重要となるのは，第二の根拠である。ドワイヤーによれば，庇護申請者を含めた移民というアクターが，ホスト国の福祉国家において一般の給付体系から排除されるのは，彼らがたとえばNHSの財政的コストや，より広く国家のニーズに貢献しない人材としてみなされるためである（Dwyer 2002：289）。

　第1章で論じたように，イギリスでは1999年移民および庇護法で，庇護申請者に対する社会保障給付の仕組みは，一般国民を対象とした社会保障体系から切り離された。上記のドワイヤーの言及を前提に改めてこの措置について検討すると，イギリスでは庇護申請者は，難民認定が下りるまでの期間就業が認められておらず，上記の「新たな契約」を結ぶことができない存在であったことから，それを理由に福祉国家からの排除が正当化されることになる。

　他方で，この論理に沿えば，「新たな契約」を結ぶことができれば，移民にも福祉国家における権利の保障が進められる。庇護申請者が福祉国家から排除されることを正当化する論理は，彼らがホスト国の国籍をもたない移民であるということに基づくものではない。すなわち，ここで問題となっているのは，元来福祉国家が国民国家を前提としてきたという福祉国家のナショナリズムをめぐる議論ではなく，あくまでも負担を伴わずにフリーライドする「福祉国家のたかり屋」をいかに排除するかという議論である。移民であるか国民であるかという観点ではなく，就労と納税によって社会的な義務を果たす者の権利を保障する「新たな契約」は，このように福祉国家のメンバーシップに新しい一

面を生み出している。

　サービスの質と効率性という相克しうる価値の双方を射程とした「現代化」改革は、それ自体が第三の道を標榜するニュー・レイバーの政治方針を表していた。以上から、「現代化」は二つの意味で技能を有する移民の包摂を促す環境を整えたといえよう。第一に、公共サービス供給の改革を進めるうえで、公共セクターにおける技能労働者へのニーズが高まり、こうした観点から技能を有する移民の受け入れが正当化される。第二に、福祉国家の「現代化」の下で、「新たな契約」概念が醸成されたことで、この契約を結ぶことが可能な市民として、技能を有する移民の受け入れが正当化される。こうして「新たな契約」によって国籍ではなく社会に対して義務や責任を果たし貢献することを基準とした包摂と排除の論理が生まれた。

　次項では、「現代化」改革のなかに埋め込まれた、「新たな契約」によって支えられた福祉国家改革の手段であるワークフェアが、具体的にはどのような改革の手法であったのかを論じる。

（2）ワークフェア改革の二つの側面

　「新たな契約」は、義務を伴うことを前提に権利を保障する概念であり、これを具現化した福祉国家改革の手段がワークフェアであった。第2章では、自由主義レジームにおける社会投資的福祉国家への再編の手段がワークフェアであることについて触れたが、前項で確認したように、ニュー・レイバーの下ではワークフェアの受容が「現代化」改革の下での「新たな契約」に基づいて行われた。以下では、ワークフェアの一般的な理解を提示したうえで、イギリスにおけるワークフェアの展開を現実の政策から考察し、その実態をとらえる。

ワークフェアとは何か　ワークフェアは、アメリカに起源をもつ政策アイデアであり、1980年代初頭のレーガン政権下では、ワークフェアと同義語である「福祉から就労へ（welfare to work）」として、就労支援や訓練が行われた。[3]

　キングによれば、ワークフェアは失業者に対する以下の三つの政策から構成

される。第一に，求職者への職業斡旋，第二に，求職者の技能を向上させる職業訓練，第三に，失業手当などの給付を受給するために求職者に条件を課すことである（King 1995：xi）。こうした政策からなるワークフェアは，それが就労義務と職業訓練，職業紹介のいずれに力点を置くのかによっていくつかの分類が可能であると考えられてきた[4]。

たとえばペックは，ワークフェアの概念を一枚岩でとらえるのではなく，就労義務を強調する形態をワークファーストモデルとし，職業訓練や職業紹介という労働市場への参入を支えるプログラムを強調する形態を人的資本開発モデルとして区別している（Peck 2001：90）。

また，宮本は，職業訓練や所得保障を中心としたアクティベーションと，失業手当などの給付条件に就労を義務づけるワークフェア，さらに就労と社会保障を切り離すベーシック・インカムを加えた三つのアプローチを福祉政治の新しい対抗軸と位置づけている[5]。ベーシック・インカムは，就労と社会保障を分離して個人に等しく現金給付を行う手法であることからここでは除外するが，ワークフェアとアクティベーションは，手段は異なるもののいずれも社会保障と雇用の連携を高めることを目的とした政策である。この点に鑑みれば，福祉の受給要件として就労を求めるという点では，ワークフェアとアクティベーションに共通の要素が確認できることから（阪野 2011：168-169），双方は共通した政策目標をもつアプローチとみなすこともできよう。

それでは，ワークフェアとアクティベーションには，社会保障と雇用をつなぐ手段としてどのような違いがあるのか。今井によれば，ワークフェアとアクティベーションの構成要素には，①就労支援，②懲罰要件，③就労の見返りを保障する事後的補償政策，④労働の見返りを確保する事前的労働規制，⑤雇用創出のための介入策，⑥労働市場への参入前および退出時の支援があり，いずれに重点を置くのかによりワークフェアとアクティベーションとを区別することが可能である。ワークフェアでは，②懲罰要件と③就労の見返りを保障する事後的補償政策に重点が置かれる傾向があり，アクティベーションでは，②懲罰要件よりも，むしろ①就労支援に力点を置くとともに，⑤雇用創出のため

の介入策によって労働人口を吸収する機能を高めるとともに，③就労の見返りを保障する事後的補償政策と，④労働の見返りを確保する事前的労働規制を重視することで就労インセンティブを高め，⑥労働市場への参入前および退出時の支援によってワーク・ライフ・バランスの確保が図られる（今井 2012：154-155）。こうして，ワークフェアとアクティベーションが重視する要素を区別すると，ワークフェア政策に伴う義務概念が浮き彫りとなる。

したがって，ワークフェアとは，労働市場への参入を支援するプログラムに強制力を伴わせることにより，「社会権にオブリゲーションを伴わせる」（宮本 2004a：29）福祉政策である。以下では，こうしたワークフェアの位置づけをもとに，ニュー・レイバーのワークフェア改革が具体的にどのような手段によって進められてきたのかを確認する。

**ニュー・レイバーの　**前掲のワークフェアの構成要素にニュー・レイバーの
ワークフェア政策　ワークフェア政策をあてはめると，②懲罰要件は，拠出制求職者手当と所得関連求職者手当からなる求職者手当のうち，失業者に対して，後者の受給にニュー・ディール・プログラムへの参加を義務づけることであり，③就労の見返りを保障する事後的補償政策には，就労意欲を高める税制・社会保障制度への改革が該当する。前者は半ば強制的に労働市場への参入を義務づける側面を有しており，後者は社会保障と雇用の連携を高める効果を有している。

前者のニュー・ディール・プログラムは，6ヵ月以上失業状態にある18〜24歳以下の若年層，2年以上失業状態にある25歳以上の者，ひとり親，障害者の四つのカテゴリーを対象に（Tonge 1999：218-219），①公的あるいは民間セクターでの就労，②ボランタリーセクターでの就労，③環境事業での就労，④フルタイムの就学もしくは訓練のいずれかの選択を義務づけるものである。ここで重要なことは，求職者手当を受ける方法として，これら以外の第五の選択肢は存在しないことが強調されたことである（樫原 2005：446；Levitas 2005：139）。こうして，社会保障の受給資格は義務を伴うものとして位置づけられ，社会権の保障に対して義務概念が強化されたのである。

イギリスでは、疾病や障害により就労が困難な者には就労不能手当を支給し、1996年に失業給付が求職者手当と所得補助に再編されて以降、週あたりの就労時間が16時間未満の低所得者には所得補助を支給し、失業中の就労可能な者、稼働能力のある者への給付は拠出制求職者手当と所得関連求職者手当からなる求職者手当がカバーしてきた。(7)こうしたなかで、稼働能力のある失業者にとっては求職者手当が頼みの綱となった。所得関連求職者手当は資力調査を伴う公的扶助に位置づけられるが、ワークフェアの下で、同手当の受給は、資力調査に加えて、ニュー・ディール・プログラムへの参加という義務を伴うものとなった。これを満たさない者には、同手当の受給額減額や停止という懲罰があることから、前者のニュー・ディール・プログラムへの参加の義務づけは、普遍的な権利としての社会権からのある種の排除を意味している。この点において、ニュー・レイバーのワークフェアは、前出のペックによる類型にならえばワークファーストモデルの性格をもつ。

　他方、後者の就労意欲を高める税制・社会保障制度の構築は、勤労税額控除（Working Tax Credit、以下WTCと略す）の導入を中心に進められた。WTCは、前保守党政権下で導入された家族クレジット（Family Credit）を、1999年に就労と子育て支援を一体とした勤労世帯税額控除（Working Family Tax Credit、以下WFTCと略す）へと移行し、2003年にはこれが上記のWTCとCTCと呼ばれる児童税額控除（Child Tax Credit）へと整理されることで、単身の低所得者にも就労意欲を削ぐことのない給付が行われることとなった。WTCでは週最低16時間の就労を義務づけている。表3-1は、2003年のWTC導入から2004年までの控除額を表している。就労意欲との関係では、週30時間以上の就労で控除額の加算が受けられる点が重要である。働けば働くほど控除額が増えることから、受給者の就労意欲を高める効果が期待できる。

　このほか、保守党政権下で廃止された最低賃金制度を全国最低賃金制度として復活させるなど、就労意欲を高める方策が採用された。(8)表3-2のとおり、全国最低賃金制度では、最低賃金は年齢別に全国一律に設定されている。その対象者は正社員のみならず、パートタイム労働者、派遣・請負労働者、在宅労

第3章　ニュー・レイバーのワークフェア改革と移民

表 3 - 1　WTC における最大控除額
（2003〜2004年）

控除の種類	最大控除額
基礎的控除	£1,525/年
配偶者のいる者/片親の控除	£1,500/年
週30時間以上就労する者の控除	£620/年
障害をもつ労働者の控除	£2,040/年
重度の障害者の控除	£865/年
児童の扶養（1人）	£135/月
児童の扶養（2人以上）	£200/月
児童の扶養のカバー率	70%

注：£＝ポンド。
出典：HM Revenue & Customs ウェブサイト（閲覧日2014年7月20日）。

表 3 - 2　全国最低賃金の推移

単位（ポンド）

	22歳以上	18-21歳以下	16-18歳未満
1999年4月〜2000年5月	3.60	3.00	
2000年6月〜2000年9月	3.60	3.20	
2000年10月〜2001年9月	3.70	3.20	
2001年10月〜2002年9月	4.10	3.50	
2002年10月〜2003年9月	4.20	3.60	
2003年10月〜2004年9月	4.50	3.80	
2004年10月〜2005年9月	4.85	4.10	3.00
2005年10月〜2006年9月	5.05	4.25	3.00
2006年10月〜2007年9月	5.35	4.45	3.30
2007年10月〜2008年9月	5.52	4.60	3.40
2008年10月〜2009年9月	5.73	4.77	3.53
2009年10月〜2010年9月	5.80	4.83	3.57
2010年10月〜2011年9月	5.93	4.92	3.64
2011年10月〜2012年9月	6.08	4.98	3.68
2012年10月〜2013年9月	6.19	4.98	3.68

出典：Secretary of State for Business, Innovation and Skills（2013：2）。

働者なども含まれる。賃金の推移から，基本的に最低賃金額は年々増加してきたことがわかり，全国最低賃金制度の導入により，法定最低賃金の保障という観点から所得保障が進められたといえよう。最低賃金の保障だけでは就労を通じた所得保障は万全ではないが，上記の税額控除と最低賃金制度との連動によって，労働者の所得保障の向上が図られてきた。

　これらの就労を通じた所得保障政策は，「メイク・ワーク・ペイ（make work pay)」，すなわち，就労に見合った賃金を得られる環境を整備することで，社会保障か雇用かの二者択一ではなく，雇用を通じた社会保障を可能にする手法である。ニュー・ディール・プログラムが，半ば強制的に労働市場への参入を促す構図を導いてきたのに対し，税額控除と最低賃金制度の連携は社会保障上のセーフティネットとして機能しつつ，就労意欲を高める効果をもあわせもつことで，社会保障と雇用の連携を図るものであった。この点に光をあてると，ニュー・レイバーの福祉国家改革にはアクティベーション的な側面が見出される。

　以上から，「新たな契約」を醸成したニュー・レイバーのワークフェア改革は，ワークファーストモデルの性格をもつニュー・ディール・プログラムへの参加の義務化が，社会権を基盤とした保障に条件を課しつつも，他方でこうした条件を満たした者に対する給付の保障や所得保障政策が，人的資本開発モデルが目指す包摂を生み出している。ニュー・レイバーの下では，求職者への就労支援を強化して就労復帰を後押しするとともに，就労する場合の賃金水準を下支えし，それでも一定の収入に満たない者には税制からもバックアップするという，三つの柱によって改革が進められたのである（井上 2014：28）。

　こうした改革は，いずれも失業状態にある人や貧困の罠に陥った人をそのまま社会生活から切り離すのではなく，労働市場への参入を通じて再び社会との接点をもたせるという社会的包摂の実現を目的に行われたものであった。失業は労働市場からの退出に伴って当時者を経済的リスクに直面させるだけでなく，社会生活からの排除という問題をも生み出す。

　次節では，ワークフェア改革と社会的包摂の実現との関係について考察する。

ワークフェアと社会的包摂との関係について，一般的な議論を取り上げたうえで，イギリスにおける実態を論じる。

2 ワークフェアと社会的包摂

前節では，ニュー・レイバーのワークフェア政策を支えた理念と具体的な政策の内容について確認した。ワークフェア政策として，労働市場への参入を条件とした給付の仕組みが強化されることで，メイク・ワーク・ペイ政策が推進される一方で，事実上，義務を伴う社会権保障の仕組みが整備された。

本節では，ニュー・レイバーの福祉国家改革の手段であったワークフェアが，社会的包摂の実現という目的に対して，どのような結果を生み出しているのかを考える。まず，第1項において，社会的包摂がどのような目的をもった概念であるのかを提示したうえで，第2項では，ニュー・レイバーの下での社会的包摂が，「新たな契約」に基づいて理解される背景を，コミュニタリアニズムの思想との関係から考察する。

(1) 社会的包摂の論理と承認をめぐる議論

本項では，ワークフェアと社会的包摂との関係を検討するうえで，まず，社会的包摂の定義を，対置概念である社会的排除に照らしつつ確認する。社会的包摂と社会的排除がそれぞれどのような状況を意味するのかを確認することで，これらの概念が物質的な再分配だけでなく，承認概念と深く関わることを，フレイザーとホネットの承認をめぐる論争を参照しつつ考察する。

社会的包摂と社会的排除の定義　社会的排除は，フランスに起源をもつ概念として知られている。1960年代半ばのフランスで貧困者救助活動を行っていた社会カトリック運動団体「ATD第4世界」などによって使われ，1974年に刊行されたルノワール著『排除された人びと——フランス人の10人に1人』で注目されるようになった（福原 2007：12）。以後，ヨーロッパの社会問題をとらえるうえで不可欠な概念となった社会的排除は，

社会結束や経済的な連携を目指すEUが創設されて以降は，その社会政策目標を達成するための基本原理として位置づけられてきた（Percy-Smith 2000：1）。社会的排除の定義は多義的であるが，パーシースミスによれば，いずれの定義も，「個人，家庭，ある地域やある集団の，社会，経済，政治活動の環境が不利な状況にあること，社会，経済，制度的なプロセスが不利な状況を生み出すこと，そのプロセスの個人や集団，コミュニティに対する結果や帰結」という要素を全部または一部に含んでいるという（Percy-Smith 2000：3）。

EUでは，1992年にはじめて社会的排除の定義を提示した。それによれば，社会的排除とは，「現代社会で通常行われている交流や活動，権利から人びとを排除する結果を生み出す複合的および可変的な諸要素を指す概念」であり，「その最たる要素は貧困であるが，住宅，教育，医療，サービスを利用する権利が十分に保障されていない状況についても社会的排除である」という（Commission of European Communities 1993：1）。以後，1997年調印のアムステルダム条約が，社会的排除との闘いをEU全体の重点課題に位置づけ，2000年のニース欧州理事会では，加盟国間で異なる社会的排除の基準を一般化するための社会的指標の作成が課題に置かれ，貧困や失業に限らず，社会参加水準なども含めた複合的要素に基づく指標に関する提言が行われた。(9) 上記の社会的排除に関する定義や指標が示唆するように，EUでは社会的排除を物質的資源の再分配からの排除だけに限定せず，社会に参画する機会などを含め，広義の概念としてとらえている。

わが国における，社会的排除問題を最初に取り上げた本格的な研究としては，2000年12月に発表された厚生労働省社会・援護局『社会的な援護を要する人々に対する社会福祉のあり方に関する検討会報告書』が挙げられるという（福原2007：3）。同報告書では，従来の社会福祉の主たる対象が貧困に置かれてきたのに対し，現代では「心身の障害・不安」，「社会的排除や（外国人との間の）摩擦」，「社会的孤立や孤独」などの複合問題への取り組みが求められることが提言された（厚生労働省社会・援護局 2000：34）。上記のような複合問題の是正に取り組み，健康で文化的な生活の実現につなげることが社会的包摂であり，そ

のためにつながりの再構築が不可欠であることが指摘された（厚生労働省社会・援護局 2000：35）。上記の厚生労働省社会・援護局による報告書以降，わが国でも，貧困に限らず，社会参加の有無なども含めた社会的包摂の実現が重視されている。たとえば，2009年の鳩山内閣の所信表明演説に盛り込まれた，「居場所と出番のある社会」は，上記の社会的包摂を実現する社会であり，現実の政治にも，社会的包摂概念の運用が促されてきた。

　つぎに，ワークフェア政策を手段に目指されたイギリスの社会的包摂について考える。イギリスでは，社会的包摂は労働市場への参入と密接に結びつく概念として理解される。これは，前節のとおり，ワークフェアによって社会保障と雇用の連携を高め，労働市場において人びとを包摂することを，福祉国家の役割に位置づけたことからも明らかである。ニュー・レイバーによるこのような賃金労働を重視した社会的包摂に対する理解は，ブレア政権下で内閣府内に設置された，社会的排除対策室（Social Exclusion Unit，以下 SEU と略す）による社会的排除の定義にも表れている[10]。

　SEU は，社会的排除を「個人や地域が失業，低技能，低賃金，劣悪な住宅状況，犯罪多発環境，不健康や家庭崩壊などの相互に結びつく複合的問題に苦しんでいるときに起こりうることを簡潔に表現したもの」と定義づける（Office of Deputy Prime Minister 2004：1）。多次元に及ぶ問題として指摘されるなかでも，失業や低技能，低賃金という労働市場における商品化とかかわる排除への言及が見られるのが SEU による定義の特徴である。労働市場からの排除は社会生活からの排除のひとつの形態である。

　以上から，EU レベルに限らず，社会的排除は，経済的な貧困状況だけを指すのではなく，経済的，社会的，政治的要因の組み合わせが生み出す多次元的な特徴を有する概念として考えられており，いわば，アマルティア・センのいうケイパビリティ（capability）に関する問題としてとらえうる概念である（バラ・ラペール 1999＝2005：35-38）。ゆえに，社会的排除とは物質的資源の再分配からの排除に限らず，さまざまな機会からの排除や，コミュニティを構築するメンバーとしての承認拒否や誤承認という状況にまで及ぶ多次元的概念として

とらえることが求められる。所得保障やそのほかの社会保障給付によって再分配政策の対象として包摂することはもとより，社会に帰属するメンバーとしての承認が，社会的包摂の実現に不可欠な要素となっている。社会的包摂の実現を課題とするこんにちの福祉国家には，こうした非物質的な次元での包摂の実現も求められている。

社会的包摂における承認概念の位置づけ

ケインズ＝ベヴァリッジ体制に示されるように，20世紀型福祉国家は，再分配政策に取り組むことを主眼に発展してきた。こんにちでは，これに加えて承認を通じた社会的包摂の実現が福祉国家の役割として浮上している。こんにちの福祉国家の役割は多元化しており，こうしたなかで，移民をはじめとしたマイノリティをどのように包摂していくのか，彼らに対する再分配のあり方やその是非に関する議論とともに，承認をめぐる議論が福祉国家論の主題として浮上しつつある。こうした背景から，序章で提示した福祉国家と移民をめぐる先行研究では，人種や文化の多様性のなかでの福祉国家の持続の可否が論じられてきた。また，福祉国家論では，福祉国家建設とナショナル・アイデンティティの醸成との関係から，福祉国家の発展は国民国家を前提としたものとして考えられてきた。同質的な人びとの間の連帯に基づいて発展してきた20世紀型福祉国家に対して，こんにちの福祉国家では，多様性が広がるとともに，多様性を前提とした包摂や再分配のあり方が問われている。こうした再分配と承認をめぐる議論を牽引しているのが，政治哲学者のナンシー・フレイザーとアクセル・ホネットである。フレイザーとホネットが共著『再配分か承認か？』のなかで繰り広げた論争は，おおまかにとらえると，承認概念を重視するという点における一致と，再分配と承認との関係の理解における不一致を内包している。

　フレイザーによれば，再分配と承認は分離してとらえるべき概念であり，こんにちの社会的正義には，再分配の次元と承認の次元という二次元性が求められる（フレイザー 2003＝2012：22-23）。こうした再分配の政治と承認の政治の双方を必要とする二次元性の事例として，たとえばジェンダーや人種，セクシュアリティ，階級をめぐる問題が挙げられるという（フレイザー 2003＝2012：

23-31)。フレイザーの主張に立つと，再分配と承認は別次元としてとらえるべき概念であることから，ときに双方の間でジレンマが生じることとなる。なぜなら，「再分配の次元では，集団の差異を承認するのではなく解消するように努力すべき」である一方で，「承認の次元では，集団の差異を消去するのではなく祝福すべき」であるためである（フレイザー 2003＝2012：17-18）。再分配の次元において集団の差異を解消することが求められてきたのは，前述のとおり福祉国家が同質的な人びとのための制度として機能してきたことと関係している。一方，承認の次元ではそれぞれの集団の独自性や固有性に対する尊重が求められる。したがって，マイノリティに対する福祉国家の再分配と承認との間にはジレンマが伴う。

　他方，ホネットによれば，再分配と承認は分離してとらえるべき概念ではなく，再分配をめぐるコンフリクトは承認をめぐる闘争としてとらえるべき概念であるという（ホネット 2003＝2012：170）。ホネットにとっては，再分配は承認を通じて獲得されるものであり，再分配と承認との間にフレイザーのような二次元性を想定しない。さらにホネットは，マイノリティを対象とした文化的な承認だけを問題にするフレイザーの主張に対し，こうしたマイノリティだけが直面するであろう文化的承認の問題に限らず，愛，法，業績という三つの圏域における承認の重要性を指摘する（ホネット 2003＝2012：154-162）。愛の圏域における承認のかたちは，夫婦あるいは親子という家族関係のなかで形成され，法の圏域における承認は，法の下での平等によって形成され，業績の圏域では，労働する市民間での，個人の業績の達成の相互承認によって承認が形成される。ホネットの主張では承認は，集団としてのマイノリティの人種や文化にのみ必要な概念ではなく，もっと個人のレベルで求められる概念として考えられている。すなわち，ホネットが対象とする承認をめぐるコンフリクトは，集団的マイノリティのみを対象とした議論ではなく，社会を構成する個人を全般的に対象とした議論なのである。

　このように，フレイザーとホネットによる再分配と承認をめぐる論争では，再分配と承認との関係の理解に違いがあるものの，どちらの見解に立つにして

も，社会的包摂を実現するうえでは，承認概念の重要性が高まっていることは明らかである。したがって，こんにちの福祉国家に求められる社会的包摂のあり方は，福祉国家の再分配政策の下での包摂とともに，社会のメンバーとして承認することの双方として考えることになる。次項では，こうした前提の下で，ニュー・レイバーがどのような社会的包摂の仕組みを構築したのかを確認する。

（2）ニュー・レイバーの社会的包摂政策

　ニュー・レイバーのワークフェア政策は，就労を通じた社会的包摂の実現を目指した福祉国家改革の手段であった。社会的包摂には単一の定義はなく，積極的にこの概念を採り入れてきたEUをはじめ，一国レベルでの定義づけもさまざまであるが，ニュー・レイバーの下では労働市場への参入を社会的包摂の第一段階とみなしてきたことは前項で言及したとおりである。

　本項では，ニュー・レイバーが考える社会的包摂がどのような概念をコアに位置づけていたのかを，レヴィタスによる社会的排除言説に沿って検討する。そのうえで，ニュー・レイバーによる社会的包摂に関する理解が，コミュニタリアニズムの思想と結びついていることに言及する。ニュー・レイバーの社会的包摂概念の基盤となる「新たな契約」の下での義務や責任の重視は，個人を重視する自由主義とリハタリアニズムに対して，コミュニティを重視するコミュニタリアニズムの思想と密接に関係するためである。さらに，ニュー・レイバーの下での「新たな契約」概念を反映した現実の市民権概念である能動的市民性が，こうしたコミュニタリアニズムの思想といかに関係するのかを明らかにする。

レヴィタスの社会的排除言説からの検討　イギリスの社会学者レヴィタスによれば，社会的排除には以下の三つの言説がある。第一に，貧困にもっとも関心を置く再分配主義者言説（Redistributionist Discourse，以下REDと略す），第二に，排除される人びとと自身の道徳や行動にみられる非行に関心を置く道徳的アンダークラス言説（Moral Underclass Discourse，以下MUDと略す），第三に，賃金労働（paid work）に中心的関心を置く社会統合主義者言説（Social Integrationist Discourse，以下 SID と略す）である（Levitas 2005：7）。レヴィタスは，社会的排除に関する言説をこれら三つに整理したうえで，ブレア政権では RED から MUD および SID の結合へと社会的排除言説がシフトしていると主張した（Levitas 2005：28）。

すなわち，貧困状態の是正のための再分配政策を中心に据えることに関心を置く RED から，ニュー・ディール・プログラムを中心としたワークフェア政策に関心を置く SID へと比重をシフトすることで，労働市場からの排除を社会的排除のもっとも重要な問題としてとらえ，職業斡旋や職業訓練を通じて人びとを労働市場へと送り込むことを福祉国家の重要な役割として位置づけたのである。さらに，MUD についても重視することで，労働市場に参加しない者を道徳的アンダークラスとする言説へと向かったのである。前節で確認したワークフェア政策によるニュー・レイバーの福祉国家改革には，上記の社会的排除言説の変化が読み取れる。

ブレア政権ではこのように，賃金労働に就くことが社会的包摂と結びつけられた。賃金労働市場への包摂を社会的包摂として位置づけ，賃金労働に就かない者を，モラルの欠如した存在として位置づける社会的排除言説がワークフェア政策を支えた。こうしたなかで，賃金労働に就くことは社会に包摂されるための権利である一方で，社会の完全なメンバーとして認められるための義務であり責任であるという規範が確立した。

社会に対する個人の義務や責任を重視する規範は，コミュニティの重視へとつながる。「新たな契約」にもみられるように，ニュー・レイバーの下では義務を伴う権利の保障が進められてきたが，こうした義務と権利に基づく契約概念は，コミュニティの存在を基盤に考えられてきた。以下では，コミュニティの重視という観点から，ニュー・レイバーの社会的包摂の論理を検討する。ニュー・レイバーによるこのようなコミュニティを重視する傾向は，ブレアあるいはニュー・レイバーがもつコミュニタリアニズムの思想に帰することができるためである（近藤 2001：286；樫原 2005：479）。以下では，コミュニタリアニズムの思想との関係から，ニュー・レイバーが目指した社会的包摂のあり方

をとらえる。

ニュー・レイバーと　コミュニタリアニズム　コミュニタリアニズムの中心的な仮定は，「われわれには，何が善であるかに関して共有された定式化が必要である」ということである（Etzioni 2004：1）。このコミュニタリアニズムの仮定は，しばしば自由主義と対置して提示されるが，それは自由主義が，「人びとが，何が正しく何が誤りであるか，彼らの価値観は何なのかは，個々人が決定する問題である」という仮定に立っているためである（Etzioni 2004：1-2）。ニュー・レイバーによるサッチャリズムへの攻撃の基礎を提供するものは，コミュニタリアニズムによる自由主義批判であることから（樫原 2005：479），自由主義との対置でコミュニタリアニズムの思想をとらえることが，ニュー・レイバーの政治やその社会的包摂の理念を理解するうえで有効である。

コミュニタリアニズムが強調するのは，家族や親族，コミュニティ，社会に対する道徳的義務をもつことであり，この点について，万人の普遍的権利を強調する自由主義との対置が可能である（Etzioni 2004：2）。すなわち，自由主義が個人の権利を第一に掲げる一方で，コミュニタリアニズムは，個人の権利と社会における責任，ならびに自律と共通善との間のバランスをいかに保つのかに主たる関心を置いているのである（Etzioni 1998：xi）。ゆえに，市民権の観点から自由主義とコミュニタリアニズムを対置すると，前者が個人の権利を重視するのに対し，後者は義務や責任を伴った権利として市民権をとらえているという点に違いがある。[12]

このようにコミュニタリアニズムは，個人をコミュニティにおける義務と責任を有する存在として位置づけている。ブレアは首相就任以前から，権利と義務との関係に関しても言及しており，コミュニティにおける義務を果たすことの重要性について主張してきた（Blair 1996：236-243）。こうした点にも，社会主義でも自由主義でもない第三の道を選択したニュー・レイバーの独自の政治アイデアが反映されており，義務と責任を果たす人びとをメンバーとしたコミュニティの構築が目指されたのである。

コミュニタリアニズムと能動的市民性との関係

序章でも述べたように、ニュー・レイバーは、能動的市民性（active citizenship）を重視することで、権利に主軸を置く従来の市民権概念の再編を図った。繰り返せば、能動的市民性は、コミュニティへの積極的参加と結びつく概念として、文化的多様性が進む現代社会が、人びとの間に紐帯をつくり差異を尊重する社会となるための手段として位置づけられる（Home Office 2003b : 8）。具体的には、ボランティア活動への参加など、社会とのつながりを自発的にもつことの重視を意味しており、こうした行動はコミュニティに対する義務や責任という概念と結びついている。前述のように、ニュー・レイバーの下では、コミュニティの重要性が説かれ、そのなかで「市民再生（civil renewal）」という言葉が用いられてきた。社会のメンバーの能動的市民性を高めることで市民再生が果たされ、それがコミュニティの再生につながるとされてきたのである。能動的市民性には、市民権概念において義務を強調する効果があることから（Orton 2006 : 253）、義務を重視するコミュニタリアニズムの市民権概念と重なる。

そもそも、能動的市民性は、アイデアとしてはサッチャー政権下で内務大臣を務めたダグラス・ハードによって提唱されたものであった。しかしながら、ハードが強調したのは、自発的結社・地域共同体・家族といった公共セクターの外側で機能する小集団の相互扶助機能の重要性であり、これらの集団のヴォランタリズムによる福祉の提供であった（平石 2009 : 297）。サッチャー政権が新自由主義の理念の下で福祉国家の縮減への志向性をもっていたことはすでに述べたが、ハードによる能動的市民性もこうした政権の福祉国家の縮減につながる改革の方針と共通のアイデアであった。能動的市民性は、国家を中心的セクターとする福祉国家への批判を支える概念として位置づけられていた。

一方で、ニュー・レイバーによる能動的市民性の重視は、コミュニタリアニズムの思想を背景に、福祉国家そのものについては肯定しつつ、自己責任やコミュニティの再生を重視するワークフェア政策に結びついている。ニュー・レイバーのワークフェア政策の目的は、就労を通じた社会的包摂の実現であったが、これは敷衍すれば、義務や責任を果たす能動的市民を生み出すことにつな

がる。能動的市民性という概念には、「新たな契約」概念の下でワークフェアが生み出す、社会に対する義務と責任を重視するという、新たな福祉国家への帰属の条件が実態として表れているといえよう。市民権概念における権利と義務との関係については第2章で言及したが、ワークフェア改革の下で福祉国家が保障する市民権概念は権利と義務の双方を射程とした概念であることはいうまでもない。この点について、ディーコンは、「ワークフェア型の福祉国家改革のもっとも魅力的な特徴は、それが給付希望者の権利同様に義務に重点を置く点である」としている（Deacon 1997：36）。ワークフェアが、失業とインフレとの間のトレード・オフの改善だけでなく、上記のような福祉国家が保障する市民権概念の再編という意味をもつことを指摘しているのである。

　繰り返しになるが、20世紀型福祉国家の理論的基盤となったT.H.マーシャルのシティズンシップ論では、権利と義務の双方から市民権をとらえる作業が行われていた。しかしながら、マーシャルのシティズンシップ論は、それが三つの権利、すなわち市民的権利、政治的権利、社会的権利を意味するとみなされるほどに、権利に重点を置いた理論である（Dwyer 2000：51）。こうした、権利概念を中心に据えた福祉国家論において、ワークフェア改革を契機として、これまで重視されてこなかった義務概念に光があてられたのである。ワークフェアは、労働人口拡大や福祉受給者の削減によって、柔軟な労働市場を築き福祉国家財政をスリム化させるという観点で、政策としての効果を見込まれた手段であった。福祉受給者を削減し、福祉国家を支える労働力を創出することは、福祉国家が持続するうえで不可欠となる。一方で、ニュー・レイバーのワークフェア政策の意義は、こうした実態的な変容を生じさせることだけでなく、福祉に対する考えそのものに重要な変化をもたらしたことである（Deacon 1997：36）。所与の権利としてとらえられてきた福祉受給の権利が、必ずしも普遍的な権利ではなく、同等の義務を伴うことで享受できる権利であることを再認識させたのである。

　上記のように、ニュー・レイバーの下では、社会的包摂が市民権概念の再編とともに重視されてきた。ワークフェアは、社会的包摂の実現を目的とした福

祉国家改革の手段であったが，そこで目指された社会的包摂のあり方は，義務を果たす人びとをメンバーとして，再分配と承認の観点から包摂を促す仕組みであった。

3 ワークフェアと移民の社会的包摂

　前節では，ワークフェアの本来の機能である，国内の福祉国家改革の手段としてのその意義を，社会的包摂との関係から考察した。国民国家を前提とした福祉国家において，ワークフェアは社会権の保障に対して義務を課すことによって潜在的には排除の概念を内包しつつ，社会保障や承認をめぐる包摂的な社会の実現のためのアイデアとして位置づけられてきた。とりわけ，ニュー・レイバーの下では，こうした義務や責任は，労働市場への参入を通じて果たされるものとして考えられてきた。

　本節では，ワークフェアと移民の社会的包摂との関係を考察する。国民を対象とした福祉国家における，社会的包摂のための手段として採用されたワークフェアが，イギリス型移民レジームと自由主義型福祉レジームが影響し合う状況において，福祉国家における移民の位置づけにどのような変化を生み出しているのかを論じる。

（1）ワークフェア・社会的包摂・移民

　ワークフェアによって，労働市場参加を重視する社会的包摂の実現が福祉国家の役割となるなか，こうした社会的包摂のあり方は，福祉国家における移民の存在をどのように規定しうるのか。福祉国家と移民との関係を考察する先行研究では，いわゆる「福祉国家のたかり屋」である移民は，福祉国家が直面する新たな社会的リスクや危機と結びつく存在として位置づけられてきた。しかしながら，本書ではこれまで，高度技能移民をはじめとした，技能を有し，「新たな契約」を結ぶことが可能である移民の存在にも言及してきた。ワークフェア政策を柱とする，労働市場参加型の福祉国家は，義務を伴うことで権利

を保障するという,「新たな契約」に基づく福祉国家への再編であった。こんにちの福祉国家と移民との関係を考察するうえでは,従来同様の国民国家を基盤とした福祉国家の下での包摂と排除の原理に加え,上記のような「新たな契約」を結ぶことの可否に基づく包摂と排除という視角に基づいて福祉国家と移民との関係を理解することが求められる。

以下では,ワークフェアを通じた社会的包摂の実現が福祉国家の役割となるなかで,移民の位置づけがどのような影響を受けているのかを考察する。ワークフェアを契機として強まる二つの次元での社会的包摂と社会的排除,すなわち,福祉ショービニズムの論理に支えられる福祉国家ナショナリズムの強化と,他方における,「新たな契約」に基づく包摂と排除について検討する。

福祉国家ナショナリズムの強化と社会的包摂

SEUによる定義にもあるとおり,イギリスでは,失業,低技能,低賃金という,労働市場における排除を重視するかたちで社会的排除が理解される傾向にある。イギリスではWTCの導入のほか,全国最低賃金制度によって所得保障が進められてきた。しかしながら,賃金労働に就いていても,居住権をもたない移民はWTCの適用対象外となるほか,実質的には最低賃金を下回る雇用環境に置かれる移民も少なくないという (Home Office 2012 : 4)。したがって,ワークフェアの下で,低技能移民は所得保障政策の外に置かれ,結果的に彼らに対する社会的排除は促されることとなる。この点に鑑みれば,ワークフェアを契機として福祉国家は国境線に基づく閉鎖的な再編,すなわち再国民国家化しているとも考えられる。

元来,福祉国家は国民国家を前提に,国境線で区切られた範囲内部で発展を遂げてきた。ワークフェアの包摂的側面もこの前提に基づく状況にあり,WTCや最低賃金制度という所得保障政策としてのワークフェア政策は,移民の社会的包摂を想定した仕組みを生み出しておらず,こうしたワークフェア政策の下では,むしろ福祉国家における国民と移民との間の階層性が強化されている。不安定な就労環境に置かれる単純労働移民は,福祉に頼らないことを前提に一時的に労働力として受け入れられているにすぎず,ワークフェア政策は

これらの移民の福祉国家からの排除を肯定する論理として機能する。彼らは同じくワークフェアの下で排除に直面する国内の低技能者との関係では，より周辺的な存在として位置づけられるのである。

ワークフェアの下，国内の失業者も求職活動や訓練への参加の義務づけというかたちの社会権に対する保障からの排除に直面するなか，移民に対する排除を国民よりも厳格に進めることは，国内の低技能で失業リスクの高い人びとに対する排除の可視化を防ぐことにつながる。低技能移民や難民・庇護申請者をスケープゴート化し，「たかり屋から福祉国家を守る」という論理に立って福祉ショービニズムを進めていくことで，実際は国境線の内側で技能の有無あるいはその高低によって先鋭化するクリーヴィッジの表面化が避けられる。低技能者間での国境線を前提とした包摂と排除は，福祉国家という制度の持続を前提としつつも，そこに存在するフリーライダーとして，低技能移民や庇護申請者をスケープゴート化して進められたものであった。先行研究でも指摘されるように，こうした観点でワークフェアが移民に与える影響を検討すると，ワークフェアが掲げる労働市場や社会への参加の機会が保障されない移民については，むしろ社会的排除が促されるといえよう（宮本 2004c：61-62；水島 2006：221-223；2012：195-197）。

したがって，福祉国家は，依然として国民国家の国境線を境界とした包摂と排除の基準を維持しており，こうした前提が福祉国家ナショナリズムを扇動し，福祉ショービニズムの論理を肯定する。

「新たな契約」に基づく社会的包摂 　上記のように，福祉ショービニズムが国民国家を前提とした福祉国家を肯定することで，こんにちの福祉国家では，国境線に基づく包摂と排除というクリーヴィッジが表面化している。一方で，ワークフェアを手段とした社会的包摂が目指す労働市場参加型の福祉国家では，社会権は義務を伴う権利として位置づけられることから，「新たな契約」を結ぶことのできない者は，国民も移民も等しく権利の保障を受けることができない。すなわち，ワークフェアによって福祉国家に新たに生み出される排除の論理は，人びとを国籍によって区別するのではなく，きわめて能力主義的と

いえる。もはや国民であっても技能水準が低く失業のリスクが高く，現に失業に陥った人を無条件に包摂する福祉国家ではない。以下では，ワークフェアが生み出す能力主義の論理に基づく排除の論理が，社会的包摂の概念にもたらす動揺について検討する。

　社会権に義務を課すワークフェアの本質には，排除の性質が見出される。ワークフェアの下では求職者手当を受ける方法として第五の選択肢が存在しないことが強調されることで，受給希望者の社会権の保障において，義務や責任の概念が重視された。ワークフェアがこのような社会権に対する排除を前提とするのは，ワークフェアが社会的包摂の実現を目指しつつも，フリーライダーを認めず，人びとを自活可能で自発的な市民へと導くことを主眼としていたためである。ワークフェアは，福祉に依存する者を抑制し，自己責任を自覚する人びとの連帯に基づく持続可能な福祉国家への再編を志向するなかで選択された。ワークフェアがとりわけ自由主義レジームの福祉国家再編のための手段として機能してきたのも，こうした労働市場への参入を通じた社会的包摂のあり方が，脱商品化指標の低さを特徴にもつ自由主義レジームと親和性が高いことと関係している。

　以上から，程度の差はあるものの，国内低技能者も単純労働移民や難民・庇護申請者と等しく排除の対象として置かれていることに変わりなく，ワークフェアに潜在的に内在する能力主義を背景とした排除の論理が，国民であるか移民であるかを問わず，「新たな契約」を結ぶことができない者，すなわち，失業リスクの高い低技能者の周辺化を進めている。

　能力主義の下では，このような低技能者の社会的排除の進展とは対比的に，技能水準の高い者は，国民であるか移民であるかを問わず，「新たな契約」を結ぶことができる者として，ワークフェアが社会的包摂を進めることになる。ワークフェアの下では，失業リスクがきわめて低い労働者のみが無条件の社会的包摂の対象となるためである。これは，失業リスクが高い低技能者の場合，社会権に義務が課されることで無条件の社会的包摂には至っていない一方，失業に陥ることのない労働者は，このような排除に直面せずに福祉国家のメン

バーとしての承認や自覚を得る存在となるためである。

したがって，福祉国家のメンバーシップには，国籍に加えてワークフェアを契機としてもうひとつの基準が付与されており，そこでは国境線に基づく包摂と排除の論理よりも「新たな契約」に基づく社会的包摂という論理が意味をもつ。本書でこれまで光をあててきた技能移民に対する包摂が行われるとすれば，こうした新たな次元における社会的包摂の進展にその論理を求めることができよう。

ワークフェア政策が生み出す社会的包摂の二つの空間　「新たな契約」に基づく社会的包摂の範囲と，既述の国民国家のバックラッシュによって進められる，福祉ショービニズムが規定する社会的包摂の範囲の違いを図式化したものが図3－1である。ニュー・レイバーのワークフェアは，求職者手当の受給に労働市場参加のための求職活動等の条件を課すことで，社会保障と雇用との連携を強化し，雇用を通じた社会的包摂の実現を目指した。その一方で，こうした「新たな契約」を条件とした社会的包摂はこの条件に合わない人の排除と表裏一体の関係にある。ワークフェア政策が目指す社会的包摂は，能力主義的に人びとを技能の有無あるいはその高低によって選別する論理を備えている。この論理の下では，国民か外国人かという国籍に基づく選別を容認する福祉国家ナショナリズムの論理とは異なる次元での選別が生じる。

なお，技能水準の高さは，実際に移民労働者に備わる技能の高さだけを表すのではない。自国以外の国で生活し就労するには，現実には言語や社会規範など多くの差異に直面する。技能移民を「新たな契約」を結ぶことができる存在として包摂するうえでは，結果的に生活者としてあるいは労働者としてイギリス社会で生活を営むことが可能であるか否かという視座にも基づいて選別が行われている。これらは実際に移民がイギリス社会の一員として生活を営むうえで不可欠な要素となることから，技能水準に基づく社会的包摂は，こうした付随的な要素も含めた「新たな契約」に基づく包摂の仕組みである。

二つの次元で進められる包摂と排除の下で，労働市場に参入する機会が得られない庇護申請者をはじめ，低技能の単純労働移民は，もっとも社会的排除に

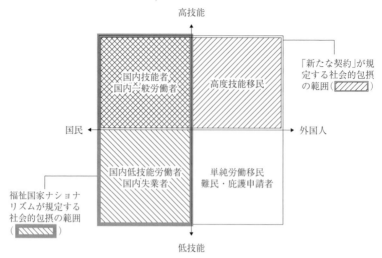

図 3-1 ワークフェアを契機とした社会的包摂の二つの次元
出典：筆者作成。

直面しやすい存在となる。図3-1にあるように，これらの移民は「新たな契約」に基づく社会的包摂の対象からも，福祉国家ナショナリズムが規定する社会的包摂の対象からも外れるためである。前述のとおり，ワークフェアを契機として選別主義が強化され福祉国家の再分配政策の対象が絞られるなか，その対象を絞る過程で福祉国家はナショナリズムを強めている。低技能者間では，国境線に基づく社会的排除がワークフェアを契機として強まっており，単純労働移民をはじめとした低技能移民に対する社会的排除は，福祉ショービニズムのかたちで再生産されることとなる。したがって，ワークフェアが選別主義を強化し，そのなかで福祉国家ナショナリズムが進行することで，国内低技能者ならびに国内失業者は，単純労働移民ならびに難民・庇護申請者との対比においては，包摂の対象になる。

他方で，ワークフェアが，そもそも求職活動や訓練への参加を求職者手当の受給要件として義務づけていることから，失業者や失業リスクの高い低技能者は，潜在的に社会権に対する義務の付与という意味での排除に直面する。国民か外国人かという次元での包摂と排除を迫る論理に加えて生じる，技能の有無

あるいはその高低という能力主義の基準に基づく包摂と排除の論理が，国内の低技能者や失業者が直面する排除の実態を浮き彫りにするのである。この能力主義に基づく包摂と排除は，「新たな契約」の締結の可否と結びつく。技能の有無あるいはその高低によって，国家との間に「新たな契約」を締結することができる市民であるのか，すなわち市民としての義務を果たすことができるのか，という基準が包摂と排除の概念に組み込まれているのである。この点に，ワークフェアが，本来的には新自由主義的な福祉国家再編の手法であり，福祉国家の再編に貢献する人材の創出を目的としていることが表れている。国内低技能者や失業者は，単純労働移民や難民，庇護申請者とは次元が異なるものの，同じくワークフェアによって生み出された社会的排除に直面しているといえよう。

　上記から，ワークフェアを契機として，福祉国家は福祉国家ナショナリズムと，「新たな契約」の締結という二つの次元での社会的包摂を進めていることが指摘できる。この二つの次元の包摂と排除の違いを浮き彫りにすることで，こんにちの福祉国家が，福祉国家ナショナリズムの強化と，国境を越えた開放的な福祉国家という異なるベクトルでのメンバーシップの再編に直面していることが明らかになる。

（2）高度技能移民の社会的包摂

　イギリスにおける福祉国家改革は，移民の存在に直面するなかで新たな包摂と排除の論理を生み出している。ワークフェア政策を通じた社会的包摂は，国民国家内部での社会問題の解決のための手段としてみなされてきた。しかしながら，福祉国家と移民との関係に，ワークフェアを通じた社会的包摂の実現という福祉国家の再編の手段を重ねると，そこには福祉国家ナショナリズムの強化と，他方での「新たな契約」に基づく国境を越えた新たな社会的包摂の可能性という二つの動態をとらえることができる。前者は，福祉ショービニズムに見られるように単純労働移民や難民・庇護申請者を「福祉国家のたかり屋」として彼らに対する排除の進展を表しており，後者は，「新たな契約」を条件に

移民を社会の一員として承認し，彼らに対する社会的包摂を進める福祉国家の可能性を表している。

こうした考察をもとに，以下では，「新たな契約」を結ぶことができる移民に対して，実際にどのように社会的包摂が進められているのかを論じる。具体的には，技能移民に対する社会権の保障が，そのほかの移民よりも手厚く保障されていることを提示したうえで，こうした保障の下で，彼らの定住化がほかの移民よりも進んでいることを明らかにする。これに加え，移民の帰化要件における能動的市民性の重視について取り上げることで，前出の承認をめぐる議論に返り，「新たな契約」を結ぶことができる移民に対する承認の可能性を検討する。再分配と承認の双方から移民に開かれた福祉国家形成の可能性を問う。

社会保障給付概念の拡大 まずは，社会保障上の権利について述べる。第1章で，イギリスにおける社会政策給付の受給資格は，通常居住地と公共基金という概念によって画定されることを提示した。表1－6で確認したように，無拠出制給付や資力調査つき給付は，公共基金にあたることから，居住権をもたない移民による受給は基本的には違法であると考えられてきた。しかしながら，公共基金の概念には，以下のように公共セクターで就業する移民に対する例外的な扱いも生じている。

イギリスではNHSや，公教育，警察などの公共セクターで外国人を雇用している。公共セクターにおける移民の雇用は，労働者が不足するこれらのセクターで効率的に労働者を確保し，安定的な運営を行ううえで不可欠な政策となっている。公共セクターのサービスはいずれも公共財の性格をもつことから，移民が公共財供給の一翼を担っていることになる。イギリスでは，とりわけ医療と公教育において，労働者不足が深刻化してきたが（Boswell 2003：33-34)，医療についてはNHSが全住民を対象とした中心的制度であり，教育も国や地方自治体の役割の大きな領域であることから，そこで就業する労働者の安定供給は政府の役割として重要な位置に置かれる。繰り返しになるが，NHSや教育，警察などの公共セクターのサービス供給者らは，公共サービスの「キー・ワーカー（key worker)」すなわち必要不可欠な労働者と位置づけられており，

彼らの就労と生活を保障するために,「キー・ワーカー生活スキーム(key worker living scheme)」というプログラムが導入されている。これは,就労上,都市部での居住がやむを得ない公共セクターの労働者に対して住宅関連の給付を行うプログラムである。[15]

　医療や教育という専門的な資格や技能を要する公共セクターの職種では,そこで働く労働者を養成するにも時間とコストがかかることから,すでに資格や技能を有する労働者を海外から雇用することにインセンティブが見出された。このように公共セクターのサービス供給の担い手として移民が不可欠な存在となるなか,居住権をもたない移民についても,キー・ワーカー生活スキームの対象として認められ,住宅給付の受給が可能である。表1-6にあるように,住宅給付は居住権をもたない移民による受給は不可であるが,公共セクターで働く移民がロンドンとロンドンに隣接するサウス・イーストで住宅を購入するか借りる場合には,こうした公共基金の受給が認められている(UK Border Agency 2013：17)。なお,ここでいうロンドンとはグレーター・ロンドン(Greater London)のことであり,これは32の特別区とシティ・オブ・ロンドン(City of London)からなる行政区画である。ロンドンとサウス・イーストはイギリス国内のほかの地域と比べて家賃や物価などが高く,生活費が高額になる傾向がある。

　公共セクターの専門的技能を要し,イギリス国内の公共財供給の担い手となる労働者は,彼らの社会保障上の受給資格をそのほかの移民とは区別して包摂を進めているということになる。すなわち,イギリスにとって大きな貢献が期待できうる移民については,一時的な労働力としての受け入れに止まらず,社会保障上の受給権の拡大によって包摂が促される。したがって,ここにも義務や責任を伴う権利保障の仕組みである「新たな契約」が反映された包摂の実態が窺われる。

定住化の進展　　つぎに,永住権取得と帰化へのアクセスから,定住化について考察する。永住権や帰化の制度は,社会を構成するメンバーを法的に承認するという意味をもつ。イギリスでは,2009年国境,シティ

ズンシップおよび移民法（Borders, Citizenship and Immigration Act 2009）の下，いわゆる永住権を意味する無期限滞在ビザ（Indefinite Leave to Remain，以下ILRと略す）の取得と帰化手続きに関する改革が行われた。以下では，2009年国境，シティズンシップおよび移民法の下でILR取得あるいは帰化の手続きとして課された三つのステージに沿って，イギリスにおける移民の定住化のプロセスを確認する。[16]

まず，第一のステージが一時的居住（temporary residence）である。一時的居住については労働によるカテゴリー，イギリス国籍者と永住者の家族のカテゴリー，保護を必要とする難民のカテゴリーの三つが想定されており，労働のカテゴリーはHSMP該当者，あるいはPBS導入後の高度技能層（tier1），あるいは技能層（tier2）にあたる労働者を想定している。この三つのカテゴリーに該当する移民が，将来的に帰化あるいはILR取得を想定される移民であり，労働と難民のカテゴリーの場合には5年，家族のカテゴリーの場合には2年間の居住を経ると，第二のステージへと進むことが可能である。

第二のステージは，試行的シティズンシップ（probationary citizenship）である。この資格を得るためにはまず，前述の労働，家族，難民という各カテゴリーで以下の各条件を満たすことが求められる。労働のカテゴリーに該当する者には自活が求められ，家族のカテゴリーの者には自活が可能であること，もしくは保証人による支援を受けられることを証明しなければならず，難民のカテゴリーに属する者は，試行的シティズンシップ申請時においても保護を必要とする資格があることを示さなければならない。

さらに，これらのカテゴリーごとに必要な要件に加え，すべてのカテゴリーに共通する必要事項として，第1章で提示した2002年国籍，移民および庇護法で導入された，イギリスでの生活に関する知識を問う試験（"Life in the UK" test）の合格と英語能力の証明が課せられる。これらの条件を満たすことができない移民は，この段階でイギリスからの退去を求められる。

なお，2009年国境，シティズンシップおよび移民法の下では，能動的市民性の提示による帰化の迅速化が認められている（Meehan 2010：116）。試行的シ

ティズンシップの期間は通常3年間であるが，コミュニティに積極的に関わり，能動的市民性を示した移民が帰化する場合には1年で第三のステージ，すなわちILRの取得なしに帰化手続きに進むことが可能である。

　能動的市民性の提示方法は大別して以下の二点である (Meehan 2010：123)。第一に，チャリティや自治体組織にボランティアとして参加することで，自ら進んでイギリス社会の一員になろうとする姿勢を提示する方法である。第二に，イギリス社会に貢献しうる人材であることを証明する方法である。これは，教育，医療，社会福祉，芸術，伝統，文化，スポーツなどを促進する活動に参加すること，あるいは自然環境の保護活動や社会的弱者の保護活動を行うことである。これら二つの方法から，イギリス社会に溶け込み，社会の一員として貢献することを証明できれば，第三のステージへのステップを早めることが可能である。こうした能動的市民性の帰化要件としての採用は，前出のホネットによる主張にある，業績の圏域における承認とも通じる包摂の仕組みである。移民個人の自発的な行動や能力を評価することで，イギリス社会の一員として受け入れるこうした帰化要件の採用は，社会に対する義務を伴った権利保障の仕組みである「新たな契約」概念とも一致している。能動的市民性の提示による移民の帰化の迅速化も，国内的な意味合いで用いられてきたワークフェアが生み出した義務を重視する社会的包摂の概念が，国境を越えた概念としての機能を携えていることを示唆している。

　上記のステージを経ると，第三のステージとして帰化もしくはILRの取得へと至る。なお，イギリスでは二重国籍が認められているが，移民の母国が二重国籍を認めていない場合，イギリスと母国双方の国籍をもつことはできないため，こうした国を母国とする移民の場合はイギリス国籍に帰化して母国の国籍を放棄するのか，あるいはILRを取得して母国の国籍を維持するのかを選択することになる。

　上記の三つのステージを経て，最終的には，新市民式において，イギリスと女王に対する忠誠の宣誓と誓約 (oath and pledge) を行うことが求められる。これによって，「イギリス人らしさという価値観の共有 (shared values of British-

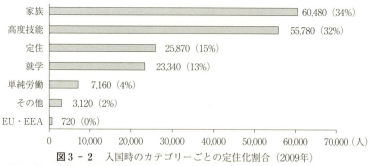

図3-2　入国時のカテゴリーごとの定住化割合（2009年）
出典：Home Office（2010：9）。
注：定住のカテゴリーは、主にナイジェリア人を対象に設けられたカテゴリーで、到着と同時に定住資格が得られるビザである。

ness）」がなされ、こうした価値観の共有が、民族的な紐帯（ethnic ties）に代わって連帯構築の重要な役割を担っている（Williams 2012：155）。すなわち、「イギリス人らしさ（Britishness）」とは、新市民式でのイギリス社会や女王への忠誠の表明、あるいは前のステージで課される英語能力を有することとイギリスでの生活に関する試験への合格、能動的市民性の提示によって義務を果たすという、いわばイギリス社会と移民個人との間の契約によって生み出されるものとみなされたのである。

　内務省の調べによると、2004年にHSMPビザで入国した高度技能移民のうち、2009年の時点で29％がイギリスに留まり定住している一方、同じ年に入国した単純労働移民ではこの割合はわずか3％であるという（Home Office 2013：6-8）。これは、単純労働移民の場合、彼らの滞在許可は2年以下に設定されているためであり、単純労働移民の定住化は想定されない状況にあるためである。さらに、図3-2にあるように、入国時のカテゴリーごとの移民の定住化割合（難民を除く）は、高度技能移民のカテゴリーで入国した移民が全体の32％であり、家族のカテゴリーに次ぐ割合の高さとなっており、技能移民は、定住へと向かう傾向が単純労働移民よりも高い割合となっている。

　以上から、イギリスにおける帰化制度ならびにILR取得の仕組みは、イギリス社会に貢献する移民に関しては永住化を促す方針であることが指摘できよ

第3章　ニュー・レイバーのワークフェア改革と移民

う。2009年国境，シティズンシップおよび移民法の下での永住権取得と帰化への一連の過程からは，移民個人の能力や意欲を評価してイギリス社会の一員として包摂しようとする社会的包摂のあり方と，新たな連帯構築の可能性が指摘できる。移民の母国や，人種，宗教，アイデンティティという集団的属性ではなく，イギリス社会の一員として生活するうえで不可欠な，言語能力や社会生活に関する知識をもつこと，能動的市民性の提示という，移民個人の能力や自助努力を含めた「新たな契約」を条件に，帰化やILR取得という定住へのアクセスを開放している。1981年国籍法の下で，事実上，血統や人種に基づくメンバーシップの画定を行ったイギリスにおいて，こんにちの帰化行政では，移民個人とイギリス社会との契約によるメンバーシップの獲得の道が拓かれているといえよう。

　本節では，社会保障上の受給権と定住化のプロセスから，技能水準の高い移民に対する権利保障の仕組みを考察してきた。前節で述べたように，社会的包摂は再分配と承認の双方を射程とした多次元的な概念である。そこで以下では，こうした権利の拡大がなされる背景にある，技能移民に対する承認が，どのような論理に基づいて行われているのかを考察する。

技能移民の承認に関する考察　ホネットによる主張に沿うならば，承認こそが再分配を享受するために重要な要素となる。再分配は承認を通じて獲得されるというのがホネットの考える再分配と承認との関係といえよう。高度技能移民をはじめとした技能移民は，定住化の促進や社会保障上の受給資格の拡大によって，物質的な面での包摂が保障されているように考えられるが，これは，彼らがイギリス社会における承認を得た存在であることを表しているともいえよう。ただし，技能移民に対する承認の形態はマイノリティ集団に対する承認ではなく，移民個人の技能に対する承認であり，ホネットのいうところの，業績の圏域における承認である。人種や文化，宗教という集団的な属性ではなく，移民個人の技能や意欲によって受け入れ，承認を通じた再分配の仕組みを構築しているイギリスにおける技能移民に対する措置は，承認概念を，マイノリティの集団としての問題というよりも，個人の問

175

題として理解するホネットの主張に説得力をもたせるケースといえよう。

　塩原（2005）では，オーストラリアにおいて移民の集団的属性から移民個人へとその包摂の概念が転じた過程が，オーストラリアにおける新自由主義的な福祉国家改革との関係から分析されている。この研究からも，移民が，集団としてではなく，個人としてとらえることができる存在であることが示されている。[18]

　イギリス型移民レジームは，その形成段階の1948年の時点では，イギリス本国にとってはコモンウェルスの中心国としての求心力を高め，コモンウェルス市民の自由な出入国を保障するシステムとして制度化したが，1962年コモンウェルス移民法の導入以降，カラードのコモンウェルス市民の出入国を管理し，労働市場でも，カラー・バーによって，人種による階層性を生み出してきた。しかしながら，イギリス型移民レジームの目的や役割が変化するなかで制度化した高度技能移民受け入れ政策は，人種に基づき，集団として移民をとらえる従来の枠組みではなく，移民個人の労働者としての技能に応じて包摂していく論理を肯定する。

　技能移民に対する承認から理解できるのは，彼らに対する集団としての文化的な承認ではなく，ホネットがいう業績の圏域における，一個人としての移民労働者に対する承認の形式である。実質的には，技能水準が高い移民は，再分配の保障がなくとも自活可能である。社会的包摂の概念は，こうしたもともと再分配機能の影響を受けない人びとを想定した概念ではない。しかしながら，こんにちの福祉国家には承認と再分配の双方の保障が求められており，実際に給付に頼ることになるか否かを別にしても，こうした権利が保障されているか否かが承認概念とも結びつくことに鑑みれば，彼らが承認を得た存在であることを理解するうえでも，彼らに保障された権利を明らかにすることが重要である。

　こうした観点から，高度技能移民をはじめとした技能水準の高い移民が，こんにちのイギリス福祉国家において，難民・庇護申請者や単純労働移民とも異なる存在の移民であることがわかる。その包摂のレベルから，難民や庇護申請

第3章　ニュー・レイバーのワークフェア改革と移民

表3-3　イギリスにおける移民の包摂レベルの違い

	労働市場における包摂		再分配と承認	
	国内労働力の補填としての労働市場における包摂	個人の技能を評価した労働市場における包摂	社会保障給付の保障	定住化へのアクセス権の保障
難民・庇護申請者	排除	排除	条件つきの包摂	条件つきの包摂
単純労働移民	包摂	排除	排除	排除
技能移民	包摂	包摂	包摂	包摂

出典：筆者作成。

者とも、単純労働移民とも異なる存在として位置づけられる。各カテゴリーの移民の包摂水準には、表3-3に表されるような違いが生じていると考えられる。

　まず、それぞれのカテゴリーの移民の労働市場における包摂について述べる。庇護申請者には、難民認定が下りるまでの期間就労が禁止されているほか、そもそも労働力としての受け入れではないため労働市場における包摂が行われているとはいえない。単純労働移民は、労働市場における雇用の調整弁として受け入れられているにすぎず、国内で需要がない場合には雇用も行われず、技能を伴わない分野での雇用であることから、移民個人の技能を評価して、外国人であっても能力のある人材を積極的に受け入れるような仕組みではない。

　他方で、技能移民は個人の技能に応じて労働市場における包摂が進められる状況にある。技能移民に関しても、たとえば国内労働力が都市部での就業を希望するなかで、地方でのポストを外国人労働力が補うというケースもあり、必ずしも個人の技能が平等な雇用環境を生み出しているとはいえない。しかしながら、庇護申請者や単純労働移民が、労働市場への参入の段階で排除に直面するのに対し、技能移民の場合には、参入の段階での障壁はきわめて低いという点は留意すべきである。

　社会保障給付の保障と定住化へのアクセス権の保障は、再分配と承認という社会的包摂を実現するために不可欠な要素と関わる指標である。難民・庇護申請者については、庇護申請者の社会保障上の給付が国民を対象とした社会保障

制度からは切り離されていること，難民による帰化やILR取得という定住化には，保護が必要であることを提示することが求められることから，こうした条件を伴った包摂となる。単純労働移民については，定住化が想定されておらず，社会保障給付についても，公共基金要件を伴う給付からは排除される。一方で，技能移民については，公共基金の例外的な受給や，定住化の進展が確認された。技能移民に対するこうした例外的な措置からは，移民個人の技能に基づく業績の圏域における承認を読みとることができる。これらの移民には，彼らがもつ能力を評価することで承認が行われており，この承認を通じて再分配や定住という実際の権利の保障が進められている。

　上記のような，移民個人に対する承認の現実における運用としては，公共セクターのサービス供給に貢献する移民に対する社会保障受給資格の拡大，あるいは，能動的市民性を重視した帰化行政の採用が挙げられる。庇護申請者については，難民認定を受けることで就業が可能であり，それにより個人としての承認獲得の可能性が生まれ，これによりメンバーシップを獲得した国内的存在としての道が拓かれることから，条件つきの包摂となる。単純労働移民は，移民個人としての承認が及ぶ対象とはならず，帰化やILRについても基本的にその対象としてみなされていないことは，表3－3からも示された。技能移民は，個人としての承認を獲得することが可能な移民であり，社会保障上の受給権の拡大や，帰化というかたちでのメンバーシップの獲得についても，ほかのカテゴリーの移民に比べ，イギリスにおける包摂の仕組みが整備された存在となった。

　以上から，高度技能移民をはじめとした技能をもつ移民は，労働市場における包摂が進められていることに加え，再分配と承認という社会的包摂の実現に不可欠な要素でも，ほかのカテゴリーの移民とは異なる位置にある。国民と移民との間には，依然として包摂の要件に隔たりを生み出す階層性があり，ここに国民国家を前提とした福祉国家のバックラッシュが表れている。しかしながら，図3－1で示したように，福祉国家ナショナリズムが規定する社会的包摂の範囲と，「新たな契約」を背景にワークフェアが規定する社会的包摂の範囲

は必ずしも一致しない。「新たな契約」を結ぶことができる技能移民に光をあてることで，こうした違いを浮き彫りにすることができよう。こんにちの福祉国家は，国民国家を前提にナショナル・アイデンティティを高める制度としての位置づけだけではなく，「新たな契約」に基づいて，国境の外に向かっても包摂的な拡がりの可能性をもっているのである。

小　括

　本章では，ニュー・レイバーの福祉国家改革の手段として採り入れられたワークフェア政策と，この時期に進められた技能移民の受け入れとの関係を考察した。これにより，ニュー・レイバーの下で技能移民の受け入れと彼らに対する社会的包摂が促された背景を分析した。
　ニュー・レイバーが行った「現代化」改革は，以下の二つの観点から技能移民の包摂を促す環境を整えた。第一に，公共サービス供給の「現代化」改革を進めるうえで，公共セクターにおける技能労働者へのニーズが高まり，こうした観点から技能を有する移民の受け入れが正当化される。第二に，福祉国家の「現代化」改革の下で，「新たな契約」概念が醸成されたことで，この契約を結ぶことが可能な市民として，技能を有する移民の受け入れが肯定された。
　ワークフェアによる就労を軸とした福祉国家への転換が，ポスト20世紀型福祉国家における移民と福祉国家との関係をどのように再構築しているのかを明らかにするのが本章の課題であった。これについては，福祉国家ナショナリズムの強化と同時に，「新たな契約」に基づく包摂と排除が進展していることを指摘した。
　福祉国家がもつ再分配機能の移民への拡大は，承認をめぐる議論とも関係している。技能水準の高さや，能動的市民性の提示によってイギリス社会への貢献が見込まれる移民については，集団的属性に基づく，人種やエスニシティに対する承認の可否ではなく，移民個人の能力や意欲に対する承認が行われている。技能移民に対する承認は，ホネットがいう業績の圏域における承認であり，

ここには，社会的包摂を実現するうえで，承認が，移民をはじめとしたマイノリティなどの「他者」だけでなく，社会を構成するすべてのメンバーに求められる概念であることが表れている。

福祉国家がもつ再分配機能を維持するうえでは，納税者と受給者，あるいは納税者と徴税者たる国家との間の信頼（trust）の構築が不可欠であるが，高度技能移民の社会的包摂には，「国境を越えた信頼（trust beyond borders）」（Crepaz 2008）の形成を垣間見ることができる。

イギリスは，1948年国籍法の下でイギリス連合王国ではなくコモンウェルスという連合体単位での市民権を選択し，福祉国家も国民国家を対象とした制度というよりも，コモンウェルス市民も含め，イギリス国内に居住する人びとの生活保障のための制度として位置づけられてきた。したがって，イギリスでは，技能移民の受け入れ以前からボーダレスな連帯を前提とした福祉国家が形成されていた。しかしながら，コモンウェルス市民に対する社会権の保障や市民権付与が，帝国の論理を後ろ盾に，コモンウェルス市民という集団を対象に進められてきたのに対し，こんにちの技能移民に対する社会保障給付の拡大や，能動的市民性を提示する移民の帰化の迅速化は，義務を伴うかたちで移民個人に対して権利を保障する仕組みであり，ここには，ワークフェアの下での「新たな契約」概念の論理が表れているのである。

イギリスはコモンウェルスの結びつきを背景としてイギリス型移民レジームを形成するとともに，国民国家に基づかない福祉国家のあり方を維持してきた。こうしたなかで，次第に誰が国民であるのか，誰に権利があるのかを画定する作業を進めるなかで，移民法と国籍法の改正により，「イギリス人らしさ（Britishness）」を，人種に基づく概念に近づけ，移民レジームを変容させてきた。

しかしながら，こんにちのイギリス福祉国家は，こうした人種を重視した「イギリス人らしさ」や，あるいは従来の福祉国家論が前提としてきた，国民国家を前提としたメンバーシップのあり方とは異なり，「新たな契約」に表れるように，能動的市民性の提示や社会生活を営むうえで不可欠な言語能力をも

第3章 ニュー・レイバーのワークフェア改革と移民

つこと，新市民式における忠誠の宣誓などの，イギリス社会の一員となるうえで課された義務を果たすという社会契約によって生み出される連帯を重視している。移民に対する承認が，従来問題にされてきた彼らのエスニシティに対する承認というよりも，移民個人の資質や能力に対して行われていることが表れている。

コモンウェルスからの移民が高度技能移民の大部分を占めている実態からは，かつてカラードのコモンウェルス出身者が，労働市場のカラー・バーによって低技能労働者として雇用され，社会階層の低位を占めていたことに鑑みれば，こんにちでは，コモンウェルス出身の移民が，人種やエスニシティによって移民集団としての「彼ら」とみなされているのではなく，技能や資質によって，個人としてイギリス社会での承認を獲得していることを表している。

すなわち，「外国人嫌い（xenophobia）」のようなナショナリスティックな感情に直接的に訴えるものではなく，責任や義務を果たしたうえでの権利であるか否か，というモラルが帰属や資格の重要な基準となっているといえよう（Jordan 1998：206）。他方で，こんにちの福祉国家が福祉国家ナショナリズムの扇動に伴う福祉ショービニズムに直面していることは，20世紀型福祉国家が依拠してきた国民国家を前提とした福祉国家のあり方が消え去ったのではなく，むしろこうした国民国家によるバックラッシュの強化がポスト20世紀型福祉国家のもうひとつの重要な動態であり，依然として国民国家が福祉国家の基底をなしていることを意味している。

注

(1) たとえば，いわゆる国有化条項を表す党綱領第4条の撤廃が行われたことで，社会主義者と労働組合の政党としての労働党の位置づけの払拭が進められた。なお，1994年から1997年の政権交代までの労働党の党として現代化については，今井（2008）に詳しい。

(2) 詳細については，非難回避の政治について言及したピアソンの著書と論文（Pierson 1994；1996）を参照されたい。

(3) ワークフェアは，1960年代のアメリカで，雇用の確保とそれを前提にした福祉か

(4) ワークフェアの類型の整理は、三浦・濱田（2012：10-17）を参照されたい。
(5) 詳細は、宮本（2006a：81-84；2006c：36-42；2009：120-168；2011：124-127；2012：8-11；2013a：14-18）を参照されたい。
(6) 拠出制求職者手当は、わが国の雇用保険にあたるもので、保険料拠出を行ってきた者に対して半年間支給される。所得関連求職者手当は、資力調査に基づき、拠出制求職者手当の受給期間を経た稼働能力のある失業者に無期限で給付される手当である。ニュー・ディール・プログラムへの参加が義務づけられるのは後者の求職者手当の受給である。
(7) なお、2008年10月に就労不能手当と所得補助に代わる制度として、雇用・生活補助手当（Employment and Support Allowance）が導入され、就労不能手当と所得補助の受給者とされてきた者に対して稼働能力の審査が厳格化される状況にある。
(8) 1993年までの最低賃金制度は、賃金審議会（wages councils）による産業別の最低賃金制度であった。
(9) イギリスの経済学者アトキンソンらは、社会的指標として、世帯所得に基づく経済的貧困、教育水準、失業、住宅環境、社会参加の程度などの項目からなる複合的要素による33項目の指標の提言を行い、EUレベルで社会的排除の具体的な検討をするための指標のあり方を提示している。詳細は、Atkinson et al.（2002）を参照されたい。
(10) SEUは2002年に副首相府へと移管され、その後、2006年に副首相府が地域社会・自治省へと改称したことでSEUの所管もこれに準じて移行し、SEUはSETF（Social Exclusion Task Force＝社会的排除タスクフォース）へと改称した。なお、SETFは2010年に廃止されている。
(11) RED、MUD、SIDそれぞれの言説に関する詳細については、Levitas（2005：14-28）を参照されたい。
(12) 市民権概念に内在する権利と義務の観点からの自由主義とコミュニタリアリズムの対比については、Dwyer（2000：19-47）に詳しい。
(13) 詳細については、Home Office（2003a；2003b）およびDavies et al.（2004）を参照されたい。
(14) ワークフェアの下で、社会サービスの受給者の権利よりも、義務を重視する福祉国家への転換が図られたことを指摘する先行研究としては、Deacon（1997；1998；2002）、Dean（1998；2004）、Dwyer（1998；2000；2002；2005；2010）、Levitas（2005）、Lister（1998）、Orton（2006）が挙げられる。
(15) キー・ワーカー生活スキームは、公共セクターのサービス供給者に対する政府出

資の住宅保障プログラムを指す。公共セクターにおける労働力の安定供給のためのプログラムである。

(16) 以下の帰化と永住権取得までの三つのステージに関する記述は，UK Border Agency（2008：8-10；14-18；2009a；2009b；2009c）に基づく。

(17) 高度技能移民のカテゴリーには，求人を入国の条件としない高度技能者をはじめ，労働力不足で求人のある産業や国内における労働力としてのニーズの高い技能移民が含まれる。

(18) 塩原（2005）では，オーストラリアにおいて，「集団」としてのエスニシティから，エスニシティの「個人化」によって，移民を個々の市民としてオーストラリア国民国家へと「包摂」することへと，多文化主義の概念が再定義されてきたことを考察している。1980年代半ばの多文化主義政策が，エスニック集団向けの社会福祉・社会保障の拡大を強調するあまり，オーストラリア国民社会分断の危惧を生じさせたことに対し，1990年代に入ると，エスニック集団向けの給付の抑制とともに，エスニシティの「個人化」によって多文化主義の再定義が行われた（塩原 2005：14-18）。移民を個人として包摂する概念へと多文化主義概念を再定義することで，個人として移民の包摂を進める一方で，排除されるべき人びとを特定する根拠をも生み出す多文化主義に正統性が生じ，新自由主義と矛盾しない多文化主義へと転換したという（塩原 2005：18-22）。

[付 記]

本章は，日野原（2014a）に，大幅な加筆と修正を行ったものである。

第4章
医師の国際雇用にみる福祉国家と移民

　第3章では，イギリスにおいて，国民国家を前提とした福祉国家の下で働く福祉ショービニズムの論理によって進められる移民の排除に加えて，技能移民に対するニーズを前提に，「新たな契約」を結ぶことが可能な移民個人を包摂する開放的な福祉国家への移行という，ポスト20世紀型のイギリス福祉国家で生じる二つの動態をとらえた。こうした二つの動態のなかでも，本書は移民個人の技能や社会的な貢献性に基づく包摂を進める福祉国家の可能性に関心を置くことから，本章では，開放的な福祉国家への移行を考察するための事例として，NHSにおける医師の国際雇用を取り上げる。

　NHSにおける医師の国際雇用には，イギリス型移民レジームと自由主義レジーム福祉国家が規定する移民の受け入れとの密接な関係が指摘できる。NHSにおける医師の国際雇用は，コモンウェルス出身者を吸収することで進められており，さらに，福祉セクターにおける移民労働力の動員であることから，第2章で提示した福祉国家の脱国民国家化の可能性を問う事例でもある。ニュー・レイバーの下で，NHSにおける医師の国際雇用が促された背景には，第3章で論じた「現代化」改革とそこで生み出された「新たな契約」概念との関係も指摘できる。

　本章では，NHSにおける医師の国際雇用を事例に，具体的には以下の点について分析する。第一に，NHSにおける外国人医師の採用について，1948年国籍法の制度化によって形成されたイギリス型移民レジームの下で開かれた経路がいかに機能してきたのかということ，第二に，イギリス型移民レジームと自由主義レジームが規定する移民の受け入れのパターンとの関係が，NHSにおける外国人医師の受け入れにはどのように表れているのかを明らかにし，第

三に，福祉国家サービスの供給に携わる人材の国際雇用による福祉国家の脱国民国家化の可能性について検討する。以上の分析から，国民国家を越えた福祉国家のあり方が，現実にはいかなる条件の下で想定されるのかを考察する。

1　NHS 創設の歴史と制度概要

本節では，イギリスの公的医療制度である NHS の構造と歴史を整理し，NHS がイギリス福祉国家においてどのような役割を果たしてきたのか，その位置づけを概観する。次節以降，NHS の制度発展とイギリス型移民レジームとの関係を考察するうえで，まず，イギリス福祉国家において NHS がどのような存在であるのかを明らかにする。

（1）NHS 創設の歴史と制度の仕組み

本項では，イギリスにおける NHS の創設までの公的医療制度発展の経緯をたどるとともに，NHS の仕組みについて説明する。イギリスにおける公的医療制度の歴史を振り返り，NHS の制度化までを確認したうえで，NHS の医療制度としての特徴を明らかにする。

イギリスにおける公的医療サービス形成の歴史　NHS は，1946 年国営医療サービス法（National Health Service Act 1946）を受けて，1948年に創設された公的医療サービスである。アトリー労働党政権の下で進められたイギリスの戦後福祉国家建設では，社会保障制度の確立とともに，重要産業を中心とした国有化が進み，イングランド銀行，炭坑，ガス，電気，各種交通など国民経済の半分程度が公共セクターとして運営される混合経済を成立させたが，NHS はこうした福祉国家建設の代表であった（成廣 2010：16）。

NHS は第二次世界大戦後の1948年に創設されたが，イギリスでは，公的かつ包括的な医療サービスの必要性はかなり早い段階から認識されてきた[1]。イギリスにおける公的医療制度設立の変遷を振り返ると，たとえば，1808年郡立精神病院法（The 1808 County Asylum Act），1867年大都市圏救貧法（The 1867

Metropolitan Poor Act），1929年地方自治法（The 1929 Local Government Act）において医療サービスの公的供給の必要性が説かれたほか，公衆衛生法と母子の福祉に関する立法では，地方自治体に対して環境衛生監視事業（Environmental Health Service）ならびに個人向けの医療サービスの発展に努めることが義務づけられ，1911年国民保険法（National Insurance Act 1911）[(2)]では，後述するプライマリ・ヘルス・ケアにおける国の責任が認識された（Ham 2009：13）。

さらに，イギリスにおける福祉国家体制の礎となった1942年のベヴァリッジ報告では，社会保険制度に基づく社会保障の構築が提言されたが，その前提として，包括的な医療サービス供給体制の構築についても提言されていた。これは，ベヴァリッジ報告が，貧困，疾病，無知，不衛生，無為という「五つの巨人悪」に対抗するための社会政策の必要性を提言し，総合的な社会保障制度の樹立を目指したことからも明らかである。

ベヴァリッジ報告が出された1942年は第二次世界大戦の最中であり，イギリスでは保守党のチャーチルを首相とした挙国一致内閣の時代であった。ベヴァリッジ報告自体は，このチャーチルを首相とする挙国一致内閣の要請により作成されたものであるが，戦後のアトリー労働党政権になって，ベヴァリッジ報告の理念の具現化が進められ，イギリスにおける福祉国家建設が急速に行われた。1911年国民保険法の下で成立した失業保険制度と国民保険に加え，第二次大戦以降には，ベヴァリッジ報告の理念を反映して，均一拠出，均一給付の年金制度の樹立，公営住宅建設とならんで，国営の医療サービスであるNHSが創設された。

NHSの仕組み　上記の経緯から創設へと至ったNHSが，どのような仕組みの医療制度であるのかを，図4－1に沿って説明する。NHSは，DHが所管する医療制度である。その仕組みは，プライマリ・ヘルス・ケアと病院・専門医サービスに大別され，さらにプライマリ・ヘルス・ケアは家庭医サービスとコミュニティ保健サービスに分類される[(3)]。プライマリ・ヘルス・ケアを構成する家庭医サービスとは，家庭医つまりGPと呼ばれる一般開業医や，歯科医（Dentist），薬剤師（Retail Pharmacist），眼鏡士（Optician）

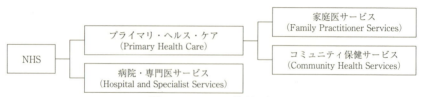

図 4 - 1 NHS の構成概略

出典：松渓（1987：89）。

によって外部で提供されるサービスである（松渓 1987：88）。コミュニティ保健サービスとは，地域看護師（Community Nurse）つまり訪問看護師（Home Nurse or District Nurse）や助産師（Midwife），保健婦（Health Visitor），そのほかの専門家によって提供される医療に関連したサービスである（松渓 1987：89）。

一方，病院・専門医サービスは，プライマリ・ヘルス・ケアのあとに専門的な診療や入院，手術を必要とする患者に適用されるサービスである。したがってイギリスでは，プライマリ・ヘルス・ケアが第一線の医療であり（松渓 1987：89），病院・専門医サービスが二次的な医療として位置づけられる。いわば，プライマリ・ヘルス・ケアを担う GP がゲート・キーパーとして専門医受診を抑制する役割を果たし，効率的な医療サービスの提供が図られている。

NHS の制度的な特徴を簡潔に提示するとすれば，租税を財源とした制度であり，サービスの受給は，無料か一部サービスについては自己負担の仕組みが採られている。NHS は，わが国やドイツ，フランスが採用する社会保険方式の医療保険制度とは異なり，サービスの大部分が租税で賄われている。

（2）イギリス福祉国家と NHS

NHS は，イギリス福祉国家の中核に位置づけられる制度となっている。これは，NHS が創設以降その特性を基本的には維持していることに起因している。すなわち，万人に対して原則無料で医療サービスを供給するという特性である。本項では，福祉国家の制度としての NHS が，イギリスにおいて，どのような存在であるのかを述べる。

第4章　医師の国際雇用にみる福祉国家と移民

イギリス福祉国家における NHSの位置づけ

NHSは，第二次世界大戦以降のイギリスにおける福祉国家建設の一環として制度化し，高福祉を謳うイギリス福祉国家の代表的な制度として維持されてきた。NHSの創設により，租税を財源に基本的に無拠出で医療サービスを受給できる仕組みが構築されたが，このような仕組みが財源の問題に直面することは自明であった。アトリー労働党政権の下で創設されたNHSは，その後の1951年のチャーチル政権以降，漸進的な改革を行ってきた。当初NHSは，処方箋が無料であったほか，無料の義歯や眼鏡，補聴器などの医療器具に大規模なニーズが寄せられたことから，財政の逼迫に陥っていた。こうした背景から，1952年には処方箋に対する患者の自己負担が導入された。この自己負担は，1965年のウィルソン労働党政権において無料化へと戻されたが，同じくウィルソン政権下の1968年に，処方箋の自己負担は再度導入されることとなる（House of Commons Library 2009 : 3）。こうした自己負担の導入に加え，全般的な行政改革に取り組んだサッチャーの下では，NHSについても大規模な改革が進められた。

サッチャー政権では，第一期目からNHSの効率化をねらった改革に取り組んでおり，サッチャー政権第一期目に政府がもっとも関心を置いていたのが，NHSをいかによりビジネスライクで効率的な制度にするかということであった（Ham 2009 : 31）。こうしたなかで，保守党政権が行ったNHS改革は，1989年白書『患者のための医療（Working for Patients）（Cm555）』にあるように，医療サービスの購入機能と供給機能を分離し，住民の医療ニードに応じた予算を受ける購入機関（保健当局と予算保持一般医）と，医療サービスを提供する供給機関（一般医や病院基金，営利，非営利の病院など）とが，相互に独立しつつ競合し合って契約を取り交わし，医療サービスの購入と提供を行う，いわゆる内部市場化であった（一圓 1997 : 49-50）。これにより，国民の医療に要する費用を国の予算から配分することは従来のとおりであるが，保健当局が国から予算を得て管轄地区の医療を直接購入するのではなく，保健当局には管轄地区住民の数や年齢，健康状態に応じて予算が与えられ，その予算をもって住民の保健ニードを査定し，必要な保健医療サービスを別の機関から購入することで，住

民の健康を維持する責任を負うようになった。NHS における内部市場化は，公共サービス供給に市場の競争原理を採り入れる準市場（quasi-market）の形成を表しており，イギリスでは，サッチャーの下で，教育バウチャーによる学校選択制の導入とともに，NHS では内部市場化というかたちで準市場の形成によるサービス供給の効率性の向上が図られた。

このように NHS では，一部については患者の自己負担が導入されたほか，制度内部での市場原理の導入などの改革が加えられてきた。一方で，国営の医療制度として全住民を対象に包括的に医療サービスを供給するという，NHS の創設当初からの理念は依然として維持されている[4]。つまり，1948年の創設当時の基本理念に沿った公的医療サービス供給の仕組みが維持されてきたのである。

自由主義レジーム福祉国家のなかの普遍主義的制度

第2章で，イギリス福祉国家がその源流として位置づけられる救貧法以降，基本的には自由主義的な理念の下で発展してきたことに言及した。繰り返せば，1601年のエリザベス救貧法は，貧民を稼働能力のある者，稼働能力のない者，児童に分類し，さらに1834年の新救貧法は，自己責任の概念を強調することで貧困を個人の道徳的責任とみなし，公的扶助の受給対象の絞り込みが行われたことから，イギリス福祉国家は選別主義的な福祉国家として形成され，発展を遂げてきたのである。

他方で，普遍主義的な性質についても，ベヴァリッジ報告の理念と NHS の存在から言及した。社会保険に基づく社会保障を提言したベヴァリッジ報告は，万人にナショナル・ミニマムを保障する社会保障のあり方を提言しており，その基本理念には普遍主義の性質が含まれる。さらに，個別の制度としてこうした普遍主義の性質がもっとも顕著に表れているのが，NHS である。福祉レジーム論において，イギリス福祉国家の立ち位置があいまいであることは，NHS の存在によるところが大きい。

NHS は租税を財源とした公的医療サービスであり，イギリス国内に居住する全住民が無料あるいは少ない自己負担で医療サービスを受給できる制度である。こうした租税を財源とした医療サービス供給体制を採る国は，イギリスの

ほかには，スウェーデン，デンマーク，フィンランドといった，いずれも普遍主義を特徴とした社会民主主義レジームの福祉国家が挙げられるが，このほかにも，イタリア，スペイン，ポルトガルといった，第2章で提示したフェレーラによる類型で南欧モデルの福祉国家に位置づけられる国も同様の仕組みを採る。

イギリスの場合，医療制度を除いた分野における選別主義の性質には，自由主義レジーム福祉国家の理念が反映されるが，NHS はこうした特徴から逸脱する制度を構築している。第二次世界大戦後にイギリス福祉国家が急速な発展を遂げ，福祉国家建設の先進国として位置づけられたなかで，NHS はその象徴的な存在となった。福祉国家の危機の時代に入り，新自由主義的な福祉国家改革の下でも，基本的な仕組みに対しては改革のメスが入らなかった。しかしながら，NHS は万人に普遍的に医療サービス供給を保障しつつも，待機リスト問題のように即座にサービスを受給できないというパラドクスを抱えた制度でもある。こうした点に，普遍主義を志向する NHS と自由主義レジーム福祉国家との間のジレンマが垣間見える。対人サービスである NHS ではこうしたジレンマは，財源の問題もさることながら，とりわけサービス供給を担う労働力の不足によって顕在化した。

次節では，自由主義レジーム福祉国家イギリスにおいて，普遍主義の特性を備えた NHS を維持するうえで，新コモンウェルスからの人の移動がどのように関わってきたのかを述べることで，NHS の持続とイギリス型移民レジームとの関係を考察する。

2　20世紀型福祉国家における NHS とコモンウェルス

本節では，新コモンウェルスからの移民が NHS の制度の維持に労働力としていかに関わってきたのかを論じる。まず第1項において，イギリス型移民レジームが NHS のサービス供給にいかに関わってきたのかを考察し，そのうえで，第2項において，とりわけ新コモンウェルス出身の医師の雇用が NHS の

創設当時からどのように行われてきたのかを述べる。

（1）NHSとイギリス型移民レジーム

NHS創設の時期が，コモンウェルス市民権の創設に伴うイギリス型移民レジーム形成の時期と重なったことに鑑みて，NHSの発展にコモンウェルスの存在がいかに関わってきたのかを考察する。NHSにおける，イギリス型移民レジームと，自由主義レジームが規定する移民の受け入れのパターンとの関係を分析する。

NHSの創設とコモンウェルス　イギリス福祉国家は，第二次世界大戦以降に急速な発展を遂げており，1948年にイギリスの公的医療制度として制度化したNHSはこうしたイギリス福祉国家発展の象徴的存在となった。第1章の表1-3で確認したように，1940年代は，1942年のベヴァリッジ報告によりイギリス本国で社会保障制度の礎が築かれたほか，それを受けて植民地でも同様の社会保障制度に関する提言が行われた時期であり，イギリスをはじめ，のちに独立する植民地にとっても将来の福祉国家建設の基盤が築かれた時期であった。

その一方で，1947年にはイギリスの中心的な植民地であったインドとパキスタンが独立し，1948年にはセイロン（現在のスリランカ）が独立するなど，大英帝国を取り巻く環境は変容の時を迎えていた。以降，1950～70年代にかけても，相次ぐ植民地の独立により大英帝国の凋落は明白であった。しかしながら，旧植民地は独立後にはコモンウェルスへと加盟し，依然としてイギリスとの密接な結びつきを堅持した。旧植民地の人びとは，1948年国籍法の下でのコモンウェルス市民権の保有者として，イギリス本国への自由な出入国とそれに伴う社会権を保障されたのである。こうしたイギリス型移民レジームの形成によって，公式帝国としての大英帝国の凋落の一方で，コモンウェルスの下での連帯が図られた。

このようにみていくと，NHSが創設されたのは，イギリスにとって二つの意味で重要な局面を迎えた時期であったといえよう。第一に，福祉国家の先進

国としてのイギリス福祉国家が発展の時期を迎えたことであり，第二に，大英帝国からコモンウェルスへとイギリスを中心とした連合体のあり方が移行し，イギリス型移民レジームの下でコモンウェルス市民の移動の自由と社会権が保障されたことである。第二次世界大戦後にイギリスが直面したこの二つの重要な局面が同時に生じたことには，どのような関係を指摘することができるのであろうか。

NHSの運営とイギリス型移民レジーム　NHSが創設された1940年代は，イギリスにとって重要な環境の変化に直面した時期であった。本国国内の社会保障制度の確立とともに植民地の社会福祉にも取り組む一方，第二次世界大戦を経て植民地は相次いで独立した。しかしながら，こうした変化のなかでもコモンウェルスという連合体を機能させてきたことで，イギリスの求心力の維持が図られてきた。1948年国籍法がコモンウェルス市民権を創設したことで，こうしたコモンウェルスをひとつのまとまりとした連帯を保障する役割を果たした。

　NHSが創設された時期は，上記のようなコモンウェルスの結びつきが強固に保障された時期でもあった。福祉国家化によってNHSが誕生した背景では，大英帝国からコモンウェルスへとイギリスの帝国主義体制が変化に直面し，そのなかでイギリス型移民レジームが形成された。イギリス型移民レジームは，同時期に制度化したNHSにとって，以下のように人材の確保において不可欠な役割を果たした。

　医師や看護師だけでなく，清掃や配膳，クリーニングなど，さまざまな分野のスタッフを必要とする公的サービスであるNHSの創設は，新コモンウェルスからの移民の波と同時に行われ，こうした移民がNHSの制度発展を支えていたことについては，先行研究でも指摘されている（Esmail 2007：829；McDowell 2013：98）。第2章で考察したように，イギリスではコモンウェルスを拠点とした人材の調達が行われてきており，実態としては，コモンウェルス市民権に基づくイギリス型移民レジームが，コモンウェルスを拠点とした人材調達を可能にする役割を果たしてきたのである。

NHS にとって，イギリス型移民レジームは，その創設当時から不可欠な人材調達の経路であった。とりわけ，20世紀型福祉国家における自由主義レジームの移民の受け入れのパターンである単純労働者の補填としての移民の動員は，NHS では，清掃や配膳，クリーニングなど，医療サービスを供給するうえでの副次的な分野での労働者の確保において行われていた。ゲスト・ワーカー制度を採らなかったイギリスにおいて，NHS のこうした分野における労働力の確保は，実質的にはイギリス型移民レジームの下で開かれた経路によって支えられてきたのである。

　コモンウェルスの下でイギリスの求心力を高めることを目的として，1948年にコモンウェルス市民権が成立し，コモンウェルス市民のイギリス本国への出入国の自由が保障されたことが，結果としては，NHS のサービス供給を担うさまざまな分野の労働力の確保につながった。第2章で，コモンウェルスがイギリスにおける労働力需要を補填するうえで重要な役割を果たしてきたことを考察したが，NHS の安定的なサービス供給を維持するうえで，イギリス型移民レジームによって保障される人材調達の安定性は不可欠であった。その意味では，全住民を対象に普遍的な医療サービス供給を担う福祉国家制度である NHS の創設が，イギリス型移民レジームの形成と同時期に行われたことには重要な含意があるといえよう。

（2）コモンウェルス出身医師の受け入れ

　NHS では1948年の創設以降，コモンウェルス出身者をさまざまな部門において雇用してきた。とりわけ，医療サービス供給とは直接的には関わらないものの不可欠な，クリーニングなどの部門におけるコモンウェルス市民の雇用には，イギリス型移民レジームと20世紀型福祉国家における自由主義レジームが規定する移民の受け入れのパターンとの関係が確認された。他方で，NHS では創設当時から医師についてもコモンウェルス市民の雇用が活発に行われてきた。本項では，コモンウェルス出身医師の雇用がどのように行われてきたのかを論じる。

第4章　医師の国際雇用にみる福祉国家と移民

コモンウェルス出身
医師雇用の歴史
NHSの創設当時からコモンウェルス出身医師の雇用が行われてきたが，イギリスでは，NHSが創設されるより前の，帝国主義の時代から植民地出身医師を雇用していた。歴史を振り返ると，1886年医師法（The Medical Act 1886）により，イギリスで移民の医師による就業が許可されたほか（Kyriakides and Virdee 2003：288；福田 2011：169），イギリスにおける医師の養成機関の管理や医師資格の登録を請け負う組織である一般医療委員会（General Medical Council，以下GMCと略す）は，1892年にインドの医師資格をイギリス本国の医師資格として承認していた（Esmail 2007：828）。こうした背景により，NHSが創設される前から，植民地出身の医師がイギリス本国で就業することが可能であり，イギリスと植民地の間では，医師の移動は歴史的に行われていた。

1948年にNHSが制度化してからは，上記のような植民地との歴史的なつながりを前提として，コモンウェルス出身の医師の雇用が行われてきた。NHSの制度化により，万人に等しく医療サービスを供給することが福祉国家の中心的な役割に位置づけられた。しかしながら，NHSは全体的に労働力が不足しており，直接的に医療サービスを供給する医師についてもその例外ではなかった。当時，イギリス国内の医学部修了者の数は，NHSで必要とする医師数に見合っていなかったのである（Stacey 1995：123）。一方で，ナショナル・ミニマムの保障という観点からも，公的医療サービスの供給が福祉国家の役割として重要度の高い政策であったことから，サービスの安定供給のために人材の確保が不可欠であった。こうした経緯からNHSでは，医師資格を有するコモンウェルス出身者を積極的に雇用するかたちで，イギリス型移民レジームを活かしてきた。

さらに，NHSの下で就業する医師については，イギリス型移民レジームの下で例外的な対応が採られてきたことも確認できる。イギリス型移民レジームは，1962年コモンウェルス移民法の制度化以降，段階的に，コモンウェルス出身者の出入国や居住の権利を血統主義の論理によって区別する対応を採ってきた。しかしながら，NHSにおける医師の必要性から，コモンウェルス移民法

の導入後も，医師資格を有する者については，移民法の下での積極的な規制の対象には置かれてこなかった（Smith 1980 : 1 ; Kyriakides and Virdee 2003 : 289）。1968年に出された医学教育に関する報告書であるトッド報告（Todd Report）では，NHSにおける医師不足が指摘されており，国内の医学部定員の増員などが提言されていたが，新コモンウェルス出身の医師が，こうした需要に応えるかたちで積極的に受け入れられてきたという（Anwar and Ali 1987 : 9）。コモンウェルスに対して開放的に開かれたイギリス型移民レジームは，新コモンウェルス市民の入国に血統主義の論理による管理の概念を採り入れてからも，医師については例外的に受け入れを進めてきたのである。

　これについて興味深いのは，第1章でも提示した，1968年に影の内務大臣としてバーミンガムでレイシズムを扇動する「血の川演説」を行った保守党のパウエルが，1960～63年まで務めた保健相としての立場では，皮肉にも新コモンウェルス出身医師の積極的な雇用を促していた点である（Esmail 2007 : 830）。保健相としてのパウエルにとって，「彼らは移民ではなかった」のである（Kyriakides and Virdee 2003 : 289）。こうして，移民レジームの役割が次第に変化し，血統に基づく選別が行われるなかでも，NHSでは人材を確保するうえで，イギリス型移民レジームの下で開かれた経路が維持されてきた。

コモンウェルス出身医師受け入れの継続　1962年コモンウェルス移民法の導入以降，コモンウェルス出身医師について，具体的にはどのようなかたちで例外的な扱いがなされてきたのかを述べる。

　第1章で1962年コモンウェルス移民法の制定を取り上げた際に，同法の下では，コモンウェルス市民権を保障された人びとが二つのカテゴリーにわけられ，後者に含まれる雇用バウチャーの保有者が，A，B，Cの三つにわけられたことを示した。

　二つのカテゴリーとは，第一に，イギリスで出生した者，イギリスもしくはアイルランド共和国発行のパスポートを保有する者とその扶養家族などの，イギリスに密接に関係する者であり，第二に，上記以外のイギリス連合王国および植民地市民であり，なおかつイギリスに通常居住している者，その者に伴わ

第4章　医師の国際雇用にみる福祉国家と移民

表4-1　雇用バウチャーBの下でのイギリスへの移動の規模の推移

	コモンウェルス出身医師に対する雇用バウチャーの発行		医師を含むすべての職種に対する雇用バウチャーの発行		新コモンウェルス全体に占める新コモンウェルス出身医師に対する雇用バウチャー発行の割合（％）	雇用バウチャー全体に占める新コモンウェルス出身医師に対する雇用バウチャー発行の割合（％）
	総数（人）	新コモンウェルスの割合（％）	総数（人）	新コモンウェルスの割合（％）		
1962年	262	77.9	4,526	74.3	6.1	4.5
1963年	586	88.7	10,887	87.4	5.5	5.0
1964年	1,795	96.0	8,001	89.8	24.0	22.0
1965年	1,726	94.1	7,402	88.6	25.0	22.0
1966年	1,974	97.0	5,425	91.5	39.0	35.0
1967年	2,031	98.2	5,350	93.5	40.0	37.0
1968年	3,082	98.0	5,231	91.8	63.0	58.0
1969年	2,000	92.7	3,949	77.1	61.0	47.0
1970年	581	70.2	2,697	52.0	29.0	15.0
1971年	1,363	87.6	2,861	69.0	60.0	42.0
1972年	1,904	85.5	2,856	75.4	77.0	57.0

出典：Kyriakides and Virdee（2003：291）。

れたか，もしくは呼び寄せられた妻および16歳以下の子ども，労働大臣発行の雇用バウチャーを保有する者，学生およびイギリス国内で就業しなくても生計を立てられるだけの独立した収入源をもつ者として入国管理官に判断された者であった。

　A，B，Cの三つにわけられた雇用バウチャーについては，Aは入国前に就労先が決定している者，Bはイギリスで不足している技能を有する者，CはAとBの基準を満たせない，低技能者を対象としている。1962年コモンウェルス移民法以降，コモンウェルス市民の出入国に対する規制の概念がもち込まれたが，医師として就業するコモンウェルス市民は，1962年以降も雇用バウチャーの保有によってイギリス本国への移動が保障されてきた。

　表4-1は，雇用バウチャーBに該当するカテゴリーの下でのコモンウェルスからイギリスへの移動の規模を示している。医師を含むすべての職種に対する雇用バウチャーの発行は，1962年に4526人に対して行われたものが，翌年の1万887人をピークに漸進的な減少へと転じ，1972年の時点では2856人まで抑

制されたのに対し，医師については，1962年が262人であり，その後1968年の3082人がピークとなり，1972年には1904人に雇用バウチャーが発行された。さらに，コモンウェルス出身医師に対する雇用バウチャーの多くは，新コモンウェルス，すなわち，コモンウェルスからカナダ，オーストラリア，ニュージーランドといった旧コモンウェルスを除いた地域出身の医師に発行されている。

1962年コモンウェルス移民法によって新コモンウェルス市民のイギリスへの入国は出入国管理の対象となったが，雇用バウチャーによって依然として新コモンウェルス市民はほかの外国人とは異なる入国の経路を保障されており，とりわけ医師については雇用バウチャーの下で積極的に受け入れられてきたのである。したがって，1962年コモンウェルス移民法導入以降も新コモンウェルス出身の医師がイギリス本国の医療サービスを支えてきたことが指摘できる。

1962年コモンウェルス移民法の下で導入されたコモンウェルス市民を対象とした雇用バウチャーは，1973年1月に発効となった1971年移民法の下で廃止された。1971年移民法の下で，コモンウェルス出身者の出入国管理はそのほかの一般外国人を対象とした出入国管理と統合されており，雇用バウチャーについてもコモンウェルス市民と一般外国人の労働許可証制度の一本化へと移行したためである。しかしながら，NHS で就業するために渡英するコモンウェルス出身の医師や歯科医は，医師資格を提示することを条件に，1971年移民法の導入以降も，特例として，出入国管理の対象からは外される措置が採られた (Robinson and Carey 2000：92；Kyriakides and Virdee 2003：292)。したがって，1960〜70年代の一連の移民法の変遷の下でも，コモンウェルス出身の医師はイギリス型移民レジームの下で例外的に扱われてきた。

以上から，1948年の NHS 創設以降，コモンウェルス出身の医師は，コモンウェルス市民権に対する保障やコモンウェルス移民法の導入以降の例外的な措置によって，継続して NHS を支える労働力として機能してきたといえよう。

スミスによれば，1970年代後半のイギリスの医師人口の31％がイギリス本国以外で出生した者で占められている (Smith 1980：8)。これは，表4－1に示

第4章　医師の国際雇用にみる福祉国家と移民

表4-2　1970年代後半のNHSにおける医師の出身地別割合

単位(%)

医師の出自	医師全体に占める割合	家庭医(GP)	病院勤務医(専門医)
イギリスもしくはアイルランド	69	80	62
その他のヨーロッパ諸国	3	3	4
白人の英語圏諸国	3	2	3
インド亜大陸全体	17	13	20
インド	12	10	14
パキスタン	2	1	2
バングラデシュ	1	1	1
スリランカ	2	1	3
アラブ諸国・イラン	3	1	5
アフリカ諸国	1	1	1
東アジア諸国	2	1	2
その他	2	1	2

出典：Smith (1980：8)。

されるように，コモンウェルス移民法の導入以降も，新コモンウェルスを中心に医師が受け入れられてきたことと一致する結果を示している。さらにその内訳を確認するために，表4-2を提示する。

表4-2は，1970年代後半のNHSにおける医師の出身地別の割合を，医師全体，GP，専門医を意味する病院勤務医にわけて表示したものである。これによると，すでに提示したように全体では31%の医師が海外で出生している。この表からも，1970年代のNHSでは，インド亜大陸を中心とした新コモンウェルス出身の医師が高い割合で就業していたことが確認できる。コモンウェルス出身医師の就業が，GPより病院勤務医に高い割合であるのは以下の理由に起因する。

NHSの仕組みを図4-1に沿って提示した際にGPの役割についても触れたが，GPは，担当地域の住民一人一人のかかりつけ医として，地域に密着した医師であることが求められる。したがって，GPは長期的にイギリスに滞在する医師であることが望ましい。一方，当時の新コモンウェルス出身医師は，その大部分がイギリスの医療研修機関や病院で専門的な経験を積んだあとに母

国へと帰国することを前提に渡英しており，入国の時点ではイギリスでの永住は想定していなかった (Jeffery 1976：502；Smith 1980：104；187)。つまり，将来的に自国の医療機関で専門医として就業するための経験を積む目的で渡英するケースがほとんどであったという。彼らが望むこうした経験は，専門医である病院勤務医として働くことで得られるものであったため (Smith 1980：59)，コモンウェルス出身の医師の就業は，病院勤務医の方が高い割合となっていた。

　以上，NHSにおけるコモンウェルス出身医師の雇用について，歴史的な経緯を確認した。イギリスでは，NHSの創設以前から植民地の医師資格との互換性をもつことで，植民地出身医師の雇用が行われてきた。NHS創設後には，1948年国籍法の下でのコモンウェルス市民権に基づき，NHSの運営に不可欠なさまざまな人材が，イギリス型移民レジームの下で調達されてきた。創設当時のNHSでは，医師や看護師に限らず，清掃や配膳，クリーニングなどの医療サービス供給の副次的な分野の労働力を必要としており，出稼ぎの労働移民を受け入れる公式の仕組みを採らなかったイギリスでは，事実上，コモンウェルス市民がこうした労働の担い手として動員され，NHSの創設と持続を支えてきた。ここには，自由主義レジーム福祉国家が規定する移民の受け入れのパターンにイギリス型移民レジームが対応してきたという本書の第2章での分析と一致する帰結を，NHSについても確認することができた。

　NHSの創設がイギリス型移民レジーム形成と同時期に行われたことは，その後，半世紀を越えて維持されるイギリス福祉国家の中核的な制度としてのNHSにとって，安定的な人材調達という観点からは不可欠な要素であった。イギリス福祉国家の象徴的制度でありながら，他方においては，自由主義レジーム福祉国家の制度としては逸脱した特徴をもつNHSは，国営の医療サービス供給の形態を維持するうえで，安定的な労働力の確保の手段として，イギリス型移民レジームの下で開かれた移動の経路に依存してきた。したがってNHSは，20世紀型福祉国家の下で，イギリス型移民レジームの存在を前提とした帝国主義の遺制に基づく人材調達の論理によって支えられてきたのである。

3 ポスト20世紀型福祉国家におけるNHSとコモンウェルス

　NHSでは創設当時からコモンウェルス出身者を雇用してきた。コモンウェルス出身者の雇用は，医療部門に限らず，清掃や配膳，クリーニングなど多岐に及んでいた。NHSにおいて，こうした人材の確保が可能であったのは，イギリス型移民レジームの形成によって，コモンウェルスがイギリスの人材調達のための拠点として機能してきたことに起因している。イギリス型移民レジーム形成の発端となった1948年国籍法の下で，コモンウェルス市民は出入国の自由と社会権を保障されたうえでイギリス本国へと入国し，NHSで雇用されてきた。医師については，1962年コモンウェルス移民法の導入以降も，コモンウェルス市民を対象とした雇用バウチャーの下での受け入れや移民法の下での例外的な措置によって，イギリスへの移動の経路が保障されてきた。20世紀型福祉国家におけるこうした人材調達は，いわば帝国主義の遺産として生まれた手法であった。

　こうした，20世紀型福祉国家の下でのイギリス型移民レジームとNHSの維持との関係は，こんにちではどのように機能しているのであろうか。ここまで論じてきたように，NHSでは技能移民である医師の雇用は創設当時から行われており，第2章で考察したような，ポスト20世紀型福祉国家における「新たな」移民現象ではない。しかしながら，以下で考察するように，創設当時からコモンウェルスの医師を受け入れてきたことと，ポスト20世紀型福祉国家の下で行われる医師の国際雇用には，その論理に違いをみることができる。

　医師の国際雇用をNHSの持続のための手段として重視したのが，ニュー・レイバーであった。ニュー・レイバーの下では，医師を海外から積極的に受け入れる仕組みが整備され，イギリス型移民レジームが高度技能移民政策の制度化によって変容しつつあるなか，新たな論理に基づいて医師の国際雇用が行われた。本節では，ニュー・レイバーによる医師の国際雇用とNHSの創設当時から行われてきたコモンウェルスからの医師の雇用との違いを，福祉国家の脱

国民国家化を手がかりに考察する。

(1) ニュー・レイバーによるNHSの人的資源政策[7]

本項では，ニュー・レイバーの下での医師の国際雇用について論じる。まず，NHS改革の観点から，ニュー・レイバーの下で医師の国際雇用がなぜ必要であったのかを明らかにし，そのうえで，医師の国際雇用が具体的にどのようなプログラムによって行われたのかを提示する。

NHSの課題と人的資源政策の重要性の高まり イギリスの公共サービスのなかでも，きわめて重要な位置づけであるNHSについては，その存続を前提としつつもさまざまな改革の手法が採り入れられてきた。たとえば患者による一部自己負担の導入をはじめ，サッチャー政権では，コストを削減し効率性を高める目的で，準市場の形成である内部市場化が行われた。

上記の保守党政権下のNHS改革では，市場原理に基づく競争の導入によるサービス供給の効率化が図られた。こうしたNHS改革の手法は，民営化や外部委託によって経済的なコストを抑えることを最大の目的としたサッチャー政権の全般的な行政改革の手法とも一致している。しかしながら，こうした改革の下で，待機リスト問題が深刻化し，医療サービス供給のパフォーマンスの低下が顕在化した。

一方で，1997年の政権交代以降，ニュー・レイバーはNHS改革に関して保守党政権の手法からの脱却を図ってきた。公共サービスの「現代化」改革の一環として，NHSに関しても「現代化」の目的に沿った改革が進められた。1997年の白書『新たなNHS：現代的で信頼できる（The New NHS：Modern, Dependable）（Cm3807）』では，保守党政権下の内部市場化による競争原理に基づく改革に対して，プライマリ・ケア・トラスト（Primary Care Trusts，以下PCTと略す）の創設によるパートナーシップへの道が模索された。これに加え，[8]2000年の白書『NHSプラン：投資の計画，改革の計画（The NHS Plan：A Plan for Investment, A Plan for Reform）（Cm4818-Ⅰ）』では，利用者のニーズに対応するための手段を提示することを中心的なテーマに，今後のNHSのあり方が提

表4-3 入院待機患者数の推移

単位（人）

	合計	8週～	13週～	26週～	9ヵ月～	12ヵ月～	15ヵ月～	平均待機時間(週)
1994年末	1,070,492		537,050	286,298	140,591	54,834	22,046	19
1996年末	1,104,983		527,389	255,482	106,493	22,161	4,230	17
1998年末	1,173,598		589,294	315,724	156,055	56,094	13,969	19
2000年末	1,034,381		509,463	267,127	132,060	49,215	13,303	19
2002年末	1,056,648		505,274	236,928	86,810	11,002	49	17
2004年末	858,108		290,122	68,019	791	366		11
2005年末	784,316		191,057	1,021	413	26		9
2006年末	775,502	360,183	186,317	790				9

出典：Department of Health, Hospital Waiting Times Team（2009）をもとに筆者作成。

言された（Ham 2009：59）。ここでは，利用者の側に立ってNHSの制度改革が検討され，診療や手術までの待機時間を短縮し迅速な対応を行うこと，すなわち待機リスト問題の解消がNHSの現代化改革の主眼とされた。

表4-3は1994〜2006年までの入院待機人数を，その待機時間ごとに表している。これによると，1990年代半ば〜2000年代前半のNHSでは，入院までの待機時間は平均で4ヵ月以上を要しており，1年以上の長期の待機患者数も多数であったことが確認できる。NHSは，その創設以降，貧富や階級にかかわらず，すべての住民が平等に医療サービスを受給できる仕組みとして位置づけられてきたものの，その実態は，供給の明らかな不足によって必要な時に必要なサービスを受給できないという意味では，普遍的な制度としての機能を果たせてはいなかった。

医療サービスの評価は，効果（Effectiveness），効率（Efficiency），公正・公平（Equity）からなる3Eを基準に行われる（近藤 2004：29）。サッチャー政権下でのNHS改革では，内部市場化をその中心的な手段とした改革が行われたが，医療サービスは対人サービスであることから，こうした経済的な効率性だけでなく，それが生み出す効果と公正・公平性が改革の成否を決定づける重要な基準となる。NHSにおいて3Eを実現するうえでもっとも必要となるのが，人的資源の確保であった。これは，人的資源の確保が3Eについてそれぞれ以下

のように関係しているためである。まず，効率の観点では，サービス供給の効率性による待機リスト問題の解消という理由から不可欠であり，効果の観点では，医療の質や安全性という理由から不可欠であり，公正・公平という観点においても，受診の地域間格差などをなくし，普遍性を担保するという点で不可欠なためである。ニュー・レイバーの NHS 改革では，こうした観点から人的資源政策が中心的な改革の手段となった。

　NHS プランでは，病院とベッド数の増設というハード面の整備，医師や看護師，療法士という医療従事者の増員というソフト面の改善が記された。とくに，医療従事者の増員は，2004年までにコンサルタント（上級専門医）を7500名，GP を2000名，看護師を2万名，療法士を6500名と，短期間での大規模な増員が提言された（Secretary of State for Health 2000：50-51）。医療は労働集約型の産業であり，医師数やその質が医療の質や安全性に直結することから（福田・福田 2009：211），NHS のサービス供給を向上させるうえで，医師の増員は最善の手段となった。ここに，質が高く効率的な NHS の「現代化」を実現するための手段として，大規模な人的資源政策への取り組みの必要性が生じたのである。

　2002年白書『NHS プランの実行（Delivering the NHS Plan）（Cm5503）』では，2000年の NHS プランが提示した利用者の側に立ったサービス供給の必要性の観点から，「患者による選択」を中心的テーマとして，患者に対する待機時間の周知，医療措置のオプションに関する情報の提供，長期待機患者による代替の医療機関の選択権などが提言された。ここでは，民間セクターの活用をいとわず，新たな形態のパートナーシップの形成が模索された（Ham 2009：64）。こうして，ブレア政権二期目以降，保守党政権下の内部市場の形成とは異なるかたちで NHS 改革が進められた。表4－3からは，2002年以降，待機リスト問題もその期間と規模の両面で是正が進んだことが確認できる。ニュー・レイバーによる NHS の「現代化」改革では，サービス供給の結果を重視する観点から予算の拡大と医療従事者の増員が進み，こうしたなかで最大の課題であった待機リスト問題についても改善された。

NHSの「現代化」改革の下で生じた人的資源へのニーズに対応するために選択されたのが，海外から医師を雇用するためのプログラムの制度化であった（Secretary of State for Health 2000：55）。国内の医師数を増加させる手段は，第一に，養成数の増加，第二に，職場への定着・復帰の促進，第三に，外国からの採用，の三通りしかない（伊藤 2006：257-258）。ニュー・レイバーの下では，国内の医師数を増員するための改革も行われており，医学部の学生定員は1997年の5050人から2003年には7662人へと増加したが（近藤 2004：99），医師は高度な専門性を有する労働者であり，その養成は即座にできるものではないことから，国内労働力だけで医師の増員を短期的かつ大規模に行うには限界がある。

NHSプランでは，2004年までという短期間での増員を提言したことから，こうした大規模な増員を国内の養成だけで賄うことには限界があった。このほか，医師資格を有する退職者を復帰させる場合にも，制度改変などを伴うことになる。こうした背景から，ニュー・レイバーの下では医師の国際雇用の制度を設け，海外からの医師の雇用を促すことで，医療サービス供給の効率化に努めるという選択が行われた（Bach 2010：111-112）。

外国人医師雇用プログラムの制度化　イギリスにおける医師の国際雇用の歴史は古く，NHSの創設当時からも，主に旧植民地であるコモンウェルス地域から医師が受け入れられてきた。コモンウェルス地域からイギリスへの入国は，1948年国籍法に基づくイギリス型移民レジームの形成によって保障されており，1962年コモンウェルス移民法の導入以降も，NHSの下で就業する医師に関しては，実質的には出入国を制限することを目的とした移民法の下でのコントロールは課されてこなかった。これによって，1962年以降もコモンウェルス出身の医師に対する雇用バウチャーの発行が継続したことは表4−1に沿って説明したとおりである。

一方で，高度技能移民である外国人医師を雇用するためのプログラムが相次いで制度化したのは2000年代前半であり，高度技能移民受け入れ政策の制度化の時期と一致している。従来はコモンウェルス出身医師を例外的に管理の対象から除外することで受け入れを進めてきたが，2000年代には，コモンウェルス

出身医師の移動の経路を維持する手段に限らず，海外から医師を受け入れるためのプログラムの制度化によって積極的な受け入れが行われたのである。

ニュー・レイバーの下で実施されていた外国人医師雇用の手法は，大別して以下の三つにわけられる（Young et al. 2003 : 3）。第一に，政府間協定（government to government agreement）に基づく雇用，第二に，グローバル・リクルートメント・キャンペーン，第三に，インターナショナル・フェローシップ・スキームである。以下ではそれぞれのプログラムについて説明する。[9]

まず，政府間協定に基づく雇用である。政府間協定は2000年に開始した医師の国際雇用方法であり，主な協定国としては，スペイン，フィリピン，インドが挙げられる。これらはいずれも，医師および看護師が過剰供給にある国であった（DH 2003 : 15）。政府間協定に基づく医師の国際雇用は，まずスペインとの間で開始された。[10]スペインとの間のこのプログラムは，まずノース・ウエストでパイロット的に導入された（Young et al. 2003 : 34）。ここでは，NHSにおいて医師が不足している部門として組織病理学，精神科，放射線科，緩和ケア（終末期患者へのターミナル・ケア），一般外科が対象とされた（DH 2001 : 23）。

海外から医師を受け入れるにあたり，国家間での医療制度の違いや医師資格制度の未調整は障害となることが見込まれる。移住先の国の医療制度が自国の仕組みと異なれば，医師にとって環境に適応する際の負担は増すことが予想され，資格制度の調整ができていなければそもそも移住先で医師として医療行為を行うことが認められない。これについて，スペインとイギリスについて言及すれば，南欧モデルの福祉国家がNHSと同様の租税を財源とした医療制度を採用しており，スペインの医療制度はNHSと類似した制度となっている。

簡単にスペインの医療制度について提示しておこう。スペインの医療制度は租税を財源としており，イギリスの家庭医サービス同様に，市民は健康上のトラブルがある場合，まずは指定の診療所で受診する。そのうえで必要があれば病院で受診する仕組みである。このように，プライマリ・ヘルス・ケアが専門医療へのゲート・キーパーの役割を果たしており（福田・福田 2009 : 66-67），イギリスのNHSと同様の仕組みとなっている。

ここでは，スペインとの間で結ばれた政府間協定の下で実施された医師雇用の仕組みについて概説する。医療制度が類似しているというものの，医師免許の資格付与要件や仕組みが異なる国家間で，いかにして海外で資格を取得した医師の就業が認められるのであろうか。医師資格の付与については，スペインで専門医資格（The Titulo de Especialista）を取得しているスペイン人医師は，イギリスの専門医養成修了証（Certificate of Completion of Specialist Training，以下CCSTと略す）と同等の資格保持者とみなされ，同じ専門分野のCCSTがイギリスにあれば，イギリスにおいて専門医として登録することが可能であった。彼らは準専門医（Associate Specialist）として雇用され，その間は，臨床への指揮監督と臨床評価のために同じ専門分野の指導官（mentor）が各スペイン人医師にあてられる。準専門医自身と指導官の双方が専門医ポストに就きうると判断した段階で，準専門医は専門医ポストへの公募を行う。

　続いて，2001年に開始したグローバル・リクルートメント・キャンペーンについて説明する。これは，イングランドで専門医あるいはGPとして働くことを希望する外国人医師を対象としたプログラムであり，これも主としてイギリスの病院で不足している分野の専門医を充填し（DH 2002：6），2000年のNHSプランの下での医師の増員計画を達成するために導入された（Young et al. 2003：3）。このプログラムを運営するうえでは，グローバルな人材サービスを行う広告代理店であるTMP Worldwideを活用することで，世界中から医師の雇用が行われた。TMP Worldwideは，DHからNHSにおける外国人医師雇用プログラム申請者のデータベース作成を任されていた（DH 2002：6）。TMP Worldwideの宣伝広告キャンペーンにより，NHSの下での就労を希望する医師を世界各国から一括して募ることが可能となった。

　最後に，2002年に導入されたインターナショナル・フェローシップ・スキームである。このプログラムも，グローバル・リクルートメント・キャンペーン同様に，2000年のNHSプランの下での，医師増員の数値目標の設定を背景に導入されたプログラムである（Young et al. 2003：3）。インターナショナル・フェローシップ・スキームは，イングランドにおいて専門医として2年間の就

労を認めるプログラムである。前出の二つのプログラム同様に、NHS において不足している部門の医師をターゲットとしており、心臓外科、組織病理学、放射線科、核医学、精神科がその対象となった（DH 2002：9）。

以上、ニュー・レイバーの下で採用された医師の国際雇用のためのプログラムを確認した。NHS では、海外からの医師の受け入れはその創設以降続いており、NHS はこうした移民の存在を前提として維持されてきたが、医師の国際雇用に関する仕組みは、その創設以降まったく同じに継続されてきたわけではない。創設当時は、同じ時期に形成されたイギリス型移民レジームの下で保障されたイギリス本国とコモンウェルス加盟国との間の移動の経路の存在を前提に、1962年コモンウェルス移民法の導入以降もコモンウェルス出身医師を移民法の下で例外的に位置づけることで行われてきた。一方、ニュー・レイバーの下での一連の医師の国際雇用のためのプログラムの導入には、2000年のNHS プランが設定した医師増員の目標が色濃く反映されており、ニュー・レイバーによる医師の国際雇用は、こうした目標を達成するための手段として戦略的に採用された手段であった。

医師の国際雇用プログラムの成果　ニュー・レイバーが NHS で大規模な医師の増員を図ったのは、とりわけブレア政権の第3期目であり、医師の増員は公共サービスの「現代化」の一環として行われた。そのための手段として、NHS の創設以降絶えず開かれてきた医師の国際雇用という手段に改めて光があてられ、より積極的にこの手段を活用するために医師の国際雇用プログラムが制度化した。

表4-4は、NHS で就業する医師のはじめの医師資格登録地域を、イギリス国内、イギリスを除く EEA 域内の国、EEA 域外の国にわけ、その推移を表している。EEA とは、EU 加盟国にノルウェー、リヒテンシュタイン、アイスランドを加えた地域である。EU 非加盟のこれらの3ヵ国を含めた EEA では、EU の単一市場への参加が認められている。表4-4は、医師が最初に資格を登録した地域別の人数を示すことから、これにより NHS で就業する移民の医師の割合を概ね把握することができる。

表4-4 医師登録をはじめにした地域ごとの医師数の推移

	イギリス（人）	イギリスを除く EEA 域内（人）	EEA 域外（人）	国外取得者の割合（％）
1996年	42,385	4,017	14,321	30.2
1997年	43,839	4,148	15,282	30.7
1998年	44,890	4,109	15,849	30.8
1999年	45,813	4,208	16,363	31.0
2000年	46,936	4,065	17,157	31.1
2001年	47,918	4,215	18,181	32.0
2002年	48,697	4,500	20,180	33.6
2003年	50,312	4,723	22,053	34.7
2004年	52,620	5,033	25,491	36.7
2005年	53,494	5,424	27,742	38.3
2006年	55,445	5,629	28,337	38.0
2007年	57,116	5,627	27,955	37.0
2008年	59,719	5,956	28,807	36.8
2009年	63,422	6,485	28,712	35.7

出典：The Information Centre for Health and Social Care（2007 Table4；2010 Table4）をもとに筆者作成。

注：国外取得者の割合は，医師全体に占めるイギリスを除く EEA 域内および EEA 域外の医師の割合を示す。

　ニュー・レイバーの NHS 改革では，医療サービス供給の質と効率性の向上の観点から人的資源の確保が最優先課題となった。こうした背景から，外国人医師を積極的に雇用するプログラムの導入によって医師の増員を図ってきた。表4-4では，ニュー・レイバーの下で漸進的ではあるが，EEA 域外出身医師の増加が示されている。ニュー・レイバーの下で医師の国際雇用が推進された2000年代初頭から半ばにかけて，イギリス以外で医師資格を登録した医師が，数の面でも全体に占める割合の面でも増加している。

　この時期の医師の国際雇用の拡大は，最大の問題であった待機リストの是正にもつながっている。改めて表4-3をみると，1年以上の長期の待機時間については，2002年以降大幅な削減が確認でき，以後，2004年以降の数値では13週程度の待機時間も含めて，全体的に劇的な削減が確認できる。平均待機時間についても，1998年の時点では19週であったのが，2006年には9週にまで抑制された。

既述のとおり，2000年に出されたNHSプランにおいて，2004年までの数値目標として，医師については，コンサルタント（上級専門医）を7500名，GPを2000名増員することが提言されていた。国内の医学部定員の増員とあわせて，2000年代の医師の国際雇用プログラムの制度化も，2000年のNHSプランの下での医師の増員計画に基づいて導入された。表4－4にあるように，医師の国際雇用はこうしたNHSプランの数値目標に重なるように拡大されており，この時期のニュー・レイバーの下での医師の国際雇用は，待機リスト問題を是正するための手段として一定の結果を示している。

（2）ポスト20世紀型福祉国家と医師の国際雇用

　創設当時からコモンウェルス市民を雇用してきたNHSにおいて，ブレア政権ではより明確な目的，すなわちNHSの「現代化」のために積極的な医師の国際雇用が行われてきた。本項では，このようなニュー・レイバーの下での外国人医師の受け入れを，高度技能移民受け入れ政策との関係，ならびに第2章で提示したポスト20世紀型福祉国家における脱国民国家化との関係から考察する。

高度技能移民受け入れ政策の制度化と医師の国際雇用　コモンウェルスの連帯の維持を目的とした1948年国籍法の制度化に伴い形成されたイギリス型移民レジームは，2002年にイギリスの高度技能移民受け入れ政策であるHSMPが導入されたことによって，経済発展への貢献が見込まれる人材を確保することを主な目的とした仕組みへとその役割が変化している。イギリスでは，2008年のPBSの制度化を契機として，個別の産業での独自の労働者の国際雇用のためのプログラムの実施は廃止された。これにより，NHSでも2008年以降はPBSに基づいて高度技能移民の受け入れとして医師の国際雇用が行われた。PBSの制度化以前にもHSMPの下で高度技能移民としての医師の国際雇用が行われてきたことから，NHSにおける医師の国際雇用は，絶えず継続されてきたことになる。

　しかしながら，これまで論じてきたように，ニュー・レイバーの下で行われ

た医師の国際雇用は2000年のNHSプランを背景にプログラムを導入することによって促されており，創設当時から行われてきたコモンウェルス市民の雇用よりもより明確な目的をもった手段であったほか，こんにちでは，医師は高度技能移民の代表的な存在としてHSMPやPBSの下での受け入れが行われてきた。

以上から，NHSの創設当時からコモンウェルス出身の医師の雇用が行われてきたとはいえ，その仕組みや医師の国際雇用の役割，その意義は変化している。そこで以下では，従来から行われてきたNHSにおけるコモンウェルス出身医師の雇用が，ニュー・レイバー以降の受け入れによってどのように変化しているのかを考察する。

第2章で提示した図2－1にあるように，移民レジームが規定する出入国管理の仕組みは，入国後の移民の雇用条件と密接な関わりをもつ。たとえば，ゲスト・ワーカー制度がこうした密接な関係を表す代表的なケースであることに触れた。単純労働の担い手の補填という移民の雇用条件の形成に，出入国管理の仕組みとしてのゲスト・ワーカー制度が対応するのである。高度技能移民を選別して受け入れる移民政策についても，こうした出入国管理の仕組みと移民の雇用条件形成との密接なつながりが確認できる。ニュー・レイバーの下で展開された医師の国際雇用に関するプログラムは，医師としての雇用を前提に開かれた出入国管理の仕組みであり，HSMPやPBSの制度化以降行われている高度技能移民受け入れ政策の下での外国人医師の雇用も，技能水準によって受け入れる移民の可否を決定することから，入国後の労働力としての移民の雇用条件と連動することが指摘できる。

すなわち，ニュー・レイバーによる医師の国際雇用には，出入国管理の仕組みと，自由主義レジームの福祉国家が規定する移民の雇用条件とのつながりがある。第2章において，ポスト20世紀型の自由主義レジーム福祉国家が技能水準の高い移民の受け入れを促す背景について，福祉国家を取り巻く環境の変化とそれに対する自由主義レジームの対応という観点から考察した。高度技能移民受け入れ政策の制度化は，こうした福祉レジームが規定する移民の雇用条件

と，移民レジームによって規定される出入国管理との密接な結びつきを表している。その意味では，NHS の創設当時から行われてきたコモンウェルス出身者の雇用が，イギリス独自の歴史的背景に基づくイギリス型移民レジームによって規定されてきたのに対し，ニュー・レイバーによる医師の国際雇用は，イギリス型移民レジームと自由主義レジーム福祉国家との関係によって生み出された移民の受け入れの仕組みであるといえよう。

NHS におけるコモンウェルスの遺制 NHS では，ニュー・レイバーの下での外国人医師雇用プログラム，ならびに HSMP と PBS の制度化以降，世界中から医師を募ってきた。ニュー・レイバーの医師の国際雇用は，NHS の「現代化」改革のための手段であり，創設当時の NHS でコモンウェルスからの医師の調達を可能にしてきたイギリス型移民レジームを拠り所とした仕組みではなかった。しかしながら，コモンウェルスからイギリスへの人の移動の経路を開いたイギリス型移民レジームが，ここでも重要な役割を果たしている。こんにちの高度技能移民としての医師の国際雇用は，イギリス型移民レジームの目的や意義に変化が生じてから行われており，コモンウェルス市民の国籍法上の地位についても，1981年国籍法の下ですでに整理されている。しかしながら，こうした変化のなかでも，イギリスにおける医師の国際雇用は，依然としてコモンウェルスを拠点とした人材の確保に頼っており，ここにはイギリス型移民レジームの下で開かれた移動の経路の強固な遺制を確認することができる。

表4−5は，イギリスにおける医師資格の付与や医師登録を担う機関である GMC による，NHS で就業する医師の出身国別の登録数と割合を表す。この表によると，2014年6月時点では，NHS で就業する医師でイギリス出身の医師は全体の63％である。したがって，この時点で依然として3割超の医師が海外出身であるということになる。さらに，海外出身の医師の出自をみると，上位5ヵ国にはインド，パキスタン，南アフリカ共和国，ナイジェリア，アイルランドが名を連ねる。アイルランドを除く4ヵ国は現在もコモンウェルスに加盟する国であり，アイルランドも，かつてコモンウェルスに加盟しており，古くからイギリスへの移動の歴史をもつ国である。

第4章　医師の国際雇用にみる福祉国家と移民

表4－5　GMCにおける医師の出身国別登録数とその割合
（2014年6月）

医師の出身国	登録医師数（人）	全体に占める割合（％）
イギリス	163,742	63
インド	25,076	10
パキスタン	9,576	4
南アフリカ共和国	5,335	2
ナイジェリア	4,121	2
アイルランド	4,011	2
エジプト	3,264	1
ドイツ	3,242	1
ギリシャ	3,240	1
イタリア	3,112	1

出典：GMCウェブサイト（閲覧日2014年7月25日）をもとに筆者作成。

したがって，NHSでは，開放的な人材調達の経路を構築したニュー・レイバーの下での医師の国際雇用に関するプログラムの制度化と，その後の高度技能移民受け入れ政策の下での開放的な医師の受け入れを進めた結果も，依然としてコモンウェルスを拠点とした人材調達の経路を維持していることが指摘できる。

コモンウェルスを拠点とした人材調達経路の持続は，医師に限らず高度技能移民全体についてもいえることであった。第1章の表1－9を改めて確認すると，2011年に高度技能移民としてイギリスに入国した移民について，その出身国の上位5ヵ国は，インド，中国，アメリカ，パキスタン，ナイジェリアであった。そのうちインド出身者は高度技能移民全体の27.8％を占めており，上位5ヵ国以下についても，オーストラリア，カナダ，南アフリカ共和国というコモンウェルスの加盟国が含まれていた。高度技能移民が結果的にはコモンウェルス出身者で占められたことについて，第1章では，言語や教育制度をはじめとした同質性が移住のコストを抑制するとともに，ホスト国にとっても正のフィードバックを得られる選択であることに言及した。

表4－5からは，医師の受け入れについても高度技能移民全体と同様に，コモンウェルスを前提としたイギリス型移民レジームの形成によって開かれた経

路の強固な遺制が確認できる。これには，医師の専門性養成に関するイギリス本国とコモンウェルス地域との同質性も関係している。インドを例にとると，そもそもインドの高等教育は，大英帝国の植民地時代のイギリスによる影響を多分に受けて発展したという経緯があり，医療制度についてもイギリスをモデルに発展している。インドでは，医師は英語による医学教育を受けてきたことから，二国間での医師の国際移動は，移動する医師にとっても，ホスト国イギリスにとっても利益につながる選択であった（Anwar and Ali 1987：9）。

　以上から，コモンウェルスを拠点とした人材の確保という点において，NHSにおける医師の国際雇用の経路には帝国の遺産としてのイギリス型移民レジームが反映されている。以下では，こうしたコモンウェルスを拠点とした人材の確保について，福祉国家の脱国民国家化の進展という観点から検討する。

NHSにおける医師の国際雇用と福祉国家の脱国民国家化

　第2章で取り上げたように，社会サービス供給に携わる人材を国境の外に求める動きは，ポスト20世紀型福祉国家に生じる，福祉国家の脱国民国家化の進展としてとらえることができる。福祉国家の脱国民国家化はグローバル化と密接に関わっており，こんにちの福祉国家がグローバル化の影響を受けることは不可避であることから，いずれのレジームにおいてもこうした脱国民国家化の進展をとらえることができた。自由主義レジームについては，図2－2と図2－3でOECD加盟国における医師と看護師の国際雇用の割合について確認したように，医療サービス供給における脱国民国家化が顕著であり，NHSにもこうしたサービス供給の担い手としての移民の存在を確認することができた。

　自由主義レジーム福祉国家のイギリスにおいて，NHSは普遍主義的な側面が強い制度であり，その点ではイギリス福祉国家における逸脱した制度であることも否定できない。医療サービス供給における脱国民国家化は自由主義レジームに顕著な現象であり，従来の自由主義レジームが市場を媒介して医療サービス供給を行ってきたのに対し，こんにちではこうした市場は国内に限定されず，グローバルな市場を介してサービス供給の担い手の確保が図られている。アメリカをはじめ，市場が中心的な役割を担うほかの自由主義レジームの

第4章　医師の国際雇用にみる福祉国家と移民

国の医療とは異なり，国内の医療の大部分を国営のNHSが占めるイギリス福祉国家の脱国民国家化については，若干の説明が求められるであろう。

　NHSは国営の医療制度でありながら，サービス供給を担う人材の確保はコモンウェルスからの安定的な人の移動によって支えられており，創設当時から常にコモンウェルスに依存してきたのである。その意味では，NHSは，コモンウェルスの存在なくして普遍主義的な医療サービス供給の仕組みを維持することはできなかった。

　上記のように，自由主義レジームの福祉国家イギリスにおいて，システム全体としては普遍主義的な医療制度を構築しているNHSは，創設当時から，イギリス本国内部だけの資源によって維持されてはこなかった。イギリス型移民レジームによってコモンウェルスを拠点とした人材調達の経路を確保してきたことが，こうした普遍的な制度の構築と維持を可能にしていた。したがって，NHSは国営の制度でありつつも，創設当時から，イギリス本国のみの資源によってのみ維持されてきた国営の医療制度ではなかったのである。

　他方で，NHSの創設当時のコモンウェルス出身医師の雇用と，ポスト20世紀型福祉国家における医師の国際雇用には，異なる意味が見出される。NHSが創設された時期とイギリス型移民レジームが形成された時期が重なることについては，すでに述べた。1948年国籍法を端緒としたイギリス型移民レジームの形成は，当初，コモンウェルス市民に対してイギリス本国国民同等の市民権を保障し，コモンウェルスという連合体の下でイギリスの求心力の維持が図られた。この時期にイギリス本国は植民地の開発や福祉に関する介入を積極的に行い，イギリス本国の福祉制度の成熟が，植民地の福祉制度の形成と発展にもつながった。コモンウェルスは対外的には独立国とみなされつつも，この時期のイギリス本国とコモンウェルスは，独立国同士の対等な関係というよりも，コモンウェルスという連合体内部でのイギリスによる帝国主義の継続として理解される。

　1962年コモンウェルス移民法の導入以降，コモンウェルス出身者に保障されてきたイギリス本国への出入国の自由に対する権利は次第に狭められてきた。

しかしながら，表4－1にあるように，NHSで就業する医師については，コモンウェルス市民を対象とした雇用バウチャー制度の下で大規模な受け入れが継続され，依然としてイギリス型移民レジームの下での移動が保障されていた。したがって，NHSの創設当時から行われてきたコモンウェルス出身医師の雇用については，外国人医師の雇用というよりも，コモンウェルス市民権を有する人びとの雇用であり，コモンウェルス内部での帝国主義の遺産に基づく論理に立った人材調達の手段であった。

　他方で，ニュー・レイバーの下で推進された医師の国際雇用は，イギリスで戦後あいまいなままに維持されてきた国籍概念が，1981年国籍法によって整理され，イギリスの国民国家化が進められた以降に行われた。1962年コモンウェルス移民法の導入以降，次第にコモンウェルス市民のイギリス本国における権利は狭められ，1971年移民法の下でのパトリアル概念の導入と1981年国籍法の下での国籍概念の整理によって，段階的にイギリスという国のメンバーシップは，血統主義の論理によってコモンウェルスから連合王国を単位とした概念へと画定された。こうしてイギリスは，一方では帝国の終焉へと向かいつつも，他方では，グローバル化によって，活発な人の国際移動の時代へと向かった。

　結果的に旧帝国地域であるコモンウェルスから医師の雇用が継続されたことには，コモンウェルスから連合王国へとイギリスという国のメンバーシップが整理される一方で，グローバル化の下での自由主義レジームの再編が，帝国の遺産を継承することによって行われていることが表れている。いわば，イギリスが国民国家へと向かう一方で，連合王国の外側のグローバルな市場に労働力を求めるなか，歴史的遺制として維持されたコモンウェルスからの人の移動の経路が改めて意味を見出されたのである。ニュー・レイバーの医師の国際雇用は，こうした経緯を経て行われた。ゆえに，ニュー・レイバーが，NHSの「現代化」改革を円滑に進めるうえで不可欠となった，サービス供給主体となる医師の増員を行ううえで，国境の外にこうした人材を求めた動きには，福祉国家の脱国民国家化の一端が窺われる。

　上記から，イギリス型移民レジームには，持続と変容の双方が確認できる。

第4章　医師の国際雇用にみる福祉国家と移民

NHSにおける医師の国際雇用についても，当初のイギリス型移民レジームの活用の仕方とは異なるものの，こんにちでも依然としてコモンウェルスがNHSで就業する医師を確保するうえでの重要な拠点として機能している。

外国人医師会の役割　NHSにおける医師の国際雇用は，福祉国家の脱国民国家化という観点では，創設当時と現代ではその仕組みに違いはあるものの，結果的にはコモンウェルスの存在を前提としたイギリス型移民レジームの下で開かれた経路の遺制によって維持されている。こうした背景から，イギリスには，とりわけコモンウェルス出身医師を対象に，外国人医師の出自や専門科ごとに形成された外国人医師会が存在する。[14] 後述するように，外国人医師会は，外国人医師としてNHSで就業するうえでの支援に限らず，イギリス社会で生活するうえでのサポートや，あるいは同郷の移民間でのつながりを生み出すコミュニティとしての役割も果たしている。ここでは，こうした外国人医師会がどのような役割を担っているのかを考察し，外国人医師会の存在が，外国人医師の社会的な承認の構築にどのような役割を果たしているのかを検討する。

イギリス国内にある外国人医師会のうち，もっとも古い組織は1981年に創設された，イギリス外国人医師会（British International Doctors Association，以下BIDAと略す）である。コモンウェルスからの医師の移動が歴史的に行われてきたことから，最初の外国人医師会の創設は，ニュー・レイバーの下で医師の国際雇用プログラムが導入されるよりも前に遡る。BIDAは，特定の地域を出自とした外国人医師だけを対象とはせず，外国人医師を全般的にサポートする役割を担っていることから，ドイツやイタリアなど，EU域内の医師も若干名加入しているが，メンバーの多くは，インド，パキスタン，バングラデシュ，ナイジェリアなどのコモンウェルス加盟国出身の医師で占められているという。

BIDAと同じく，イギリス国内の外国人医師をサポートする組織である，イギリスインド出身医師会（British Association of Physicians of Indian Origin，以下BAPIOと略す）は，その名のとおり，インド出身の医師を主な対象とした外国人医師会である。BAPIOは1996年に創設され，組織としての本格的な運営が

開始されたのは1998年からのことであり，ニュー・レイバーの下での医師の国際雇用活発化に先立って始動した外国人医師会である。

イギリス国内には，上記の BIDA と BAPIO を含め，さまざまな外国人医師会がある。[15]外国人医師会の一義的な役割は，外国人医師の就業上のサポートを行うことにある。たとえば，職場での差別的な待遇があればこれを是正するように働きかけることや，国内の医師に比べ，医師としてのキャリア形成が不安定になりがちな外国人医師のキャリアサポートを行うことなどが挙げられる。[16]こうした業務上の支援を行う医師会としての役割に加え，もうひとつの重要な役割は，外国人医師の生活面での支援を行うことである。これには，イギリス国内で生活するうえでの一般的な社会規範の周知や情報の共有，あるいは共通の出自をもつ医師間でのつながりを構築するコミュニティとしての役割などが含まれている。

外国人医師会に備わるこうした第二の役割の重要性は，イギリス国内の医師全般を対象に任意加入の労働組合としての機能を果たすイギリス医師会（British Medical Association，以下 BMA と略す）の役割との関係から指摘しうる。BMA には外国人医師も加入することが可能であり，国内の医師も外国人医師も含めて，加入している医師の利害を代弁する組織として機能している。しかしながら，BMA の役割はこうした医師全般を対象とした労働組合としての役割であることから，たとえば外国人医師会が果たす，海外出身医師のための生活上の支援などは役割の対象外である。これに加え，任意加入である BMA には，相対的に外国人医師の加入率が低いことなどから，[17]業務上のサポートという観点でも外国人医師会の役割が重要な位置づけとなっているという。

外国人医師会は，医師として就業するうえでのサポートもさることながら，マイノリティとしての外国人医師の社会的なつながりを醸成するうえで重要な役割を果たしている。外国人医師は個々のもつ技能への期待と評価からイギリスに受け入れられた人材であり，したがってこの受け入れ過程では医師個人の労働力としての能力が重要なのであって，彼らの集団としてのエスニシティへの関心は伴わない。しかしながら，外国人医師会の役割から見えてくるのは，

この組織を通して外国人医師の集団としてのエスニシティを承認したうえでイギリス社会への包摂を進めるという動きであり，この点において，外国人医師会は，イギリス国内において外国人医師の集団としてのエスニシティを再構築する役割を担っている．

本書では，第3章で高度技能移民の社会的包摂について承認論の観点から検討し，彼らに対する社会権上の権利の保障や定住化の進展の背景には承認の獲得があると指摘した．技能移民に対する承認は，彼らの集団としてのエスニシティに対してではなく，彼ら個人がもつ技能や，イギリス社会への積極的なコミットメントに対して付与されていることについて，能力主義の論理から言及した．

他方で，外国人医師会の存在と，その役割の意義から考察されるのは，移民個人の技能に対する承認が，人種や文化の差異による差別を生み出さずに移民がイギリス社会の一員として包摂されるうえで重要な要素となる一方で，移民間でのエスニシティによるつながりや，共通の出自をもつ移民のコミュニティの形成もまた，移民がホスト国社会で生活するうえで不可欠な存在であるということである．イギリスでは，BMAの労働組合としての役割が外国人医師に対して不十分であることから外国人医師会が組織されており，イギリス社会におけるマイノリティとしての外国人医師の生活を支援する取り組みは，マイノリティの側の組織である外国人医師会に委ねられている．第3章で提示した承認の形態は業績の圏域における承認であったが，外国人医師会がこうした業績の圏域における承認では得ることのできない，移民の集団としてのエスニシティに対する承認を補う役割を担った存在であるといえよう．[19]

小　括

本章では，第1章から第3章で考察した，イギリス型移民レジームと福祉レジームとの関係，ならびにポスト20世紀型福祉国家における技能移民を対象とした社会的包摂の可能性について，NHSにおける医師の国際雇用を事例に検

討を行った。

　NHSはイギリス福祉国家の中核的な制度であり，創設以後，絶えずコモンウェルス出身者の雇用が行われてきた。帝国主義の下で人材調達の拠点として機能してきた植民地は，1931年のコモンウェルスの創設以降も，イギリス本国の産業発展を支える機能を果たしており，NHSにおけるコモンウェルス出身の労働者の雇用は，こうしたコモンウェルスに対して開放的なイギリス型移民レジームの存在を前提に行われてきた。したがって，NHSの創設がイギリス型移民レジームの形成と同時期に進められたことには，その後のNHSの発展に鑑みて重要な含意があった。イギリス福祉国家の中核として，国営の医療サービス供給の仕組みを整え，半世紀を越えて維持されてきたNHSは，サービス供給に不可欠な人材の確保という点において，イギリス型移民レジームの下で開かれた移動の経路の存在に絶えず支えられてきたのである。

　コモンウェルス出身の医師の雇用はNHSの創設当時から行われてきたことから，ポスト20世紀型の自由主義レジーム福祉国家において新たに推進された一般的な高度技能移民の受け入れとは必ずしも一致しない。NHSが創設されるよりも前に，イギリスでは大英帝国の植民地から医師の雇用が行われてきた。NHSの創設後にも，同じ時期に独立した旧植民地の出身者が，コモンウェルス市民としてイギリス型移民レジームの下でイギリス本国への出入国の自由を保障されており，1962年コモンウェルス移民法の導入以降も，コモンウェルス市民を対象とした雇用バウチャーによって入国が認められてきた。したがって，NHSにおける医師の国際雇用は，高度技能移民一般の受け入れよりも早くから，かつ継続的に行われていたことになる。

　しかしながら，従来行われてきたコモンウェルスからの医師の国際雇用と，ポスト20世紀型福祉国家において行われた医師の国際雇用の仕組みには以下のような違いがあることを指摘した。

　NHSが創設された1948年は，公式帝国としての大英帝国の凋落の一方で，1948年国籍法が成立した時期であり，イギリス型移民レジームが形成された時期であった。1948年国籍法に基づくイギリス型移民レジームは，コモンウェル

ス市民に対してイギリス本国の白人住民と同等の市民権を保障した。ゆえに，この時期のNHSにおけるコモンウェルス出身医師の雇用についても，外国人医師の雇用というよりも，コモンウェルス市民権を有する人びとの雇用であり，連合体内部での帝国主義の遺制に基づく論理に立った人材調達の手段であった。1962年コモンウェルス移民法の導入以降も，雇用バウチャーの下でコモンウェルス出身の医師が大規模に受け入れられてきたことが表4－1から指摘されるが，こうした雇用バウチャー制度は，コモンウェルス出身者を対象としたイギリス入国のためのルートを保障する役割を果たしており，依然としてイギリス型移民レジームの下で開かれた移動の経路の継続が確認された。

　他方で，ニュー・レイバーの下で推進された医師の国際雇用は，1981年国籍法によって国籍概念を整理し，イギリスの国民国家化が進められた以降のことである。イギリスは戦後長期にわたって旧植民地との間で国籍や国民の概念を整理しないままにしてきた点において，独自の国家観や国籍概念を有してきた。1962年コモンウェルス移民法の導入以降，次第にコモンウェルス市民のイギリス本国における権利は狭められ，1971年移民法の下でのパトリアル概念の導入と1981年国籍法の下での血統主義に基づく国籍概念の整理によって，段階的にイギリスの国民国家化は行われてきたことから，この時期までのコモンウェルス市民の雇用は，国際雇用というよりは帝国主義の下で築かれた制度の遺産によって維持されてきた仕組みであった。

　一方で，NHSの「現代化」改革の手段としてサービス供給主体となる医師の増員を行ううえで，ニュー・レイバーが国境の外にこうした人材を求めた動きは，グローバル化の下での開放的な国際雇用の仕組みによる福祉国家の脱国民国家化の一端が窺われる。したがって，NHSの創設当時から行われてきたコモンウェルス市民の雇用がコモンウェルスという連合体の信頼に基づく雇用であるのに対し，ニュー・レイバーの下での医師の国際雇用からは，「国境を越えた信頼」に基づく福祉国家の形成が確認できる。

　本章では，こうした論理の下でも，依然としてコモンウェルスがイギリスの人材調達の重要な拠点として機能していることについて，表4－5から指摘し

た。医師に限らず，高度技能移民全体についても，表1-9で確認したように，結果的にはコモンウェルス出身者の受け入れが顕著であった。とりわけ医師については，高等教育制度の仕組みや英語による教育，医学部教育の共通点から，コモンウェルス地域の医師にとってもホスト国イギリスにとっても，コモンウェルス内部での移動が利益につながる選択であった。

　こうしたコモンウェルスからの医師の国際雇用を支える組織のひとつに挙げられるのが，外国人医師会であった。本書では，高度技能移民の社会的包摂について，承認論からの検討を行うなかで，「新たな契約」を結ぶことができる移民に対する承認の形態は，ホネットのいう業績の圏域における承認であり，人種や文化の違いから生じる彼らのエスニシティに対する承認とは異なることに言及した。その論理は，こうした移民の個別のバックグラウンドに対する承認がなくとも，能力主義の下では彼らの技能に対する承認がなされることで，高度技能移民がイギリス社会において一個人として包摂されるというものであった。移民個人の技能や意欲に基づく承認の仕組みは，帰化要件や社会保障受給の仕組みにも反映されていた。

　しかしながら，外国人医師会の存在とその役割が示唆するのは，現実には，高度技能移民にとって，彼らのエスニシティが尊重され，集団としての承認が得られる環境をもつこともまた不可欠だということである。一医師としての社会的な承認が，移民個人がもつ技能によって保障される一方で，移民のエスニシティや集団としての承認には，外国人医師会のように彼らの出自ごとのコミュニティの形成を支える組織が重要な役割を果たしている。

　NHSにおける外国人医師の雇用をはじめ，高度技能移民受け入れ政策の結果からわかることは，グローバル化の下で，福祉国家は従来の福祉国家論が前提としてきた国民国家を基盤とした閉鎖的な制度であり続けることがもはや困難になっているということである。しかしながら，そこではグローバル化によって無秩序な開放が進められているのではない。

　イギリスでは，依然としてイギリス型移民レジームの下で開かれた経路が機能しており，移民を受け入れる論理も，こんにちでは労働力として技能が高く，

「新たな契約」を結ぶことのできる移民の受け入れが，自由主義レジーム福祉国家が持続するうえでのひとつの戦略となっているのである。イギリスには，こうした選択を可能にする人材調達のための経路が遺制となってイギリス型移民レジームに埋め込まれており，コモンウェルスから医師を受け入れてきた歴史もあることから，福祉国家の脱国民国家化につながる医師の国際雇用が，現実的な選択肢として採用されたのである。NHS における医師の国際雇用のケースは，ポスト20世紀型の福祉国家が持続するための戦略としての脱国民国家化の可能性を示唆している。

注
(1) NHS 創設に至るまでに制定された各立法に関する以下の記述は，小川（1968：41-61）および Ham（2009：6-15）を参考にした。
(2) 1911年国民保険法は NHS の前身たる制度であり，同法の下ですでに家庭医を登録医とし，家庭医は自己の下に登録する住民の健康管理を受けもち，その代償として人頭割で定額の報酬を受け取るという制度が創設されていた。NHS にもこの登録医制度が踏襲されたことになる。詳細については，松溪（1987：90）を参照されたい。
(3) プライマリ・ヘルス・ケアと病院・専門医サービスの詳細については，あわせて小川（1968：414-456），一圓（1982：189-200）を参照されたい。
(4) 第1章の注(28)にも記したが，EEA 域外出身の移民については，2015年から通常の治療費の1.5倍の負担を求める見通しであることが，2014年7月14日に DH から発表され（DH 2014），2015年4月以降は6カ月越えて滞在する場合もビザの申請時に「移民医療課徴金」の支払いが課されている。
(5) 専門分野のなかでも，外国人医師は国内の医師からの人気が低く医師が不足している分野に就く傾向があるという（Joshi 2002：53）。
(6) スミスによる研究では，当時，白人で英語圏出身の医師を除いて，89%の医師が専門医になることを希望していたことが報告されている。これは，イギリス人医師の42%に対して圧倒的に高い数値であったという。Smith（1980：59）参照。
(7) ニュー・レイバーの NHS 改革の下での人的資源政策と医師の国際雇用との関係について論じた以下の内容については，日野原（2014b）に基づく。
(8) PCT は，DH から NHS の予算を配分され，各地の第一線の医療（プライマリ・ケア）の供給に責任をもつ機関である。地域住民に供給する医療サービスを，

PCT が配分された予算を用いて病院や診療所から購入する仕組みである。サービスの供給者と購入者は，パートナーシップの関係を築くことが目指された。

(9) 以下に提示する医師の国際雇用プログラムに関する記述は，日野原（2012b：185-188）に基づく。

(10) スペインからは，医師に先立ち看護師の雇用が行われていた。その後，当時のスペインの保健大臣がスペイン国内における医師の相当な過剰供給を確認したことで，看護師のみを対象に行われていたノース・ウエストでの試験的雇用に医師が加わった。詳細については，DH（2001：23）を参照されたい。

(11) 以下のスペインとの間の政府間協定の詳細については，DH（2002：21）を参照した。

(12) なお，イギリスにはわが国のように医師資格取得のための国家試験はなく，一定の課程を経ることで医師登録され，医師資格を得るという資格付与の形式が採用されている。医師資格付与に関しては，プロフェッション資格の史的成立を国家介入の観点から研究することで以下のような分析がなされている（村岡 1980）。すなわち，その資格を社会的に保証するにあたり，国家の干渉の仕方には，最先進国イギリスとそのほかの後発資本主義国との間で著しい相違があったことである。つまり，後発資本主義国の場合，プロフェッション資格は国家試験というかたちで，いうなれば100％国家の干渉によって保証されたが，最先進国イギリスではプロフェッション資格の付与と管理はそれぞれ各資格付与団体の自由な裁量に委ねられてきた。たとえばこんにちのわが国では，弁護士，医者，会計士，建築士などのプロフェッション資格はすべて国家試験によるが，イギリスでは法律家をはじめ，建築家，会計士，測量士などのプロフェッション資格の付与も各団体に委ねられてきた。内科医，外科医，薬剤師などのプロフェッションを擁する医業にもこれがあてはまり，イギリスにおける医師資格成立の史的特色は何よりもこの点にあったということができる。詳細については，村岡（1980：234-237；255-258）を参照されたい。

(13) TMP Worldwide とは，ヨーロッパ，アメリカを中心に，広く世界各国で国境を越えた人材サービスを行う求人広告代理店である。TMP Worldwide のクライアントとなる産業は多岐にわたっており，ヘルスケア，政府機関，金融，エネルギー，航空宇宙および国防，科学技術，生物工学および薬剤，小売およびレストランサービス，ホスピタリティおよび娯楽などが挙げられる。ここにNHSを位置づけるとすれば，ヘルスケアかつ政府機関のカテゴリーに含まれる。TMP Worldwide ウェブサイト（閲覧日2010年9月8日）を参照。

(14) こうした外国人医師会に入会する医師は，国籍法上の外国人に限らず，イギリス国内で出生した移民の二世や三世も含まれていることから，外国人だけを対象とし

第4章　医師の国際雇用にみる福祉国家と移民

た医師会ではなく，エスニック・マイノリティの医師もその対象となっている。
(15)　本書で取り上げた BIDA と BAPIO 以外の外国人医師会としては，たとえば，APPS（The Association of Pakistani Physicians and Surgeons of the UK），BAMA（British Asian Medical Association），BIPA（British Indian Psychiatric Association），NDA（Nepalese Doctors Association UK），SLMDA（Sri Lankan Medical and Dental Association in the UK），SLPA（UK）（Sri Lankan Psychiatrists Association（UK）），MANSAG（Medical Association of Nigerians Across G. B.）などが挙げられる。なお，BAPIO も含め，これらの外国人医師会の歴史は比較的浅く，その多くが1990年代後半以降に設立されている。上記の外国人医師会については，BMA ウェブサイト（閲覧日2010年7月28日）を参照した。また，イギリス以外にも，医師の国際雇用が活発なアングロ・サクソン諸国では，こうした外国人医師会が創設されている。たとえば，アメリカには AAPI（American Association of Physicians of Indian Origin）があり，カナダには CAPIH（Canadian Association of Physicians of Indian Heritage），オーストラリアには AIMA（Australian Indian Medical Association）や SAIMA（South Australian Indian Medical Association），PMASA（Pakistani Medical Association of South Australia）がある。
(16)　外国人医師が国内の医師に比べてキャリア形成が不安定になるのは，たとえば，自国の医学部を卒業したあと，研修医としてイギリス国内の医療機関で就業するために渡英し，その後自国に戻るのか，あるいはイギリスに定住するのかが定まっていない場合が多々あるためである。
(17)　具体的な数値は明らかではないが，BMA には加入せずに外国人医師会にのみ加入する外国人医師も多数いるという（Dr. Mehta 氏へのヒアリング，2013年8月29日）。また，国内の医師についても，BMA の組織率は医師全体の3分の2ほどで，病院勤務医の加入が少なく，GP で70％ほどの加入であるという（真野 2013：161）。
(18)　外国人医師の就業環境の向上などの取り組みにおいて，外国人医師会は基本的には BMA とは協調関係にあるという。一方で，BMA の役割は，医師全般の利害を代弁することにあるため，外国人医師に対するサポートは不十分である。このことから，外国人医師会では，BMA と定期的な会合をもつことで，外国人医師が抱える問題の周知や共有を行うことで，BMA に対する働きかけも行っているという（Dr. Prabhu 氏へのヒアリング，2013年9月4日）。
(19)　外国人医師会の役割に関する以上の記述は，筆者が BAPIO の Dr. Mehta 氏ならびに BIDA の Dr. Prabhu 氏に行ったヒアリング内容に基づく（2013年8月29日於 Bedford U. K., 2013年9月4日於 Manchester U. K.）。

225

終　章
福祉国家の脱国民国家化と新しい紐帯

1　20世紀型福祉国家の揺らぎと移民

　本書では，イギリスにおいて移民の受け入れと彼らの社会権の保障が，移民レジームと福祉レジームの相互の関係によって確立されることを明らかにした。すなわち，イギリスがもつ固有の歴史と政治経済の仕組みが，移民の受け入れと彼らの社会権保障の厚さを左右する。移民レジームと福祉レジームは固定化されたものではなく，ポスト20世紀型福祉国家へと再編が進むなかで，福祉国家の脱国民国家化とともに新しい紐帯の構築の可能性が示されることについて，技能移民を対象とした包摂から考察した。移民はポスト20世紀型福祉国家が直面する新たなアクターではなく，現実としては福祉国家は絶えず移民の存在に直面してきた。序章でも述べたように，福祉国家論は，以下の三つの理由から移民というアクターに関心を置く必要に迫られてきた。

　第一に，各福祉国家における移民の位置づけの違いを理解することが，福祉国家の多様性を理解するうえで有意義であるためであった。福祉国家の多様性に関する研究が進むなか，移民に対してどの程度の社会保障を整備しているのかを知ることは，福祉国家の多様性を理解する際のひとつの指標となるものと考えられる。

　第二に，国際的な移民人口の増大とそれに伴う福祉をめぐる移民問題の噴出である。20世紀の福祉国家も人の国際移動に直面していたとはいえ，こんにちにおけるそれはより顕著である。とりわけ2000年代以降の国際的な移民人口の増大はその数値からも活発化を疑う余地はなく，こうした移民人口の増大によ

る移民の可視化とそれに伴う移民と福祉をめぐるイシューの政治化が，福祉国家論で移民を取り上げることの意義を生み出している。現実に増える移民人口とそれに伴う福祉をめぐる移民問題の顕在化に対し，福祉国家研究としても移民を主要なアクターとしてとらえることが求められている。

　第三に，こんにちの福祉国家の機能の変化である。20世紀型福祉国家の中心的な機能であった所得再分配に対し，ポスト20世紀型福祉国家の機能は，さまざまな人びとのライフスタイルにあわせたサービスの供給や，就労支援，社会的包摂の実現など多岐に及んでいる。こうした機能の多元化のなかで，画一的な役割を担ってきた福祉国家では表出してこなかった，福祉国家と移民との関係にも関心が置かれるようになった。

　こんにちでは，人の国際移動の活発化を前提としつつも，福祉国家自体にも，移民というアクターに光をあてる意味が生まれているのである。従来の福祉国家論が想定してきた20世紀型福祉国家に揺らぎが生じるなかで，移民と福祉国家をめぐる議論が福祉国家論の中心へと引き寄せられてきた。こうした背景から本書は，福祉国家の現実の動態をとらえるという観点と，福祉国家論を現実の変化にあわせていかに発展させるべきであるのかという問題意識から，移民というアクターに着眼してきた。

2　結　　論

　本書の目的は，移民の受け入れにホスト国の福祉国家の仕組みがどのように影響しているのかを，イギリスにおける福祉国家と移民との関係から考察することであった。福祉国家と移民との関係を決定づける要因について明らかにし，さらにそれが，こんにちの福祉国家ではどのような変化に直面しているのかを明らかにすることが本書の主たる目的であった。本書でこれまで行った考察に基づいて検討すると，以下の三点を指摘することができよう。

　第一に，福祉国家と移民との関係を決定づける第一の要因として，ホスト国における移民の受け入れや社会権保障に関する歴史の重要性である。本書では

これについて，移民レジームという概念に依拠して考察した。移民と福祉国家との関係は，移民の社会権に対する保障の厚さや，どのような移民を受け入れる出入国管理政策が築かれるのかなど，ホスト国の社会保障に関する伝統や人を受け入れる経路としての植民地支配の歴史の有無が重要な要因となっている。イギリスでは，1948年国籍法に基づいて開かれたコモンウェルスからの人の移動の経路とそれに対応した社会権保障が遺制となっており，こんにちでもこの移民レジームが機能していることが指摘された。

第二に，ホスト国の福祉国家の政治経済の体系である福祉レジームの重要性である。福祉レジームもまた，脱商品化というかたちで移民の社会権保障の程度を確定しており，それとともに，移民をどのような労働力として受け入れるのかについても，ホスト国の福祉国家の政治経済によって左右される。福祉レジームは，移民レジームと影響し合いながら福祉国家において移民を受け入れる仕組みを生み出す。さらに，福祉国家の再編に伴う移民の受け入れに生じる変化について指摘するうえでも有益な視角であることが，本書におけるイギリスを対象とした分析から明らかとなった。

イギリスでは，1948年国籍法の下で，独立した旧植民地であるコモンウェルスの市民をも対象に市民権を保障した移民レジームが，外国人労働者受け入れ制度やゲスト・ワーカー制度のような公式に労働移民を受け入れる制度に代わる仕組みとして転用されたことで，自由主義レジームが規定する移民の受け入れのパターンに対応する機能を果たしていた。こんにちの各福祉レジームにおいて，高度技能移民をはじめとした「新たな」移民が受け入れられている背景では，産業構造の変化やグローバル化に対応するためにポスト20世紀型福祉国家への移行が生じている。

第三に，移民というアクターが，もはや福祉国家の外部の存在ではなく，福祉国家の担い手としてホスト国の社会に包摂されるという意味でも，福祉国家の内部の存在になりつつあるということである。これについては，福祉国家の脱国民国家化の可能性と，移民に対する再分配と承認の議論から考察した。

医療や福祉という福祉国家が供給する社会サービスの直接的な担い手として

の移民が存在する実態と，そうしてホスト国の福祉国家を支え貢献する移民に対して進められる包摂は，労働市場において移民を正式な労働者として包摂することにとどまらない。この包摂は，第3章で触れたホネットのいう業績の圏域における承認によってもたらされるものであり，彼らは一労働力としてではなく一人の市民として承認される。こうした観点から福祉国家と移民との関係を考察すると，従来の福祉国家論ではそもそも主要なアクターとは認識されてこなかった，あるいは「福祉国家のたかり屋（welfare scrounger）」としてみなされてきた移民が，ポスト20世紀型福祉国家の再編につながるアクターとして位置づけられることが指摘できる。

以上から，従来の福祉国家論では関心が置かれてこなかった移民というアクターは，こんにちの福祉国家の再編を検討するうえで重要なアクターとして位置づけられる。福祉国家と移民との関係には，歴史的に築かれた移民に対する社会権保障の仕組みや，移民を受け入れる経路の持続という遺制が重要な要因として機能していることにも注視することが求められる。

本書の第1章から第3章ではこれらを明らかにした。第4章では，NHSにおける医師の国際雇用を事例として福祉国家の脱国民国家化の可能性を検討したが，イギリスでは，こうした歴史的遺制の存在によって，NHSにおける移民の医師の雇用や脱国民国家化という選択が福祉国家の抜本的な変革を伴う選択ではなく，現実的な手段として位置づけられたのである。

3　本書の学問的含意

つぎに，本書の学問的な意義について，福祉国家の脱国民国家化という視点を提示することによって得られる福祉国家論の理論発展という観点と，移民レジームの持続と変容の考察によって導かれる制度変化に関する理論への示唆という点から提示する。

(1) 福祉国家の脱国民国家化の視座

　エスピン＝アンデルセンの福祉レジーム論をはじめ，従来の福祉国家論では，移民というアクターの存在に光はあてられてこなかった。移民を福祉国家の政治経済との関係から考察する先行研究でも，移民は，「福祉国家のたかり屋」として位置づけられており，福祉国家論の理論展開のなかでも福祉国家の脱国民国家化という視点は欠けていた。

　本書では，高度技能移民の存在に着眼することで福祉国家と移民との新たな関係を考察し，高度技能移民のなかでも医師の国際雇用に光をあてることで福祉国家の脱国民国家化の可能性について検討した。いずれの福祉レジームにおいても福祉国家の脱国民国家化の端緒をとらえることができることを指摘したうえで，NHSにおける医師の国際雇用という観点から，福祉国家の脱国民国家化の視座が福祉国家論に対してもたらす意義について提示した。

　福祉国家の脱国民国家化はグローバル化を背景として進行することから，グローバル化に伴う福祉レジームの収斂化という帰結を生み出しているようにもみえる。しかし，第2章で考察したように，福祉国家は無条件にグローバル化を受容しているのではなく，そこには福祉レジームによって異なるグローバル化への適応と脱国民国家化の選択を読み取ることができる。いずれの福祉レジームについても脱国民国家化の動態をとらえることができるなかで，自由主義レジームでは脱国民国家化を通じて20世紀型福祉国家における市場を媒介した福祉国家のあり方が強化されており，保守主義レジームでは従来の家族主義のあり方を補うかたちで脱国民国家化という選択が受け入れられていることを指摘した。社会民主主義レジームでは，自由主義レジームにおける医療や保守主義レジームにおけるケア労働という，個別の分野における顕著な移民の受け入れを通じた脱国民国家化の動態はみられなかった。

　これは，社会民主主義レジームでは移民に対する排除が強化されているということではない。むしろ，20世紀型福祉国家の下で自由主義レジームと保守主義レジームが労働力を補う目的で移民を受け入れる雇用条件を形成したなかでも，こうした雇用条件を伴わずに外国人に開かれた福祉国家を形成してきた社

会民主主義レジームにおいて，依然として個別の分野での労働力としての補填を前提としないかたちで移民を受け入れていることを意味しているのではないか。

したがって，グローバル化を背景として進展するポスト20世紀型福祉国家の脱国民国家化は，福祉レジームの収斂化を導く選択ではなく，新たな社会的リスクやグローバル化という環境の変化のなかで，各福祉レジームがそれぞれに適した再編の手段として国境の外に福祉国家の担い手を求めることによって起こる。ゆえに，脱国民国家化という手段の選択による収斂化の一方で，こうした脱国民国家化を選択する背景には福祉レジームの間で依然として分岐が生じている。

福祉国家の脱国民国家化のなかに生じる上記の福祉レジームごとの分岐について検討することで，移民というアクターを福祉国家論の中心的な対象として位置づけることの意義を指摘することもできよう。

(2) 移民レジームにみる制度変化

本書は，出入国管理に関する制度と入国後の移民の社会権保障を取り巻く制度によって生み出される概念として，移民レジームを提示した。以下では，イギリス型移民レジームに確認される制度の持続と変容について，歴史的新制度論における制度変化の観点から振り返ることで，制度の漸進的な変化に関する視点の重要性を指摘する。

本書が主たる分析の対象としたイギリス型移民レジームは，大英帝国の遺産として発足したコモンウェルスの存在を背景に，独自の出入国管理の仕組みと移民の社会権保障の仕組みを形成した。本書では，こうして形成したイギリス型移民レジームが次第に当初の目的とは異なるかたちへと再編されたプロセスや，一方でのコモンウェルスを拠点とした人材調達経路の強固な遺制について明らかにした。これについて，序章でも提示した漸進的な制度変化という観点から考察する。

ほかのヨーロッパ各国では，第二次世界大戦後に旧植民地出身者をはじめと

した人びとをゲスト・ワーカーとして受け入れることで労働力を補ってきたのに対し，イギリスではこうした制度は採用されなかった。しかしながら，これは当時のイギリスでこれらの労働力需要がなかったということではない。実際には非熟練労働における労働力を必要とする環境が自由主義レジームの下で生じていた。イギリスにおいて，こうした需要に応えるためのシステムとして機能したのが，1948年国籍法の下でのコモンウェルス市民権であり，イギリス型移民レジームの下で開かれた移動の経路であった。

イギリス型移民レジームは，人種や福祉をめぐってその門戸を狭めるという選択を行ってきたが，絶えず閉ざすことがなかったこうした経路が，イギリス国内の労働力需要に応える仕組みとして機能しており，ポスト20世紀型福祉国家において，移民レジームが高度技能移民を選別して受け入れるという役割を担うなかでも，コモンウェルスがイギリスの人材調達経路として機能している。旧植民地やそのほかの国から出稼ぎ労働者として移民を受け入れてきたフランスやドイツでは，オイルショックといういわば重大局面（critical junctures）を契機としてその経路が閉ざされたのに対し，イギリス型移民レジームの下で開かれたコモンウェルス地域からイギリス本国への移動の経路は，こうした労働力需要に応えるために開かれたわけではなかったことから，その後も絶えず閉ざされることなく維持されてきた。公式帝国としての大英帝国が凋落へと向かうなかで，イギリスの求心力を高めることを目的とした1948年国籍法の制度化を契機として形成されたイギリス型移民レジームは，自由主義レジームが規定する移民の受け入れの仕組みとしては，労働力需要に応えるシステムとして機能していた。

このような，当初の目的や意図とは異なるかたちでのイギリス型移民レジームの遺制は，歴史的新制度論の制度変化に関する議論を理解するうえでの事例としても考えることができる。第1章でも言及したように，漸進的な制度変化に関するモデルのなかでも，本書で分析したイギリス型移民レジームに生じた変化は，転用（conversion）のケースとしてとらえることができよう。転用の概念を制度変化の理論に採り入れたセーレンによる転用の概念を繰り返せば，

「ある目的を念頭に置き設計した制度を,ほかの目的にあてること」すなわち,「既存の制度を,新たな意味や新たな目的のために用いること」を意味する (Thelen 2003 : 228)。

コモンウェルスに開放的な移民レジームの形成が,公式帝国衰退の一方で,コモンウェルスの創設によって新たなかたちで旧植民地地域との一体性の維持を図ったイギリスには不可欠であった。イギリスの求心力強化を目的に制度化した移民レジームは,時にゲスト・ワーカー制度なしに国内における労働力需要に応える制度として機能し,また時に人種によってコモンウェルス市民を選別する制度として機能してきた。こうした転用を経て,こんにちのイギリス型移民レジームを支える論理は,帝国の遺産に基づくコモンウェルスの一体性の維持から,イギリスの経済,社会にとって有用性の高い人材を調達することがもっとも重要な位置づけとなり,イギリス型移民レジームが,こうした新たな目的を担う制度へと転用されている。イギリス型移民レジームに生じたこうした変化は,制度が果たす目的や機能に生じる変化が,現実の変化として大きな意味をもつことを表している。

4　イギリスの独自性と比較の視座

本書では,イギリスを主たる分析対象としたが,本書の分析から得られたのは,自由主義レジームの国イギリスに限った福祉国家と移民との関係だけではなかった。イギリス福祉国家は,先駆的な社会保障制度の創設によって模範的な福祉国家を樹立してきたことから,福祉国家としても普遍的な議論に適応可能であるためである。いわば,福祉国家の先駆的な代表国ともいうべきイギリスにおいて,福祉国家と移民の関係を分析することには,わが国をはじめ,イギリス以外の福祉国家におけるこれからの福祉国家と移民をめぐる議論に対するインプリケーションが期待できよう。

イギリス福祉国家の独自性を浮き彫りにすることで,他国の移民レジームの特性や,ほかの福祉レジームが規定する移民の受け入れの特性についても,そ

終章　福祉国家の脱国民国家化と新しい紐帯

れぞれ検討した。既述のように，こんにちの福祉国家研究が移民というアクターに関心を置く意義は，福祉国家ごとの移民の位置づけの違いを考察することが，福祉国家の多様性を理解するうえで有意義なためである。福祉国家と移民との関係の多様性に光をあてることは，比較福祉国家の視点として重要なアプローチであるといえよう。イギリスとの比較を通じて，他国における福祉国家と移民との関係について提示された視座を改めて確認する。

（1）移民レジームの多様性

　第1章では，イギリス独自の移民レジームの形成を説明するにあたり，表1－1を提示することでフランスと日本の移民レジームとの比較を行った。これは，イギリス型移民レジームが1948年国籍法の制度化に基づき，旧植民地出身者に市民権を保障したことによって形成されたことから，帝国主義の下での植民地住民の法的地位と帝国主義の凋落以降の旧植民地と旧宗主国との関係が，移民レジームにどのような影響を及ぼすのかを考察するためであった。こうした背景から，大英帝国とならんで帝国主義体制を経験したフランス植民地帝国と大日本帝国を比較の対象として取り上げた。イギリス，フランス，日本の帝国主義体制とその後の旧植民地と旧宗主国との関係については以下の考察を行った。

　まず，出入国管理の仕組みについては，帝国衰退以降に各国がたどった経路の違いによって変化が生じた。イギリスとフランスでは，帝国衰退後にそれぞれコモンウェルスとフランス連合という連合体が形成された一方，日本は敗戦により主権を喪失したことで，こうした展開は確認されなかった。連合体が形成されたイギリスとフランスでは脱植民地化以降も本国と旧帝国地域との紐帯は再編されながらも保たれてきた。

　帝国衰退後の旧植民地住民の法的地位に関しては，日本やフランスでは，それぞれ基準は異なるものの帝国衰退後の国籍概念はそれまでとは異なるかたちに整理された。国籍の範囲の画定後にも，フランスでは旧植民地出身者をドイツのゲスト・ワーカーと同様の形式で単純労働移民として受け入れてきたが，

235

彼らはイギリス型移民レジームのように移動の自由を保障された存在ではなく，あくまでも外国籍の移民労働力として受け入れられたにすぎなかった。また，日本では，そもそも帝国崩壊後に連合体が形成されず，戸籍制度の下で国民概念が画定されるとともに，旧植民地からの人の移動の仕組みとしての移民レジームは形成されなかった。

同じように植民地支配の歴史をもちつつも，3ヵ国が帝国主義体制の再編のなかで採用した国籍や国民の概念には違いがあり，これに基づいて旧植民地地域からの人の移動に対する移民レジームにも違いが生じた。

つぎに，移民の社会権に対する保障には，それぞれ以下のような特徴があった。まずイギリスでは，通常居住地要件が，イギリス本国国内に居住する者だけを給付の対象に位置づける機能を果たしつつ，公共基金要件によってコモンウェルス市民とほかの外国人との受給の権利がわけられてきた。したがって，国民国家の国籍概念に基づいて社会権を保障する仕組みとも，国籍を問わず国内に居住する万人に等しく権利を保障する仕組みとも異なる。フランスでは，入国後の移民の社会権は，こんにちでは共和主義の理念に立った平等原則に則って保障される仕組みであり，出入国管理同様に旧植民地出身者をほかの外国人とは異なる地位に置く移民レジームは形成されていない。日本では，1982年に国民年金法，1986年に国民健康保険法の国籍要件を撤廃することで，外国人の社会権に対する保障が進められたが，これは植民地支配の歴史とは基本的には関係なく，1981年の難民条約の批准を受けて行われたものであった。したがって，社会権の保障の仕組みについても国ごとの独自性が見られた。

以上の3ヵ国の移民レジームの違いからは，移民レジームが，その国の歴史的経緯による影響を多分に受けた国家観や国籍概念，社会権保障に対する考え方によって確立されることを指摘できる。3ヵ国はいずれも植民地支配の歴史をもち，戦後に旧植民地との関係を見直す必要に迫られたという共通点をもちながらも，それぞれの国で形成された移民レジームは大きく異なるものであった。その最たる要因となったのが，帝国衰退以降にたどった経路の違いであった。したがって，移民レジームは各国独自の歴史的経緯が反映されることで形

成されている。

　移民レジームの第二段階の要素である移民の社会権に対する保障は、ホスト国における社会権の保障の歴史的背景や福祉国家建設の歴史と深く関係することから、移民レジームの違いから各国における社会権概念や福祉国家の成り立ちの歴史の重要性を指摘することができよう。こうした各国の独自性によって生み出される移民レジームに一定のパターンを生み出すのが、福祉レジームによって規定される移民の受け入れであった。

（2）三つの福祉レジームと移民

　上記のとおり、移民レジームはホスト国の独自の国家観や国籍概念、あるいは社会権の保障の仕組みによって形成されることから、国ごとに異なる要因によって規定されている。こうしたなかで、各国の移民レジームの多様性に一定のパターンを生み出すのが、福祉レジームごとの移民の受け入れの違いである。本書では、イギリス福祉国家を対象としたことから、自由主義レジーム福祉国家における移民の受け入れを主たる考察対象としたが、保守主義レジームと社会民主主義レジームについても、比較の観点から移民の受け入れをどのように規定しているのかを検討してきた。

　20世紀型福祉国家において、自由主義レジームの福祉国家は低賃金の単純労働者としての移民の雇用条件を規定してきた。保守主義レジームでは、家族主義の下で抑制される女性労働力の代替として移民がゲスト・ワーカーのかたちで受け入れられることで、彼らに対する脱商品化は国内労働者同様に社会保険に基づいて保障されてきた。普遍主義をその特徴とする社会民主主義レジームでは、伝統的に各種権利の保障は国民のみを対象とはしておらず、市民的権利の保障から、政治的権利、社会的権利の保障に至るまで各種権利を移民にも保障する傾向が強く、雇用条件にかかわらず移民に寛容な福祉国家が築かれてきた。

　福祉レジームが規定する移民の受け入れという視座で検討すると、イギリス型移民レジームも、実態としては他国のゲスト・ワーカー制度と同様に単純労

働力補塡の役割を果たしてきたことが考察された。

　また，第1章でイギリス型移民レジームとの比較を行ったフランス型移民レジームについても，福祉レジームが規定する移民の受け入れから，フランスにおける移民の受け入れのパターンを説明することができる。フランス型移民レジームは，フランスの国家観や理念というフランスの独自性に基づいて，出入国管理において旧植民地出身者を一般外国人と同様の管理の下に置きつつ，入国後の移民に対しては，共和主義の理念に基づく平等原則の下で権利を保障する。保守主義レジームの福祉国家であるフランスでは，福祉レジームが規定する移民の受け入れは，女性労働力の代替としてのゲスト・ワーカーの受け入れであり，こうして受け入れられた移民には，社会保険への加入を通じた社会保障が守られた。したがって，フランス型移民レジームによって説明される移民の受け入れは，単純労働の担い手として移民を受け入れ，彼らに社会保険の下での権利の保障を行う仕組みである。保守主義レジームが規定する移民の受け入れと矛盾しないかたちで形成されていることが確認できる。

　福祉レジーム論に沿って移民の受け入れを分析することで，上記のように福祉レジームごとに異なる移民の受け入れのパターンを指摘することができる。歴史的経験の違いから国ごとに異なる移民レジームに対して，福祉レジームが規定する移民の受け入れを明らかにすることで，各国の移民受け入れに関する一定のパターンが示された。

　第2章の小括でも述べたように，福祉レジームから移民の受け入れを考察することの意義は，各福祉レジームにおける移民の福祉受給の保障のあり方を示す脱商品化の仕組みと，移民の雇用条件の形成，すなわち商品化の仕組みが生み出される政治経済的な背景との関係が明らかにされる点である。福祉レジームから移民の受け入れを考察することで，福祉国家の多様性によって移民の受け入れにもたらされるパターンをとらえることができよう。移民の受け入れや彼らの社会権に対する保障の厚さによって福祉国家の多様性を指摘することが可能であることから，移民への着目は，福祉国家研究の今後の発展にも不可欠である。

5　今後の課題

　本書は，福祉国家と移民との関係を，移民を受け入れるホスト国の歴史と福祉国家の政治経済によって規定される要因に基づいて分析してきた。こうした分析に基づき，最終的には，ポスト20世紀型の福祉国家が移民というアクターの存在によっていかなる変容に直面しているのかを明らかにし，こんにちの福祉国家が移民と共存しながら再編していく可能性について，福祉国家の脱国民国家化という観点から検討した。

　イギリスは，帝国主義の歴史やコモンウェルスの発足などの歴史的背景から，独自の移民レジームを形成した。移民レジームの形成には，その国の歴史が大きく関わることから，移民レジームにホスト国の独自性が反映されるのはイギリスに限ったことではない。しかしながら，第二次世界大戦以降，1981年国籍法の制定に至るまで，国籍法上，旧植民地出身者にもイギリス本国の国民と同等の権利を保障し，連合王国としての市民権概念ではなく，コモンウェルス単位での市民権概念を選択したイギリスでは，ほかに類を見ない特異な紐帯が構築された。

　第一の課題は，こうしたイギリス型移民レジームの独自性に伴うものである。イギリスは大英帝国の下での帝国主義体制を経験した国であり，こうした歴史をもつイギリスで生まれたイギリス型移民レジームの独自性は歴史の重要性を裏づけるとともに，それ自体，他に類を見ないという意味でも興味深いものであった。本書では，イギリスという国がもつ独自の移民レジームと，自由主義レジーム福祉国家が規定する移民の受け入れとの関係から，福祉国家と移民との関係を分析し，さらにこんにちの福祉国家におけるそのあり方を検討してきた。また，イギリスの独自性を浮き彫りにする観点から，ほかの移民レジームや，自由主義レジーム以外の福祉レジームが規定する移民の受け入れについても言及してきた。既述のとおり，福祉国家論が移民というアクターに光をあてることの意義のひとつとして，福祉国家と移民との関係から福祉国家の多様性

を指摘することが可能である点が挙げられる。しかしながら，本書は上記のとおりイギリス一国を対象とした研究であり，比較の視座は不十分であるといわざるを得ない。移民レジームによって異なる各国の社会権保障のあり方や福祉レジームごとに異なる社会保障と雇用との関係の多様性にも言及してきたが，基本的にはイギリスにおける福祉国家と移民との関係を分析することが主たる目的であった。移民レジームと福祉レジームが規定する移民の受け入れのパターンとの関係を一般的な理論として発展させるためには，他国の移民レジームと福祉レジームとの関係をさらに精査することが求められる。これに加えて，国境を越えた信頼に基づく福祉国家形成の可能性についても，他国の実態についてさらなる検討を行う必要がある。

　第二の課題は，本書が福祉国家の脱国民国家化の可能性を検討するうえで用いた事例に関することが挙げられる。本書では，NHS における医師の国際雇用という事例を考察することで，国境を越えた信頼に基づく福祉国家の可能性を検討した。イギリスをはじめ，アングロ・サクソンの自由主義レジームの各国では，医療における国際雇用が大規模に行われており，NHS でも，その創設以降国境を越えた医師の雇用が行われてきた。とりわけニュー・レイバーの下では，こうした医師の国際雇用は，医師増員の具体的な数値目標の下で積極性に採り入れられた。しかしながら，NHS における医師の国際雇用は，結果的にはこんにちでもコモンウェルスを中心とした人の国際移動によって支えられたものであった。イギリスにとっては，福祉国家の脱国民国家化につながる医師の国際雇用の選択も，従来の福祉国家のかたちに抜本的な変革を迫る手段ではなく，イギリスの歴史的遺制を活かした福祉国家の再編の手段なのである。

　したがって，イギリス福祉国家の脱国民国家化は，イギリス独自の歴史によって形成されたイギリス型移民レジームの存在を前提とすることから，こうした移民レジームをもたない国ではどのようなかたちで福祉国家の脱国民国家化が起こりえるのか，さらなる検討が求められる。

　これに関連して，医師の国際雇用が自由主義レジーム内部での現象としても観察されることにも目を配る必要がある。相対的に，医師の国際雇用が活発な

終章　福祉国家の脱国民国家化と新しい紐帯

国は自由主義レジームの国であるが，これらの国の間で，相互に医師の国際移動が顕著であることにも言及しておかなくてはならない。

　イギリスでは，新コモンウェルスからの医師の国際雇用が顕著であるが，これと同時に，イギリスからほかのアングロ・サクソンの国への医師の国際移動（emigration）の実態もあるほか[1]，イギリス，ニュージーランド，オーストラリア，カナダという旧コモンウェルスの国家間，あるいはこれに発足当時のコモンウェルスに加盟していたアイルランドを加えた国家間での医師の移動が少なからず生じている。

　さらに，看護師の国際移動についても同様のことがいえる。アイルランドにおける看護師の国際雇用の活発さについては第2章の図2-3で確認したが，こうした国際雇用の割合の高さは，インドやフィリピンからの看護師の国際雇用もさることながら，イギリスやオーストラリアからアイルランドへの看護師の国際移動が顕著であることも指摘されている（Buchan and Sochalski 2004：589）。

　こうした点に鑑みれば，医療専門職の国際雇用の進展に伴う福祉国家の脱国民国家化が，イギリスのような旧植民地からの人の移動の経路をもたないアングロ・サクソン各国において，どのように行われているのかを精査していくべきであろう。少なくともイギリスでは，コモンウェルスの発足を背景としたイギリス型移民レジームがこうした医師の国際雇用を可能にする経路として機能しているが，ほかのアングロ・サクソン各国において，それぞれの国の移民レジームが，自由主義レジーム福祉国家としての脱国民国家化の進展にどのように関わっているのかを検討することが求められる。

　以上の課題に取り組むことが，移民レジームと福祉レジームとの関係を，本書が主な対象としてきたイギリスに限らず，ほかの福祉国家における移民の受け入れについても分析可能な視角として発展させることにつながる。

　福祉国家と移民との間には，歴史や政治経済によって規定される多様な関係性のパターンを指摘することが可能である。こうした関係性を，現実世界の変容，すなわち，環境の変化に伴う福祉国家の再編にいかに適用させるのかが重

要であり，こんにちの福祉国家を分析する理論には，こうした視角が求められている。

注
(1) たとえば，イギリスの医学部を修了後にニュージーランドの医療機関に就業する医師は，イギリスの医学部修了者全体の1.5%を占める（Sharma et al. 2012：26）。

[付 記]

イギリスで2015年5月に行われた総選挙では，キャメロン首相率いる与党保守党が勝利を収めた。この選挙で，保守党のマニフェストのひとつとして掲げられていたのが，2017年末までに，イギリスのEUからの離脱の是非を問う国民投票を実施することであった。この国民投票は，2016年6月23日に実施され，離脱派が51.9%の支持を集め，僅差で勝利を収めた。これにより，ブレグジット（Brexit），すなわち「イギリスのEUからの離脱」が決定した。この結果，EUへの残留を支持していたキャメロン首相は辞任し，その後継としてメイ元内務相が首相に就任し，EUとの離脱交渉を担うこととなった。

イギリスは，EUの前身組織であるECへの1973年の加盟以降，社会経済的にも政治的にもEC，EUの加盟国としての立場を前提に存立してきたが，ブレグジットによって，イギリスは数十年間その存立の前提としてきた基盤を失うこととなる。EC加盟後間もないウィルソン労働党政権下の1975年にも，EC残留を問う国民投票を経験しているイギリスであるが，この時は残留派が67.2%の支持を受け，大差にて勝利を収めていた。

イギリスでは，2004年の第五次拡大以降にEUに加盟した中東欧諸国からの移民の流入が急増しており，このことがブレグジットの結果に作用した要因のひとつとも指摘される。また，2010年末にチュニジアで起こったジャスミン革命を経て，2011年以降，いわゆるアラブの春と総称される中東，北アフリカ諸国の民主化運動が相次いだことで，これらの国からヨーロッパ各国への難民申請が急増した。ブレグジットを問う国民投票前年の2015年には，EUは加盟国全体で，年間100万人を超す難民が殺到するいわゆる難民危機に直面していた。ブレグジットを問う国民投票は，このようにEU内外からの移民・難民問題が先鋭化するなかで行われた。

本書でも述べたように，1993年に発効したマーストリヒト条約の下で，EU加盟国の国民を対象とした新たな市民権概念としてEU市民権が誕生した。EU市民権は，EU加盟国の国籍を有する者には域内における移動の自由をはじめとした諸権利を等

しく保障することで，一国の国籍と同義として捉えられてきた従来の市民権概念に一石を投じたのである。こうした背景から，EU 加盟国であるイギリスには，EU を中心としたヨーロッパ各国からも数多くの移民がやってきた。第 4 章では，NHS で働く外国人医師のなかにも，コモンウェルスだけでなく，他のヨーロッパの国で医師資格を取得した医師の存在についても言及した。

　2017年 3 月29日に，メイ首相が欧州理事会に離脱を正式通知したことで，イギリス政府と EU との間では，リスボン条約50条に基づいて 2 年間を上限とした離脱交渉期間が開始した。この 2 年間の離脱協議が混迷を深めたことは，周知のとおりである。2019年 3 月29日の離脱期限を目前に控えた同月21日に，EU 首脳会議は離脱延期という選択に至った。その後，EU の臨時首脳会議にて，イギリスとそのほかのすべての EU 加盟国は，2019年10月31日までの離脱の「柔軟な延長（flexible extension）」に合意した。離脱の再延期が決定したものの，離脱協定の方針自体が定かではなく，離脱後のイギリスと EU との関係については不透明な部分もある。離脱協議の難航も含めて先行き不透明な状況が続く。こうしたなかで，EU 市民権の枠組みで EU 域内での自由移動を保障されている EU 市民の行動には，ブレグジットが決定した国民投票以降，変化が見られる。

　図 1 は，2007年12月から2018年 6 月までのイギリスにおける純流入数（net migration）の推移について，イギリス人，イギリスを除く EU 出身者，EU 域外出身者にわけて表した ONS による調査結果である。この図からわかることは，国民投票でブレグジットが決定した2016年 6 月以降，EU 出身者の純流入数は減少傾向にある一方，EU 域外出身者の純流入数は増加が続いているということである。

　イギリスを除く EU 出身者にとって，ブレグジット後のイギリスでの居住や就労に関する保障が定かではないなかで，リスクを回避する選択がイギリスからの退去という選択につながったことが予測される。実際の離脱を前に，すでに国民投票の結果が出た時点から，EU 市民の生活に大きな影響を及ぼしており，離脱協議が難航するなかで，EU 出身者のイギリスからの退出が続いてきたといえるであろう。ONS の調査では，EU 域外出身者として，アジア諸国の出身者，とりわけインドやパキスタン，バングラデシュといったコモンウェルス加盟国を含む南アジアからの移動が増していることも指摘されている（ONS 2018：7）。この増加の理由を明らかにするにはさらなる精査が必要であるが，少なくとも，ブレグジットの決定が，EU 出身者と EU 域外出身者のイギリスへの移動に分岐をもたらしていることは指摘できよう。

　本書では，コモンウェルスをイギリスの人材調達の拠点として論じた。域内での人の自由移動を保障した EU も，イギリスにとって人材調達の重要拠点であったことはいうまでもない。イギリスはいわば，コモンウェルスと EU という二つの人材調達の

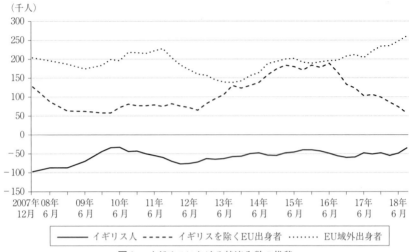

図1 イギリスにおける純流入数の推移

出典：ONS（2019）に基づき筆者作成。

拠点を有してきたことになる。ブレグジットは，今後のイギリスの労働力需要への対応策をどのように変えていくのであろうか。大英帝国の遺産としてのコモンウェルスの存在が，今後のイギリスにとって改めて大きな意味をもつことになるように思われる。

（2019年4月10日）

参考文献一覧

邦語文献

秋田茂（2012）『イギリス帝国の歴史——アジアから考える』中公新書。

安里和晃（2012）「人の国際移動と受け入れ枠組みの形成に関する研究——経済連携協定を事例として」（武川正吾・宮本太郎編著）『グローバリゼーションと福祉国家』（講座・現代の社会政策第6巻）明石書店。

石田玲子（1975）「英国における人種関係法の立法過程（1）」『朝鮮研究』第151号。

石田玲子（1979）「イギリスの人種差別への挑戦（上）——1976年人種関係法と自発的組織の伝統」『朝鮮研究』第190号。

一圓光彌（1982）『イギリス社会保障論』光生館。

一圓光彌（1997）「イギリスにおけるNHS改革の意義と成果」『海外社会保障情報』第120号。

伊藤周平（1997）「福祉国家とアンチ・レイシズム——人種，エスニシティ，市民権」『社会労働研究』第44巻第2号。

伊藤武（2011a）「福祉国家再編と領域性再編の政治——移民ケア労働者参入をめぐる変容」（田村哲樹・堀江孝司編）『模索する政治——代議制民主主義と福祉国家のゆくえ』ナカニシヤ出版。

伊藤武（2011b）「イタリア福祉レジームの変容——「雇用も福祉もない」福祉国家における適応戦略」（新川敏光編著）『福祉レジームの収斂と分岐——脱商品化と脱家族化の多様性』（シリーズ・現代の福祉国家⑨）ミネルヴァ書房。

伊藤善典（2006）『ブレア政権の医療福祉改革——市場機能の活用と社会的排除への取り組み』（MINERVA福祉ライブラリー90）ミネルヴァ書房。

井上恒男（2014）『英国所得保障政策の潮流——就労を軸とした改革の動向』（MINERVA人文・社会科学叢書194）ミネルヴァ書房。

今井貴子（2008）「イギリス労働党の現代化と政治選択（1994-97年）——制度再編と政治アクター」『ヨーロッパ研究』第7号。

今井貴子（2012）「転換期の政策デザイン——アングロ・サクソン型社会的包摂の政治過程」（武川正吾・宮本太郎編著）『グローバリゼーションと福祉国家』（講座・現代の社会政策第6巻）明石書店。

岩崎昌子（2008）「ノルウェーの移民に対する言語政策の転換——「脱商品化」と矛盾しない移民の統合」『国際広報メディア・観光学ジャーナル』第6号。

ウィレンスキー,ハロルド・L.(1975＝1984)(下平好博訳)『福祉国家と平等——公共支出の構造的・イデオロギー的起源』木鐸社。
エスピン＝アンデルセン,イエスタ(1990＝2001)(岡澤憲芙・宮本太郎監訳)『福祉資本主義の三つの世界——比較福祉国家の理論と動態』(MINERVA福祉ライブラリー47)ミネルヴァ書房。
エスピン＝アンデルセン,イエスタ(1999＝2000)(渡辺雅男・渡辺景子訳)『ポスト工業経済の社会的基礎——市場・福祉国家・家族の政治経済学』桜井書店。
エスピン＝アンデルセン,イエスタ(2001)(渡辺雅男・渡辺景子訳)『福祉国家の可能性——改革の戦略と理論的基礎』桜井書店。
遠藤正敬(2010)『近代日本の植民地統治における国籍と戸籍——満州・朝鮮・台湾』明石書店。
遠藤正敬(2013)『戸籍と国籍の近現代史——民族・血統・日本人』明石書店。
大沢真理(2013)『生活保障のガバナンス——ジェンダーとお金の流れで読み解く』有斐閣。
岡澤憲芙(1991)「スウェーデンにおける外国人受け入れ政策——地球市民権の試み」(社会保障研究所編)『外国人労働者と社会保障』東京大学出版会。
岡田与好(1984)「「福祉国家」理念の形成」(東京大学社会科学研究所編)『福祉国家(1)福祉国家の形成』東京大学出版会。
小川喜一(1968)『イギリス国営医療事業の成立過程に関する研究』風間書房。
小川浩之(2009)「脱植民地化とイギリス対外政策——公式帝国・非公式帝国・コモンウェルス」(北川勝彦編著)『脱植民地化とイギリス帝国』(イギリス帝国と20世紀第4巻)ミネルヴァ書房。
小川浩之(2012)『英連邦——王冠への忠誠と自由な連合』中公叢書。
カースルズ,スティーブン,マーク・J.ミラー(2009＝2011)(関根政美・関根薫監訳)『国際移民の時代』第4版,名古屋大学出版会。
樫原朗(2005)『イギリス社会保障の史的研究Ⅴ——20世紀末から21世紀へ』法律文化社。
金澤周作(2008)『チャリティとイギリス近代』京都大学学術出版会。
柄谷利恵子(2000)「コモンウェルス市民権の形成1945-1949——第二次世界大戦後のコモンウェルスと英国」『国際学論集』第45号。
柄谷利恵子(2003)「英国の移民政策と庇護政策の交錯」(小井土彰宏編著)『移民政策の国際比較』(講座・グローバル化する日本と移民問題第Ⅰ期第3巻)明石書店。
木畑洋一(2008)『イギリス帝国と帝国主義——比較と関係の視座』有志舎。
久保山亮(2000)「福祉国家と移民労働の商品化・脱商品化・再商品化——大陸ヨーロッパ諸国の保守主義レジームを事例に」『社会政策研究』第1号。

小井土彰宏（2003）「移民受け入れ国の政策比較――重層的管理構造の形成の傾向と多様性」（小井土彰宏編）『移民政策の国際比較』（講座・グローバル化する日本と移民問題第Ⅰ期第3巻）明石書店。

厚生労働省社会・援護局（2000）『社会的な援護を要する人々に対する社会福祉のあり方に関する検討会報告書』。

ゴールドソープ，ジョン・H.編（1984＝1987）（稲上毅・下平好博ほか訳）『収斂の終焉――現代西欧社会のコーポラティズムとデュアリズム』有信堂高文社。

小林勇人（2007）「ワークフェア構想の起源と変容――チャールズ・エヴァーズからリチャード・ニクソンへ」『コア・エシックス』第3巻。

小林勇人（2012）「ワークフェアと福祉政治――カリフォルニア州の福祉改革の分析」（宮本太郎編著）『福祉政治』（福祉＋α②）ミネルヴァ書房。

近藤克則（2004）『「医療費抑制の時代」を超えて――イギリスの医療・福祉改革』医学書院。

近藤康史（2001）『左派の挑戦――理論的刷新からニュー・レイバーへ』木鐸社。

阪野智一（2011）「ニュー・レイバーとイギリス自由主義レジームの再編」（新川敏光編著）『福祉レジームの収斂と分岐――脱商品化と脱家族化の多様性』（シリーズ・現代の福祉国家⑨）ミネルヴァ書房。

塩原良和（2005）『ネオ・リベラリズムの時代の多文化主義――オーストラリアン・マルチカルチュラリズムの変容』三元社。

清水泰幸（2004）「フランスにおける社会保障給付と内外人平等原則（一）――無拠出給付に焦点をあてて」『東京都立大学法学会雑誌』第45巻第1号。

清水泰幸（2005）「フランスにおける社会保障給付と内外人平等原則（二・完）――無拠出給付に焦点をあてて」『東京都立大学法学会雑誌』第45巻第2号。

下平好博（2001）「グローバル化と「雇用レジーム」」（三重野卓編）『福祉国家の社会学――21世紀における可能性を探る』（シリーズ社会政策研究1）東信堂。

ジョンソン，ノーマン（1987＝1993）（青木郁夫・山本隆訳）『福祉国家のゆくえ――福祉多元主義の諸問題』法律文化社。

新川敏光（2011）「福祉国家変容の比較枠組」（新川敏光編著）『福祉レジームの収斂と分岐――脱商品化と脱家族化の多様性』（シリーズ・現代の福祉国家⑨）ミネルヴァ書房。

新川敏光（2014）『福祉国家変革の理路――労働・福祉・自由』ミネルヴァ書房。

スピッカー，ポール（2000＝2004）（阿部實・圷洋一・金子充訳）『福祉国家の一般理論――福祉哲学論考』勁草書房。

高佐智美（2000）「ポスト「国民国家」における Citizenship 概念の新たな展開――イギ

リスを例に（一）」『独協法学』第53号．
高藤昭（1991）「外国人労働者とわが国の社会保障法制」（社会保障研究所編）『外国人労働者と社会保障』東京大学出版会．
竹内幸雄（2011）『自由主義とイギリス帝国——スミスの時代からイラク戦争まで』（MINERVA 西洋史ライブラリー91）ミネルヴァ書房．
武川正吾（1991）「社会政策における移民の扱い——イギリスの場合」（社会保障研究所編）『外国人労働者と社会保障』東京大学出版会．
武川正吾（2000）「市民権の構造転換——一つの素描」（大山博・炭谷茂・武川正吾・平岡公一編）『福祉国家への視座——揺らぎから再構築へ』（MINERVA 福祉ライブラリー35）ミネルヴァ書房．
武川正吾（2007）『連帯と承認——グローバル化と個人化のなかの福祉国家』東京大学出版会．
武川正吾（2012）「グローバル化・地域統合・社会政策——東アジアにおける日本の役割」（武川正吾・宮本太郎編著）『グローバリゼーションと福祉国家』（講座・現代の社会政策第6巻）明石書店．
田中拓道（2011）「労働と連帯——商品化/脱商品化をめぐって」（宮本太郎編）『働く——雇用と社会保障の政治学』（政治の発見②）風行社．
田端光美（1999）「ボランタリーセクターの動向」（武川正吾・塩野谷祐一編）『イギリス』（先進諸国の社会保障①）東京大学出版会．
樽本英樹（2012）『国際移民と市民権ガバナンス——日英比較の国際社会学』ミネルヴァ書房．
富岡次郎（1988）『現代イギリスの移民労働者』（世界差別問題叢書）明石書店．
中野裕二（2009）「移民の統合の「共和国モデル」とその変容」（宮島喬編）『移民の社会的統合と排除——問われるフランス的平等』東京大学出版会．
中村義幸（1985）「イギリスにおける出入国管理法制の展開——1971年法の成立まで」『拓殖大学論集』第155号．
成廣孝（2010）「イギリス」（馬場康雄・平島健司編）『ヨーロッパ政治ハンドブック』第二版，東京大学出版会．
浜井祐三子（2007）「多民族・多文化国家イギリス」（木畑洋一編著）『現代世界とイギリス帝国』（イギリス帝国と20世紀第5巻）ミネルヴァ書房．
早川有紀（2011）「制度変化をめぐる新制度論の理論的発展——James Mahoney and Kathleen Thelen（2010）*Explaining Institutional Change* を手がかりに」『相関社会科学』第21号．
バラ，アジット・S., フレデリック・ラペール（1999＝2005）（福原宏幸・中村健吾監

訳)『グローバル化と社会的排除——貧困と社会問題への新しいアプローチ』昭和堂。

ハンマー,トーマス(1990=1999)(近藤敦監訳)『永住市民(デニズン)と国民国家——定住外国人の政治参加』明石書店。

稗田健志(2010)「越境するハウスホールド——大陸ヨーロッパにおける移民家庭内ケアワーカーから考える」(加藤哲郎・小野一・田中ひかる・堀江孝司編)『国民国家の境界』(政治を問い直す①)日本経済評論社。

日野原由未(2010)「福祉国家と移民政策——イギリスにおけるシティズンシップの階層化」『大学院研究年報法学研究科篇』第39号。

日野原由未(2012a)「福祉レジームと移民——自由主義レジームの福祉国家を中心に」『大学院研究年報法学研究科篇』第41号。

日野原由未(2012b)「公共セクターにおける外国人の雇用とマネジメント——NHSの外国人医師雇用行政」『法学新報』第119巻第1・2号。

日野原由未(2012c)「イギリスにおける福祉政策の収斂と分岐——ニュー・ライトとニュー・レイバーの再商品化政策」『法学新報』第119巻第3・4号。

日野原由未(2014a)「ニュー・レイバーのワークフェア改革と移民政策——高度技能移民を中心とした社会的包摂の展開」『法学新報』第120巻第7・8号。

日野原由未(2014b)「ニュー・レイバーのNHS改革における人的資源政策——「現代化」の手段としての外国人医師雇用の意義と課題」日本公共政策学会第18回研究大会若手報告Ⅲ「医療政策」(報告・提出ペーパー)。

平石耕(2009)「現代英国における「能動的シティズンシップ」の理念——D.G.グリーンとB.クリックとを中心として」『政治思想研究』第9号。

平野千果子(2002)『フランス植民地主義の歴史——奴隷制廃止から植民地帝国の崩壊まで』人文書院。

福田耕治・福田八寿絵(2009)『EU・国境を越える医療——医療専門職と患者の自由移動』文眞堂。

福田八寿絵(2011)「EU共通移民政策の形成と高齢社会イギリスの移民医師人員管理政策」(福田耕治編)『多元化するEUガバナンス』(早稲田大学現代政治経済研究所研究叢書35)早稲田大学出版部。

福原宏幸(2007)「「社会的排除/包摂」は社会政策のキーワードになりうるか?」(福原宏幸編著)『社会的排除/包摂と社会政策』(シリーズ・新しい社会政策の課題と挑戦第1巻)法律文化社。

藤村正之(1999)『福祉国家の再編成——「分権化」と「民営化」をめぐる日本的動態』東京大学出版会。

藤村正之（2002）「法体制としての福祉国家」『法社会学』第57号。
藤本富一（2002）「英国における移民法制と人種関係法」『高知大学教育学部研究報告』第62号。
ブルーベイカー，ロジャース（1992＝2005）（佐藤成基・佐々木てる監訳）『フランスとドイツの国籍とネーション——国籍形成の比較歴史社会学』（明石ライブラリー82）明石書店。
フレイザー，ナンシー（1997＝2003）（仲正昌樹監訳）『中断された正義——「ポスト社会主義的」条件をめぐる批判的省察』御茶の水書房。
フレイザー，ナンシー（2003＝2012）「アイデンティティ・ポリティクスの時代の社会正義——再配分・承認・参加」（フレイザー，ナンシー，アクセル・ホネット著）（加藤泰史監訳）『再配分か承認か？——政治・哲学論争』（叢書・ウニベルシタス983）法政大学出版局。
ベル，ダニエル（1973＝1975）（内田忠夫ほか訳）『脱工業社会の到来（上・下）』ダイヤモンド社。
ホール，ピーター A., デヴィッド・ソスキス（2001＝2007）（遠山弘徳ほか訳）『資本主義の多様性——比較優位の制度的基礎』ナカニシヤ出版。
ホネット，アクセル（2003＝2012）「承認としての再配分——ナンシー・フレイザーに対する反論」（フレイザー，ナンシー，アクセル・ホネット著）（加藤泰史監訳）『再配分か承認か？——政治・哲学論争』（叢書・ウニベルシタス983）法政大学出版局。
堀江孝司（2002）「シティズンシップと福祉国家——危機の諸相と刷新の方向性をめぐって」（宮本太郎編著）『福祉国家再編の政治』（講座・福祉国家のゆくえ①）ミネルヴァ書房。
マーシャル，T. H., トム・ボットモア（1992＝1993）（岩崎信彦・中村健吾訳）『シティズンシップと社会的階級——近現代を総括するマニフェスト』法律文化社。
巻口勇次（2007）『現代イギリスの人種問題——有色移民と白系イギリス人の多様な人種関係』信山社出版。
松溪憲雄（1987）「イギリスNHS下のプライマリ・ヘルス・ケア——一般開業医を中心にして」『東北福祉大学紀要』第12巻。
松沼美穂（2012）『植民地の〈フランス人〉——第三共和政期の国籍・市民権・参政権』法政大学出版局。
真野俊樹（2013）『比較医療政策——社会民主主義・保守主義・自由主義』ミネルヴァ書房。
三浦まり・濵田江里子（2012）「能力開発国家への道——ワークフェア/アクティベー

ションによる福祉国家の再編」『上智法学論集』第56巻第2・3号。
水島治郎（2006）「福祉国家と移民――再定義されるシティズンシップ」（宮本太郎編）『比較福祉政治――制度転換のアクターと戦略』（比較政治叢書2）早稲田大学出版部。
水島治郎（2012）『反転する福祉国家――オランダモデルの光と影』岩波書店。
宮本太郎（2004a）「ワークフェア改革とその対案――新しい連携へ？」『海外社会保障研究』第147号。
宮本太郎（2004b）「福祉国家類型と企業・家族」（新川敏光・井戸正伸・宮本太郎・眞柄秀子著）『比較政治経済学』有斐閣アルマ。
宮本太郎（2004c）「新しい右翼と福祉ショービニズム――反社会的連帯の理由」（齋藤純一編著）『福祉国家/社会的連帯の理由』（講座・福祉国家のゆくえ5）ミネルヴァ書房。
宮本太郎（2006a）「社会的包摂の展開と市民社会――社会的企業の役割を中心に」『日本の社会教育』第50巻。
宮本太郎（2006b）「福祉国家の再編と言説政治――新しい分析枠組み」（宮本太郎編）『比較福祉政治――制度転換のアクターと戦略』（比較政治叢書2）早稲田大学出版部。
宮本太郎（2006c）「ポスト福祉国家のガバナンス――新しい政治対抗」『思想』第2号。
宮本太郎（2008）『福祉政治――日本の生活保障とデモクラシー』有斐閣。
宮本太郎（2009）『生活保障――排除しない社会へ』岩波新書。
宮本太郎（2011）「社会保障の再編構想と新しい争点」（齋藤純一・宮本太郎・近藤康史編）『社会保障と福祉国家のゆくえ』ナカニシヤ出版。
宮本太郎（2012）「福祉政治の新展開――三つの言説の対抗」（宮本太郎編著）『福祉政治』（福祉+α②）ミネルヴァ書房。
宮本太郎（2013a）『社会的包摂の政治学――自立と承認をめぐる政治対抗』ミネルヴァ書房。
宮本太郎（2013b）「福祉国家転換と「新しい公共」――脱商品化・脱家族化・脱集権化のガバナンス」『社会政策』第5巻第1号。
ミュルダール，グンナー（1960＝1970）（北川一雄監訳）『福祉国家を越えて――福祉国家での経済計画とその国際的意味関連』ダイヤモンド社。
村岡健次（1980）『ヴィクトリア時代の政治と社会』ミネルヴァ書房。
毛利健三（1978）『自由貿易帝国主義――イギリス産業資本の世界展開』東京大学出版会。
毛利健三（1984）「現代イギリス福祉国家の原像――ベヴァリッジ・プランの歴史的位

置」（東京大学社会科学研究所編）『福祉国家（1）福祉国家の形成』東京大学出版会。

毛利健三（1999）「社会保障の歴史（1945-95年）――古典的福祉国家から多元的福祉国家へ」（武川正吾・塩野谷祐一編）『イギリス』（先進諸国の社会保障①）東京大学出版会。

力久昌幸（2011）「イギリス国民党の現代化プロジェクト――極右急進主義からナショナル・ポピュリズムへ」（河原祐馬・島田幸典・玉田芳史編）『移民と政治――ナショナル・ポピュリズムの国際比較』昭和堂。

若松邦弘（1995）「イギリスにおける人種関係政策の展開と現状――政府の取り組み」『国際政治』第110号。

若松邦弘（2001）「脱植民地化のなかの入国管理政策――旧帝国地域からの入国に関するイギリスの政策」『社会科学紀要』第50号。

渡辺千尋（2009）「移民と移民政策の変遷――1945年から1974年まで」（宮島喬編）『移民の社会的統合と排除――問われるフランス的平等』東京大学出版会。

渡辺博明（2006）「福祉国家レジームの変容――「三つの世界」のその後」（宮本太郎編）『比較福祉政治――制度転換とアクターの戦略』（比較政治叢書2）早稲田大学出版部。

外国語文献

6, Perri and Edward Peck (2004) "Modernization : The Ten Commitments of New Labor's Approach to Public Management?" in *International Public Management Journal*, Vol. 7.

Alesina, Alberto, Edward L. Glaeser and Bruce Sacerdote (2001) "Why Doesn't the United State Have a European-Style Welfare State?" in *Brookings Papers on Economic Activity*, Vol. 32 No. 2.

Alesina, Alberto and Edward L. Glaeser (2004) *Fighting Poverty in the US and Europe : A World of Difference*, New York : Oxford University Press.

Anttonen, Anneli and Jolma Sipilä (2012) "Universalism in the British and Scandinavian Social Social Policy Debates" in Anttonen, Anneli, Liisa Häikiö and Kolbeinn Stefánsson (eds.) *Welfare State, Universalism and Diversity*, Cheltenham : Edward Elgar.

Anwar, Muhammad and Ameer Ali (1987) *Overseas Doctors : Experience and Expectations, A Research Study*, London : Commission for Racial Equality.

Atkinson, Tony, Bea Cantillon, Eric Marlier and Brian Nolan (2002) *Social Indicators :*

The EU and Social Inclusion, Oxford : Oxford University Press.

Bach, Stephen (2010) "Achieving a Self-Sufficient Workforce? The Utilization of Migrant Labour in Healthcare" in Ruhs, Martin, and Bridget Anderson (eds.) *Who Needs Migrant Workers?* : *Labour Shortages, Immigration, and Public Policy*, Oxford : Oxford University Press.

Baldwin-Edwards, Martin (1991) "The Socio-Political Rights of Migrants in the European Community" in Room, Graham (ed.) *Towards a European Welfare State?*, Bristol : SAUS Publications.

Banting, Keith and Will Kymlicka (eds.) (2006) *Multiculturalism and the Welfare State* : *Recognition and Redistribution in Contemporary Democracies*, Oxford : Oxford University Press.

Baumol, William J. (1967) "Macroeconomics of Unbalanced Growth : The Anatomy of Urban Crisis" in *The American Economic Review*, Vol. 57 No. 3.

Béland, Daniel and André Lecours (2008) *Nationalism and Social Policy* : *The Politics of Territorial Solidarity*, Oxford : Oxford University Press.

Blair, Tony (1996) *New Britain* : *My Vision of a Young Country*, London : Fourth Estate.

Bonoli, Giuliano (2006) "The Politics of Post-Industrial Welfare States" in Armingeon, Klaus, and Giuliano Bonoli (eds.) *The Politics of Post-Industrial Welfare States* : *Adapting Post-War Social Policies to New Social Risks*, London : Routledge.

Boswell, Christina (2003) *European Migration Policies in Flux* : *Changing patterns of inclusion and exclusion*, Oxford : Blackwell Publishing.

Buchan, James and Julie Sochalski (2004) "The Migration of Nurses : Trend and Policies" in *Bulletin of World Health Organization*, Vol. 82 No. 8.

Bulpitt, Jim (1986) "Continuity, Autonomy and Peripheralisation : The Anatomy of the Centre's Race Statecraft in England" in Layton-Henry, Zig and Paul B. Rich (eds.) *Race, Government and Politics in Britain*, Basingstoke : Macmillan.

CAB195/11, CC7 (54) 3rd February, (1954) The National Archives, Public Record Office (released 2007).

Cabinet Office (1999) *Modernising Government* (Cm4310).

Carmel, Emma, Alfio Cerami and Theodoros Papadopoulos (eds.) (2012) *Migration and welfare in the New Europe* : *Social Protection and the Challenges of Integration*, Bristol : Policy Press.

Carvalho, João (2014) *Impact of Extreme Right Parties on Immigration Policy* :

Comparing Britain, France and Italy, London : Routledge.

Castles, Francis G.（1985） *The Working Class and Welfare : Reflections on the Political Development of the Welfare State in Australia and New Zealand 1890-1980*, Sydney : Allen & Unwin.

Castles, Francis G.（1998） *Comparative Public Policy : Patterns of Post-War Transformation*, Cheltenham : Edward Elgar Publishing.

Castles, Stephen and Godula Kosack （1973） *Immigrant Workers and Class Structure in Western Europe*, London : Oxford University Press.

Chapeltown Citizens Advice Bureau, Tribunal Assistance Unit and Harehills and Chapeltown Law Centre（1983） *Immigrants and the Welfare State : A Guide to Your Rights*

Clarke, John（2005）"Welfare States as Nation States : Some Conceptual Reflections" in *Social Policy and Society*, Vol. 4 No. 4.

Cohen, Steve（2001） *Immigration Controls, the Family and the Welfare State : A Handbook of Law, Theory, Politics and Practice for Local Authority, Voluntary Sector and Welfare State Workers and Legal Advisors*, London : Jessica Kingsley Publishers.

Commission of European Communities （1993） *Background Report : Social Exclusion-Poverty and other Social Problems in the European Community*, Office for Official Publications of the European Communities.

Crepaz, Markus M. L.（2008） *Trust beyond Borders : Immigration, the Welfare State, and Identity in Modern Societies*, Ann Arbor : The University of Michigan Press.

Davies, Lynn, Michele Schweisfurth, Chris Williams and Hiromi Yamashita （2004） "Concept in Civil Renewal" in *Researching Civil Renewal : A Set of Scoping Papers Prepared for the Home Office Civil Renewal Unit*, Civil Renewal Research Centre, The University of Birmingham.

Deacon, Alan （1997）"'Welfare to Work' Options and Issues" in *Social Policy Review9*.

Deacon, Alan （1998）"The Green Paper on Welfare Reform : A Case for Enlightened Self-Interest?" in *The Political Quarterly*, Vol. 69 Issue3.

Deacon, Alan （2002） *Perspectives on Welfare*, Buckingham : Open University Press.

Dean, Dustin W.（1992）"Conservative Governments and the Restriction of Commonwealth Immigration in the 1950s : The Problems of Constraint" in *The Historical Journal*, Vol. 35 No. 1.

Dean, Hartley （1998）"Popular Paradigms and Welfare Values" in *Critical Social Policy*,

Vol. 18 No. 2.

Dean, Hartley (2004) "The Implications of Third Way Social Policy for Inequality, Social Cohesion, and Citizenship" in Lewis, Jane and Rebecca Surender (eds.) *Welfare State Change : Towards a Third Way?*, Oxford : Oxford University Press.

Department for Business, Innovation and Skills (BIS) (2010) *Migrant Workers Participation Project : UNISON-Case Study*.

Department of Health (DH) (2001) *Investment and Reform for NHS Staff-Taking forward the NHS Plan*.

Department of Health (DH) (2002) *International Recruitment of Consultants and General Practitioners for the NHS in England*.

Department of Health (DH) (2003) *The NHS Workforce in England 2003*.

Department of Health (DH) (2014) *Visitor & Migrant NHS Cost Recovery Programme : Implementation Plan 2014-2016*.

Department of Health, Hospital Waiting Times Team (2009) *Statistical Information, Inpatient and Outpatient Waiting Times, Historical Time-Series*.

Driver, Stephen and Luke Martell (2006) *New Labour*, 2nd ed., Cambridge : Polity Press.

Dwyer, Peter (1998) "Conditional Citizens? Welfare Rights and Responsibilities in the Late 1990s" in *Critical Social Policy*, Vol. 18 No. 4.

Dwyer, Peter (2000) *Welfare Rights and Responsibilities : Contesting Social Citizenship*, Bristol : Policy Press.

Dwyer, Peter (2002) "Making Sense of Social Citizenship : Some User Views on Welfare Rights and Responsibilities" in *Critical Social Policy*, Vol. 22 No. 2.

Dwyer, Peter (2005) "Governance, Forced Migration and Welfare" in *Social Policy & Administration*, Vol. 39 No. 6.

Dwyer, Peter (2010) *Understanding Social Citizenship : Themes and Perspectives for Policy and Practice*, 2nd ed., Bristol : Policy Press.

Esmail, Aneez (2007) "Asian Doctors in the NHS : Service and Betrayal" in *British Journal of General Practice*, Vol. 57.

Esping-Andersen, Gøsta (1992) "The Three Political Economies of the Welfare State" in Kolberg, Jon Eivind (ed.) *The Study of Welfare State Regimes*, Armonk, New York : M. E. Sharpe, Inc.

Etzioni, Amitai (1998) "Introduction : A Matter of Balance, Rights and Responsibility" in Etzioni, Amitai (ed.) *The Essential Communitarian Reader*, Lanham, Maryland :

Rowman & Littlefield Publishers Inc.

Etzioni, Amitai (2004) "Introduction" in Etzioni, Amitai, Drew Volmert and Elanit Rothschild (eds.) *The Communitarian Reader : Beyond the Essentials*, Lanham, Maryland : Rowman & Littlefield Publishers Inc.

European Commission (1999) *The Amsterdam Treaty : A Comprehensive Guide*, Luxembourg : Office for Official Publications of the European Communities.

Faist, Thomas (1995) "Ethnicization and Racialization of Welfare-State Politics in Germany and the USA" in *Ethnic and Racial Studies*, Vol. 18 Issue2.

Ferrera, Maurizio (1996) "The Southern Model of Welfare in Social Europe" in *Journal of European Social Policy*, Vol. 6 No. 1.

Ferrera, Maurizio (2005) *The Boundaries of Welfare : European Integration and the New Spatial Politics of Social Protection*, Oxford : Oxford University Press.

Freeman, Gary P. (1986) "Migration and the Political Economy of the Welfare State" in *The Annals of the American Academy of Political and Social Science*, Vol. 485.

Freeman, Gary P. (2004) "Immigrant Incorporation in Western Democracies" in *International Migration Review*, Vol. 38 Issue3.

Gallagher, John and Ronald Robinson (1953) "The Imperialism of Free Trade" in *The Economic History Review*, Vol.VI No. 1.

Geddes, Andrew (2003) "Migration and the Welfare State in Europe" in Spencer, Sarah (ed.) *The Politics of Migration : Managing Opportunity, Conflict and Change*, Oxford : Blackwell Publishing.

Goodwin, Matthew J. (2011) *New British Fascism : Rise of the British National Party*, London : Routledge.

Gorman, Daniel (2006) *Imperial Citizenship : Empire and the Question of Belonging*, Manchester : Manchester University Press.

Great Britain (1968) *Halsbury's Statutes of England, Volume 4, Commonwealth and Other Territories*, 3rd ed., London : Buttterworths.

Great Britain (2006) *Halsbury's Statutes of England and Wales, Volume31, Nationality and Immigration Negligence Northern Ireland*, 4th ed., London : LexisNexis Butterworths.

Hacker, Jacob S. (2005) "Policy Drift : The Hidden Politics of US Welfare State Retrenchment" in Streeck, Wolfgang and Kathleen Thelen (eds.) *Beyond Continuity : Institutional Change in Advanced Political Economies*, Oxford : Oxford University Press.

Halfmann, Jost (2000) "Welfare State and Territory" in Bommes, Michael and Andrew Geddes (eds.) *Immigration and Welfare: Challenging the Borders of the Welfare State*, New York: Routledge.

Ham, Christopher (2009) *Health Policy in Britain: The Politics and Organization of the National Health Service*, 6th ed., Basingstoke: Palgrave Macmillan.

Harrison, John (2011) "The Colonial Legacy and Social Policy in the British Caribbean" in Midgley, James and David Piachaud (eds.) *Colonialism and Welfare: Social Policy and the British Imperialism Legacy*, Cheltenham: Edward Elgar.

Hatch, Stephen and Ian Mocroft (1983) *Components of Welfare: Voluntary Organizations, Social Services and Politics in Two Local Authorities*, London: Bedford Square Press.

Hemerijck, Anton (2009) "In Search of a New Welfare State in Europe: An International Perspective" in Powell, Jason L., Jon Hendricks (eds.) *The Welfare State in Post-Industrial Society: A Global Perspective*, Dordrecht: Springer.

Hemerijck, Anton (2013) *Changing Welfare States*, Oxford: Oxford University Press.

Home Office (2002) *Secure Borders, Safe Haven: Integration with Diversity in Modern Britain* (Cm5387).

Home Office (2003a) *Civil Renewal: A New Agenda*.

Home Office (2003b) *Active Citizens, Strong Communities: Progressing Civil Renewal*.

Home Office (2005) *Controlling our Borders: Making Migration Work for Britain-Five Year Strategy for Asylum and Immigration* (Cm6472).

Home Office (2010) *The Migrant Journey*, Research Report 43.

Home Office (2012) *Summary Guide for Employers on Preventing Illegal Working in the UK*.

Home Office (2013) *The Migrant Journey Third Report*, Research Report 69.

Home Office (Migration Statistics) (2013) *Before Entry Data Tables Immigration Statistics January to March 2013 Volume 2, Entry Clearance Visas*, Table be.06.q Entry Clearance Visas Issued by Country of Nationality.

House of Commons Library (2009) *The Prescription Charge* (Standard Note: SN/SP/4914).

Ignazi, Piero (2003) *Extreme Right Parties in Western Europe*, Oxford: Oxford University Press.

Inter-Imperial Relations Committee (1926) *Imperial Conference 1926*.

Jeffery, Roger (1976) "Migration of Doctors from India" in *Economic and Political*

Weekly, Vol. XI No.13.

Jenson, Jane (2012) "A New Politics for the Social Investment Perspective : Objectives, Instruments, and Areas of Intervention in Welfare Regimes" in Bonoli, Giuliano and David Natali (eds.) *The Politics of the New Welfare State*, Oxford : Oxford University Press.

Jordan, Bill (1998) *The New Politics of Welfare : Social Justice in a Global Context*, London : Sage.

Joshi, Shirley (2002) "Immigration Controls and class" in Cohen, Steve, Beth Humphries and Ed Mynott (eds.) *From Immigration Controls to Welfare Controls*, London : Routledge.

Karatani, Rieko (2003) *Defining British Citizenship : Empire, Commonwealth and Modern Britain*, London : Frabk Cass Publishers.

King, Desmond (1995) *Actively Seeking Work? : The Politics of Unemployment and Welfare Policy in The United States and Great Britain*, Chicago : The University of Chicago Press.

Korpi, Walter (1978) *The Working Class in Welfare Capitalism: Work, Unions, and Politics in Sweden*, London: Routledge and Kegan Paul.

Kymlicka, Will and Keith Banting (2006) "Immigration, Multiculturalism, and the Welfare State" in *Ethnics & International Affairs*, Vol. 20 Issue3.

Kyriakides, Christopher and Satnam Virdee (2003) "Migrant Labour, Racism and the British National Health Service" in *Ethnicity & Health*,Vol. 8 No. 4.

Lahav, Gallya (2004) *Immigration, and Politics in the New Europe : Reinventing Borders*, Cambridge : Cambridge University Press.

Layton-Henry, Zig (1985) "Great Britain" in Hammar, Thomas (ed.) *European Immigration Policy : A Comparative Study*, Cambridge : Cambridge University Press.

Layton-Henry, Zig (1992) *The Politics of Immigration*, Oxford : Blackwell.

Levitas, Ruth (2005) *The Inclusive Society?*, Basingstoke : Palgrave Macmillan.

Lister, Ruth (1998) "From Equality to Social Inclusion : New Labour and the Welfare State" in *Critical Social Policy*, Vol. 18 No. 2.

Lowell, Lindsay (2008) "Highly Skilled Migration" in *World Migration Report 2008 : Managing Labour Mobility in the Evolving Global Economy*.

Mahoney, James and Kathleen Thelen (eds.) (2010) *Explaining Institutional Change : Ambiguity, Agency, and Power*, Cambridge : Cambridge University Press.

Margetts, Helen (2010) "Modernization Dreams and Public Policy Reform" in Margetts,

Helen, Perri 6 and Christopher Hood（eds.）*Paradoxes of Modernization：Unintended Consequences of Public Policy Reform*, Oxford：Oxford University Press.

Marsh, David C.（1980）*The Welfare State：Concept and Development*, 2nd ed., London：Longman.

McDowell, Linda（2013）*Working Lives：Gender, Migration and Employment in Britain, 1945-2007*, Chichester：Willey-Blackwell.

Meehan, Elizabeth（2010）"Active Citizenship：for Integrating the Immigrants" in Crick, Bernard and Andrew Lockyer（eds.）*Active Citizenship：What Could in Achieve and How?*, Edinburgh：Edinburgh University Press.

Meyers, Eytan（2004）*International Immigration Policy：A Theoretical and Comparative Analysis*, New York：Palgrave Macmillan.

Midgley, James（2011）"Imperialism, Colonialism and Social Welfare" in Midgley, James and David Piachaud（eds.）*Colonialism and Welfare：Social Policy and the British Imperialism Legacy*, Cheltenham：Edward Elgar.

Mishra, Ramesh（1999）*Globalization and the Welfare State*, Cheltenham：Edward Elgar.

Morel, Natalie, Bruno Palier and Joakim Palme（2012）"Beyond the Welfare State as We Knew It?" in Morel, Natalie, Bruno Palier and Joakim Palme（eds.）*Towards a Social Investment Welfare State? Ideas, Policies and Challenges*, Bristol：Policy Press.

O'Connor, Julia（1993）"Gender, Class and Citizenship in the Comparative Analysis of Welfare State Regimes：Theoretical and Methodological Issues" in *British Journal of Sociology*, Vol. 44 No. 3.

OECD（2009）*Health at a Glance 2009：OECD Indicators*.

OECD/WHO（2010）*Policy Brief on the International Migration of Health Workers*.

Office for National Statistics（ONS）（2014）*Population by Birth and Nationality Report, August 2014*.

Office for National Statistics（ONS）（2018）*Migration Statistics Quarterly Report, November 2018*.

Office for National Statistics（ONS）（2019）*Table1 Long-Term International Migration Rolling annual data for the United Kingdom, year ending September 2018*.

Office of Deputy Prime Minister（2004）*Social Exclusion Unit*.

Orloff, Ann Shola（1993）"Gender and the Social Rights of Citizenship：The Comparative Analysis of Gender Relations and Welfare States" in *American Sociological Review*, Vol. 58.

Orton, Michael (2006) "Wealth, Citizenship and Responsibility : The Views of "Better off" Citizens in the UK" in *Citizenship Studies*, Vol. 10 No. 2.

Papademetriou, Demetrios G., Will Somerville and Hiroyuki Tanaka (2008) *Hybrid Immigrant-Selection Systems : The Next Generation of Economic Migration Schemes*, Washington, DC : Migration Policy Institute.

Peach, Ceri (1996) "Introduction" in Peach, Ceri (ed.) *Ethnicity in the 1991 Census : Vol. 2 The Ethnic Minority Populations of Great Britain*, London : HSMO.

Peck, Jamie (2001) *Workfare States*, New York : Guliford Press.

Percy-Smith, Janie (2000) "Introduction : the Contours of Social Exclusion" in Percy-Smith, Janie (ed.) *Policy Responses to Social Exclusion : Towards Inclusion?*, Buckingham : Open University Press.

Pierson, Paul (1994) *Dismantling the Welfare State? Reagan, Thatcher, and the Politics of Retrenchment*, Cambridge : Cambridge University Press.

Pierson, Paul (1996) "The New Politics of the Welfare State" in *World Politics*, Vol. 48 No. 2.

Pierson, Paul (2004) *Politics in Time*, Princeton, New Jersey : Princeton University Press.

Pinker, Robert (1979) *The Idea of Welfare*, London : Heinemann Educational Books.

Powell, Martin (2008) "Introduction : Modernizing the Welfare State" in Powell, Martin (ed.) *Modernising the Welfare State : The Blair Legacy*, Bristol : Policy Press.

Razin, Assaf, Efraim Sadka and Benjarong Suwankiri (2011) *Migration and the Welfare State : Political-Economy Policy Formation*, Cambridge : The MIT Press.

Robinson, Vaughan and Malcolm Carey (2000) "Peopling Skilled International Migration : Indian Doctors in NHS" in *International Migration*, Vol. 38 Issue1.

Rowntree, Benjamin Seebohm (1901) *Poverty : A study of Town Life*, London : Macmillan.

Sainsbury, Diane (1994) "Women's and Men's Social Rights : Gendering Dimensions of Welfare States" in Sainsbury, Diane (ed.) *Gendering Welfare States*, London : Sage.

Sainsbury, Diane (1996) *Gender, Equality, and Welfare States*, Cambridge : Cambridge University Press.

Sainsbury, Diane (2006) "Immigrants' Social Rights in Comparative Perspective : Welfare Regimes and Forms of Immigration and Immigration Policy Regimes" in *Journal of European Social Policy*, Vol. 16 No. 3.

Sainsbury, Diane (2012) *Welfare States and Immigrant Rights : The Politics of Inclusion and Exclusion*, Oxford : Oxford University Press.

Sales, Rosemary A. (2007) *Understanding Immigration and Refugee Policy*, Bristol : Policy Press.

Salt, John (1997) "International Movement of Highly Skilled" in *OECD Social, Employment and Migration Working Paper*, No. 3, OECD Publishing.

Scharpf, Fritz W. and Vivien A. Schmidt (2000) "Introduction" in Scharpf, Fritz W. and Vivien A. Schmidt (eds.) *Welfare and Work in the Open Economy, Vol. I. From Vulnerability to Competitiveness*, Oxford : Oxford University Press.

Schierup, Carl-Ulrik, Peo Hansen and Stephen Castles (2006) *Migration, Citizenship, and the European Welfare State : A European Dilemma*, Oxford : Oxford University Press.

Schmidt, Vivien A. (2002) "Does Discourse Matter in the Politics of Welfare State Adjustment?" in *Comparative Political Studies*, Vol. 35 No. 2.

Schmidt, Vivien A. (2003) "How, Where, and When does Discourse Matter in Small States' Welfare State Adjustment?" in *New Political Economy*, Vol. 8 No. 1.

Secretary of State for Business, Innovation and Skills (2013) *National Minimum Wage : Law Pay Commission Report 2013* (Cm8565).

Secretary of State for Health (2000) *The NHS Plan : A Plan for Investment, A Plan for Reform* (Cm4818-Ⅰ).

Shachar, Ayelet (2009) *The Birthright Lottery : Citizenship and Global Inequality*, Cambridge : Harvard University Press.

Sharma, Avinash, Trevor W. Lambert, Michael J. Goldacre (2012) "Why UK-Trained Doctors Leave the UK : Cross-Sectional Survey of Doctors in New Zealand" in *Journal of the Royal Society of Medicine*, Vol. 105 No. 1.

Siaroff, Alan (1994) "Work, Welfare and Gender Equality : A New Typology" in Sainsbury, Diane (ed.) *Gendering Welfare States*, London : Sage.

Small, Stephen and John Solomos (2006) "Race, Immigration and Politics in Britain : Changing Policy Agendas and Conceptual Paradigms 1940s-2000s" in *International Journal of Comparative Sociology*, Vol. 47 No. 3-4.

Smith, David J. (1977) *Racial Disadvantage in Britain : The PEP Report*, Harmondsworth : Penguin Books.

Smith, David J. (1980) *Overseas Doctors in the National Health Service*, London : Policy Studies Institute.

Solomos, John (1993) *Race and Racism in Britain*, 2nd ed., Basingstoke : Macmillan

Press.

Somerville, Will (2007) *Immigration under New Labour*, Bristol : Policy Press.

Somerville, Will (2013) "The Politics and Policy of Skilled Economic Immigration under New Labour, 1997-2010" in Triadafilopoulos, Triadafilos (ed.) *Wanted and Welcome? : Policies for Highly Skilled Immigrants in Comparative Perspective*, New York : Springer.

Soysal, Yasemin N. (1994) *Limits of Citizenship : Migrants and Postnational Membership in Europe*, Chicago : University of Chicago Press.

Spencer, Ian R. G. (1997) *British Immigration Policy since 1939 : The Making of Multi-Racial Britain*, London : Routledge.

Spencer, Sarah (2008) "European Integration and Reconfigured Immigration Policies" in Geddes, Andrew (ed.) *Immigration and European Integration : Beyond Fortress Europe?*, 2nd ed., Manchester : Manchester University Press.

Spencer, Sarah (2011) *The Migration Debate*, Bristol : Policy Press.

Stacey, Meg (1995) "The British General Medical Council : From Empire to Europe" in Johnson, Terry, Gerry Larkin and Mike Saks (eds.) *Health Professions and the State in Europe*, London : Routledge.

Streeck, Wolfgang and Kathleen Thelen (2005) "Introduction : Institutional Change in Advanced Political Economies" in Streeck, Wolfgang and Kathleen Thelen (eds.) *Beyond Continuity : Institutional Change in Advanced Political Economy*, Oxford : Oxford University Press.

Taylor-Gooby, Peter (2004) *New Risks, New Welfare : The Transformation of the European Welfare State*, Oxford : Oxford University Press.

Taylor-Gooby, Peter (ed.) (2005) *Ideas and Welfare State Reform in Western Europe*, Basingstoke : Palgrave Macmillan.

Taylor-Gooby, Peter (2009) *Reframing Social Citizenship*, Oxford : Oxford University Press.

Taylor-Gooby, Peter and Trine P. Larsen (2004) "The UK-A Test Case for the Liberal Welfare State?" in Taylor-Gooby, Peter (ed.) *New Risks, New Welfare : The Transformation of the European Welfare State*, Oxford : Oxford University Press.

The Information Centre for Health and Social Care (2007) *NHS Hospital and Community Health Services : Medical and Dental Staff England 1996-2006*, Table4.

The Information Centre for Health and Social Care (2010) *NHS Hospital and Community Health Services : Medical and Dental Staff England 1999-2009*, Table4.

Thelen, Kathleen (2003) "How Institutions Evolve : Insights from Comparative Historical Analysis" in Mahoney, James and Dietrich Rueschemeyer (eds.) *Comparative Historical Analysis in the Social Science*, Cambridge : Cambridge University Press.

Thompson, Andrew (ed.) (2012) *Britain's Experience of Empire in the Twentieth Century*, Oxford : Oxford University Press.

Tonge, Jonathan (1999) "New Packaging, Old Deal? New Labour and Employment Policy Innovation" in *Critical Social Policy*, Vol. 19 No. 2 Issue59.

UK Border Agency (2008) *The Pass to Citizenship : Next Steps in Reforming the Immigration System, Government Response to Consultation*.

UK Border Agency (2009a) *Application for Naturalization as a British Citizen*.

UK Border Agency (2009b) *Impact Assessment of Earned Citizenship Proposals : Borders, Citizenship and Immigration Bill*.

UK Border Agency (2009c) *The Earned Citizenship Process*.

UK Border Agency (2013) *Guidance-Public funds*.

Wakamatsu, Kunihiro (1998) *The Role of Civil Servants in the Formulation of Policy : An Analysis of the Policy Process on Commonwealth Immigration from 1948 to 1964*, PhD thesis, University of Warwick.

Weaver, R. Kent (2000) *Ending Welfare as We Know It*, Washington, D.C. : Brookings Institution Press.

Williams, Charlotte (2012) "Race : A very 'British' Welfare State? 'Race' and Racism" in Calder, Gideon, Jeremy Gass and Kirsten Merrill-Glover (eds.) *Changing Directions of the British Welfare State*, Cardiff : University of Wales Press.

Young, Ruth, Jenny Noble, Mark Hann and Bonnie Sibbald (2003) *The International Market for Medical Doctors : Perspectives on the Positioning of the UK*, The Manchester Centre for Healthcare Management.

ウェブサイト

BMAウェブサイト（閲覧日2010年7月28日）
 http://www.bma.org.uk/equality_diversity/ethnicity/ethnicityequality.jsp?page=4

GMCウェブサイト（閲覧日2014年7月25日）
 http://www.gmc-uk.org/doctors/register/search_stats.asp

HM Revenue & Customsウェブサイト（閲覧日2014年7月20日）
 http://www.hmrc.gov.uk/rates/taxcredits.html

Home Officeウェブサイト（閲覧日2013年8月19日）

http://www.ukba.homeoffice.gov.uk/eucitizens/bulgaria-romania/work-permits/applying/pointshighlyskilled/

IOM ウェブサイト（閲覧日2013年6月25日）

http://www.iom.int/cms/en/sites/iom/home/about-migration/facts--figures-1.html

TMP Worldwide ウェブサイト（閲覧日2010年9月8日）

http://www.tmp.com/home.aspx

UK Border Agency ウェブサイト（閲覧日2011年12月9日）

http//www.ukba.homeoffice.gov.uk/workingintheuk/tier1/general/eligibility/pointsassessment/qualifications/

ヒアリング

Dr. Mehta 氏（BAPIO president） 2013年8月29日 於 Bedford, U. K.

Dr. Prabhu 氏（BIDA vice president） 2013年9月4日 於 Manchester, U. K.

あとがき

　筆者が初めてイギリスを訪れたのは，2004年の夏のことであった。100年前から変わらないであろう建造物と，牧歌的な自然の豊かさが融合した美しい景観に心を奪われたことを思い出す。

　その後，何度か渡英する機会に恵まれ，そのたびにこの国の不思議な魅力に引き寄せられていった。多民族の人びとが共存するグローバル・シティであるロンドン，エスニック・コミュニティを色濃く感じたバーミンガムやマンチェスター，歴史的建造物が並ぶオックスフォードなど，随所にこの国が背負ってきた歴史や遺産を垣間見ることができる。本書が対象とした，福祉国家という制度とコモンウェルスという連合体も，イギリスの長い歴史のなかで構築され，遺産としてこんにちまで継承されてきた。

　本書は，2015年3月に中央大学より学位授与を受けた博士論文「イギリス福祉国家と高度技能移民——歴史的遺制・福祉レジーム・ワークフェア」に大幅に加筆修正を施したものである。終章の付記にも記したように，イギリスの置かれている状況や，高度技能移民の国際的な認知状況はここ数年で激変しており，筆者が博士論文を執筆していた当時とは異なる展開も見られる。こうした環境の変化のなかで，イギリスにとって，歴史的に継承された遺産としての福祉国家やコモンウェルスという存在が，より一層大きな意味をもつようになっているとも思われる。

　本書の刊行に至るまで，多くの方々からご支援をいただいた。すべてについて触れることはできないが，記して御礼を申し上げたい。

　まずは，指導教授として長きにわたりご指導いただいている中央大学法学部教授，武智秀之先生である。武智先生との出会いは，中央大学法学部1年次の導入演習であり，その後こんにちに至るまでご指導いただいている。先生には，本研究の構想の段階である筆者の学部在学中から，終始的確なご助言と温かい

激励を賜り，研究全般にわたりご支援をいただいた。筆者の研究活動のスタート地点から常に見守り，ご指導を続けてくださったことに，心より感謝を申し上げたい。研究することの楽しさも厳しさも，いずれも武智先生から教えていただいたことである。

　幸いにして教育に携わる立場となった現在では，授業の設計や教育方法などについてもご相談させていただいている。なかでも，大学における初年次教育の重要性とその難しさは，筆者の短い教育経験のなかでも実感するところであるが，こうした授業の設計に悩んだ際に立ち返るのは，筆者自身が学生時代に武智先生の下で受けた教育であり，それが教員として未熟な筆者の大きな支えである。筆者にとって，武智先生が目指すべき教員像の指標であり，先生のように，学生に学問の楽しさを伝えられるような教員でありたいと切に思う。

　本書のもととなる博士論文の執筆では，中央大学法学部教授，宮本太郎先生にも多くのご指導を賜った。博士論文の構想や執筆段階において，福祉国家研究の第一人者としてご活躍される宮本先生のご研究から多くの示唆や刺激を受けたことはいうまでもない。学内外で活躍されるご多忙ななかで，非常に多くの時間を割いてご指導くださった。筆者の拙い主張にも耳を傾け，懇切丁寧にご指導くださったことに深く感謝を申し上げる。

　中央大学大学院法学研究科では，法学部教授，中澤秀雄先生，中島康予先生，星野智先生に修士論文，博士論文の副査をお引き受けいただいた。先生方のご専門分野に立った建設的なご指導により，視野を広げて自身の研究を見つめ直す機会を与えていただけたことは幸いであった。ご指導に感謝を申し上げたい。

　また，学外の先生方にも多くのご助言を賜ったことに，厚く御礼を申し上げる。東京外国語大学大学院総合国際学研究院教授，若松邦弘先生には，修士課程在学時に大学院のクラスに参加させていただき，イギリスをはじめとしたヨーロッパ政治について学ぶ機会をいただいた。政治学者として，イギリスの移民政策に関してもご研究されてきた若松先生からは，多くの学びを与えていただいている。大学院のクラスでは，ヨーロッパ政治やヨーロッパの移民問題を研究テーマとする多くの院生と出会うこともできた。院生同士で，「移民読

あとがき

書会」と称して移民研究に関する文献講読を行ったことや，各々の研究対象国の移民問題や移民政策について情報交換したことも，若松先生のクラスへの参加を通じて得られた経験である。

　成蹊大学法学部教授の今井貴子先生には，イギリス政治に関する勉強会を開いていただき，ご指導いただいた。最前線で活躍される先生のご研究やお考えに直に触れさせていただき，とても贅沢な時間であった。筆者の研究に対して励ましの言葉をかけてくださり，研究に対する大きなモチベーションとなった。

　千葉大学法政経学部教授，水島治郎先生のご研究からは，本書の研究テーマの着想に関わる多くの学びを得てきた。2006年に刊行された水島先生の論文「福祉国家と移民――再定義されるシティズンシップ」（宮本太郎編『比較福祉政治――制度転換のアクターと戦略』早稲田大学出版部）との出会いが，本書のもととなった博士論文の着想に大きな影響を与えている。「移民」の存在を通して「福祉国家」の問題をとらえる研究は，当時の日本ではあまり開拓されていなかったが，水島先生はパイオニアとしてこの分野を切り開かれた。水島先生にはその後に研究会でお目にかかり，以後，千葉大学大学院の先生のクラスへの参加を通してご指導いただいてきた。

　また，水島先生には，千葉大学学内研究推進事業の一環である「リーディング研究育成プログラム」として2015年度に採択された「未来型公正社会研究」プロジェクトに，研究員として関わる機会も頂戴した。筆者の赴任の都合により，研究員としての所属は3ヵ月という短い期間であったが，その後も筆者の仕事を気にかけてくださっている。「未来型公正社会研究」プロジェクトでは，政治学，法学，経済学，社会学，歴史学などさまざまな社会科学の分野で活躍される先生方のご研究に触れる贅沢な環境に身を置き，国際シンポジウムの開催にも関わらせていただき，非常に濃密な日々を過ごした。同プロジェクトの下でご一緒させていただいた千葉大学の先生方やスタッフの皆様，大学院生の皆様にも感謝を申し上げたい。

　研究者の先輩方が，研究者として歩むべき道を切り開き，あるべき姿を背中で示してくださったことにも，感謝している。なかでも，小林大祐先生，早川

有紀先生には，筆者が学部学生の頃より公私にわたりお世話になっている。ロールモデルとして，目指すべき姿を常に示してくださる良き先輩に恵まれたことは，筆者にとって誠に幸いであった。

　本書を執筆するにあたり，ヒアリングの機会を頂戴したBAPIOのDr. Mehta氏，ならびにBIDAのDr. Prabhu氏にも御礼を申し上げたい。移民やエスニック・マイノリティがイギリス社会で直面する問題のリアリティをとらえるうえで，お二人にお話を伺うことができたことは筆者にとって非常に貴重な機会となった。筆者の拙い英語での質問にも，お二人は懇切丁寧に回答してくださった。NHSで働く外国人医師の実態を多方面から調べるなかで，外国人医師会の存在に行き着いたが，当初はなかでも最前線でご活躍されているDr. Mehta氏とDr. Prabhu氏に面会できるとは思ってもみなかった。本書を通じて，医師をはじめ専門職として異国で働く労働者の直面する問題が少しでも社会的に認知されることになれば，お二人のご恩に多少報いることができるのではないかと考える。

　2016年4月より着任した岩手県立大学社会福祉学部では，温かい同僚やスタッフに恵まれ，快適な研究環境を与えていただいている。さまざまな専門性や学問領域に触れることができる環境から，多くの刺激を得ている。

　講義やゼミで接してきた学生たちにも感謝したい。本務校である岩手県立大学の学生をはじめ，2015年度から2018年度まで非常勤として勤務した中央大学法学部でも，さまざまな学生たちとの関わりから筆者自身多くの学びを得てきた。試行錯誤の日々が続くが，筆者が学生時代に体験したように，学問の面白さを伝えられる教育を提供できるよう精進したい。

　ミネルヴァ書房編集部の前田有美氏には，本書の出版にあたり終始適切なご助言をいただいた。微に入り細を穿つご対応により，本書の完成に導いていただいたことに御礼を申し上げる。無論，本書における誤りのすべては筆者の責に帰する。

　なお，本書は，日本学術振興会特別研究員奨励費（課題番号13J01488）の支援による研究成果の一部である。大学院生の立場で海外をフィールドとした研究

あとがき

が叶ったのは，こうした研究助成によるところが大きかったと実感している。研究のスタート段階にある若手研究者が，研究に腰を据えて専念できる環境が今後も保障されることを願いたい。

　最後に，私事ではあるが家族への感謝を記したい。常に筆者の選択を尊重し，温かく見守ってくれる家庭環境で生活を送ってきたことが，いかに恵まれたものであったかを，年齢を重ねるごとに改めて実感する。信頼し味方でいてくれる家族の存在は，研究の進捗や将来への不安を覚える日々の大きな支えであった。本書を，父母，姉，祖父母に捧げたい。

2019年4月

日野原由未

索　引
（＊は人名）

あ行

アクティベーション　117, 148, 149, 152
＊アトリー, C.　31, 186, 187, 189
新たな社会的リスク　113, 116, 122, 128
新たな庇護モデル　61, 62
イギリス医師会　218, 219, 225
イギリス型移民レジーム　66, 77, 192, 195, 232
イギリス労働組合会議　71, 110
医師の国際雇用　205, 208-214, 216
一般医療委員会　195, 212
移民レジーム　3, 4, 25, 235
＊エスピン＝アンデルセン, G.　89-91, 96, 231
オイルショック　57, 233
欧州連合　68, 116, 136, 154

か行

外国人医師会　217, 222, 224, 225
階層化　53, 91
家庭医　187, 188, 199, 204, 210
家族主義　102, 119
家父長制　92, 117, 118, 124
カラー・バー　110, 112, 176
帰化　172-174, 178
義務　19, 145, 147, 149, 160-162
＊ギャラハー, J.　26
旧コモンウェルス　28, 36, 51, 241
共和主義　34, 44, 45, 236
居住権　42, 43, 51, 53, 164
拠出制給付　42, 60
グローバル化　119, 122, 123, 125, 128, 129, 214, 216, 222
経済連携協定　119
経路依存　14, 15, 79
ゲスト・ワーカー　44, 57, 80, 82, 102, 194, 211
血統主義　33, 51, 195, 196, 216
「現代化」　142-145
「現代化」改革　147, 202, 205
公共基金　41-44, 60, 61, 74, 170, 178, 236
公式帝国　30, 37, 220, 233
高度技能移民　67, 73, 131, 176, 210
高度技能移民プログラム　9, 68, 70, 71, 172, 210
国営医療サービス　12, 97, 186-189, 192, 202-205, 212
戸籍　33, 236
コミュニタリアニズム　160, 161
コモンウェルス　14, 28, 180, 193, 205, 212, 229
コモンウェルス市民権　34, 37, 38, 66, 106, 193, 196, 198, 216, 221
雇用バウチャー　50, 196-198, 221
雇用レジーム　16, 94

さ行

再分配　156, 157, 175, 176
＊サッチャー, M.　54, 100, 112, 141, 144, 161, 189, 202
参政権　31, 32, 53
シティズンシップ論　115, 145, 162
市民権　2, 32, 53, 160-162
社会階層　107, 108, 111
社会契約　143-145, 181
社会権　115, 149, 166, 170, 192, 201, 236
社会的排除　153-155, 165
社会的包摂　153, 155, 161, 167
社会民主主義レジーム　93, 94, 102, 237

270

索　引

自由主義レジーム　92, 94, 101, 103-105, 109-111, 120, 124, 166, 191, 211, 233, 237
重大局面　15, 80, 233
自由貿易帝国主義　26, 111
出生地主義　30, 52
承認　156, 157, 175, 176, 219, 222
商品化　114, 115
職業水準　107, 108, 111
新コモンウェルス　28, 36, 51, 64, 108, 193, 196
新コモンウェルス市民　109, 198
新市民式　54, 173, 181
人種関係法　55, 56, 63, 110
人的資本開発モデル　148, 152
＊セーレン，K.　80, 233
1971年移民法　51, 198, 216
1981年国籍法　52, 53, 212, 216
1962年コモンウェルス移民法　49, 195-197, 216
1968年コモンウェルス移民法　50
1948年国籍法　31, 35, 53, 193, 200
漸進的変化　14, 15, 80, 232
選別主義　91, 98, 100, 168, 191

た　行

大英帝国　27, 34, 111, 112, 192, 193, 214, 232
待機リスト　97, 99, 191, 203, 204, 209
第三の道　143, 147, 160
大日本帝国　33
脱家族化　91, 117, 124
脱工業化　113, 116, 127, 128
脱国民国家化　119, 120, 122-125, 214, 216, 223
脱集権化　117, 118, 125
脱商品化　91, 114, 115
＊チャーチル，W.　47, 187, 189
通常居住地　41-43, 170, 236
デニズンシップ　2, 103, 131
転用　80, 81, 111, 229, 233, 234

ドミニオン　28, 36

な　行

内部市場化　189, 190, 202, 203
難民認定　58, 59, 146
難民の地位に関する条約（難民条約）　45, 58
難民・庇護申請者　56, 62, 165, 166, 177
2002年国籍，移民および庇護法　54
2006年移民，庇護および国籍法　54
ニュー・ディール・プログラム　149, 152
ニュー・レイバー　143, 144, 147, 149, 160, 201, 202, 204, 209-213
能動的市民性　19, 161, 162, 172, 174, 180
能力主義　165, 166, 169, 222

は　行

＊パウエル，E.　50, 196
＊ハッカー，J.S.　80
パトリアル　51, 53, 54, 83, 111, 216
＊ピアソン，P.　14, 78
非営利セクター　117, 118
非公式帝国　26, 27, 30, 37
＊フェレーラ，M.　96, 191
福祉国家　5, 90, 95, 96, 115, 120, 122, 125, 126, 186, 222
　　──の縮減　102, 161
福祉ショービニズム　63, 64, 165, 168, 178, 181
福祉多元主義　118, 125
福祉レジーム　16, 90-95, 100-103
普遍主義　96, 97, 99, 103, 190, 191
＊ブレア，T.　141, 142, 145, 159, 160
＊フレイザー，N.　156, 157
ベヴァリッジ報告　40, 97, 99, 187
ポイント制　71, 72, 172, 210
保守主義レジーム　92, 94, 102, 124, 237
保守党　47, 54, 62, 72, 143, 189
＊ホネット，A.　156, 157, 173, 175, 176, 222
ポピュリズム　63, 64

271

ま 行

＊マーシャル，T. H.　115, 145, 162-169, 178
無期限滞在ビザ　172-174, 178
無拠出制給付　42, 60

ら・わ 行

レイシズム　10, 65, 74, 196
レヴィタス，R.　158, 159
歴史的新制度論　14, 81, 232
連合王国　95, 96
労働許可証　71, 198
労働党　49, 56, 62, 142
ロビンソン，R.　26
ワークファーストモデル　148, 150, 152
ワークフェア　117, 147-150, 153, 155

欧 文

BMA　→イギリス医師会
EPA　→経済連携協定
EU　→欧州連合
EU 市民権　2
GMC　→一般医療委員会
GP　→家庭医
HSMP　→高度技能移民プログラム
ILR　→無期限滞在ビザ
NHS　→国営医療サービス
NHS 改革　202, 203
NHS プラン　202, 204, 208, 210, 211
PBS　→ポイント制
TUC　→イギリス労働組合会議

《著者紹介》

日野原由未(ひのはら・ゆみ)
1986年　静岡県生まれ。
2015年　中央大学大学院法学研究科博士課程後期課程政治学専攻修了。
　　　　博士(政治学)。
現　在　岩手県立大学社会福祉学部講師。
主　著　「イギリスにおける福祉政策の収斂と分岐——ニュー・ライトとニュー・レイバーの再商品化政策」『法学新報』第119巻第3・4号,2012年。
　　　　「ニュー・レイバーのワークフェア改革と移民政策——高度技能移民を中心とした社会的包摂の展開」『法学新報』第120巻第7・8号,2014年。

シリーズ・現代の福祉国家⑯
帝国の遺産としてのイギリス福祉国家と移民
——脱国民国家化と新しい紐帯——

2019年7月20日　初版第1刷発行　　　　〈検印省略〉

定価はカバーに
表示しています

著　者	日野原　由　未	
発行者	杉　田　啓　三	
印刷者	藤　森　英　夫	

発行所　株式会社　ミネルヴァ書房
607-8494　京都市山科区日ノ岡堤谷町1
電話代表　(075)581-5191
振替口座　01020-0-8076

©日野原由未,2019　　　　　亜細亜印刷・新生製本

ISBN978-4-623-07976-6
Printed in Japan

―――― シリーズ・現代の福祉国家 ――――

新川敏光 著
①日本型福祉レジームの発展と変容
A5判・450頁
本体4000円

新川敏光 編著
②多文化主義社会の福祉国家
A5判・338頁
本体4800円

新川敏光／篠田 徹 編著
③労働と福祉国家の可能性
A5判・348頁
本体3800円

武川正吾 著
④社会政策の社会学
A5判・466頁
本体5000円

近藤正基 著
⑤現代ドイツ福祉国家の政治経済学
A5判・320頁
本体6500円

金 成垣 編著
⑥現代の比較福祉国家論
A5判・560頁
本体8000円

三重野 卓 著
⑦福祉政策の社会学
A5判・292頁
本体5500円

小玉 徹 著
⑧福祉レジームの変容と都市再生
A5判・288頁
本体3800円

新川敏光 編著
⑨福祉レジームの収斂と分岐
A5判・348頁
本体5000円

中島晶子 著
⑩南欧福祉国家スペインの形成と変容
A5判・330頁
本体7000円

辻 由希 著
⑪家族主義福祉レジームの再編とジェンダー政治
A5判・282頁
本体7000円

安 周永 著
⑫日韓企業主義的雇用政策の分岐
A5判・264頁
本体5500円

河村有介 著
⑬アラブ権威主義国家における再分配の政治
A5判・244頁
本体6500円

千田 航 著
⑭フランスにおける雇用と子育ての「自由選択」
A5判・292頁
本体6000円

崔 佳榮 著
⑮韓国の大統領制と保育政策
A5判・240頁
本体6000円

―――― ミネルヴァ書房 ――――

http://www.minervashobo.co.jp/